주식 매매하는 법

KB075544

개정판을 내면서

제시 리버모어를 국내 독자들에게 처음으로 소개한 박성환 님에게 감사의 인사를 전합니다.

_이레미디어

투자 세계의 영원한 거장, 제시 리버모어

주식 매매하는 법

HOW TO TRADE IN STOCKS

제시 리버모어 지음
박성환 번역 해설

이레미디어

세상에서 투기만큼 사람을 혹하게 하는 것도 없다.
하지만 투기는 지적으로 게으르며 어리석은, 감정에 이리저리 휘둘리
며 일확천금을 꿈꾸는 사람에게는 결코 호락호락한 게임이 아니다.
그런 상태로 투기에 나섰다가는 평생을 곤궁에 허덕일 것이다.

———————————

"경마에서 한 번은 이길 수 있지만, 매번 이길 수는 없다."
주식 투자나 투기 거래로 돈을 벌 때도 있지만,
매일 혹은 매주 거래한다고 해서 그때마다 돈을 벌 수는 없다.
오직 무모한 사람들만이 그렇게 할 뿐이다.
매번 승리를 보장하는 카드 게임은 존재하지 않는다.

———————————

중요한 뉴스가 발표되었을 경우, 그 뉴스가 시장에 미칠 영향을
스스로 분석해 보고 실제 시장의 움직임과 대비해 보라.
더 나아가 그 뉴스로 인해 심리적으로 영향받을 투자자가

어떤 행동을 보일지까지도 예측해 보라. 상승장일지, 하락장일지
본인의 판단이 섰다고 해도, 시장의 반응을 점검해 본 결과
자신의 예측과 일치한다는 확신이 들기 전에는 일단 최종 판단을 미루어라.

"희망 사항은 머릿속에서 지워버려라."
그 누구도 매일 혹은 매주 성공할 수는 없다.
일 년이라 해봐야 최적의 매매 기회는 단지 몇 차례에 지나지 않는다.
반드시 시장에 진입해야만 하는 시점은
많아 봐야 네다섯 차례에 불과하다.
따라서 소소한 주가 변동에 일희일비하기보다 다음에 있을
큰 상승을 위한 추세가 형성될 때까지 여유를 가지고 기다려야 한다.

나는 절대로 주가의 조정 시기에 매수하거나
상승 시기에 매도하지 않는다.
또 다른 요점은 '첫 거래에서 수익이 발생하지 않았다면,
동일한 방법으로 두 번째 거래를 하지 않는다'는 것이다.
즉, "결코 손실을 평준화하지 말라." 이를 마음속에 각인하길 바란다.

성공은 노력하는 자에게만 찾아온다.

그 누구도 큰돈을 당신 손바닥에 그냥 쥐어주지 않는다.

이것은 떠돌이 비렁뱅이가 너무나도 배가 고픈 나머지

대담하게도 식당에 들어서며 주문하는 이야기와 비슷하다.

"크고 맛있으며 두텁고 육즙이 넘치는 스테이크를 주게."

"주방장이 말하길, 만일 그런 스테이크가 있으면 자기가 먹겠다는군요."

설령 손쉽게 벌 수 있는 돈이 사방에 널려 있더라도,

누구도 그 돈을 당신의 주머니에 억지로 넣어주지는 않는다.

월스트리트 역사상
가장 위대했던 개인

당대 세계 최고의 투자자를 손꼽는다면 독자들은 어떤 인물을 가장 먼저 떠올릴까? 다소 엉뚱한 생각이지만, 투자의 세계에서 거장이라 불릴 수 있는 인물들을 두 명만 합성해 본다면 그 두 사람으로 어떤 인물이 좋을까? 개인적인 생각으로 우선 투자의 세계에서 자신을 투기꾼이라 서슴없이 불렀고, 판단이 틀렸을 경우에는 신속하게 기존의 사고를 전환했으며, 항상 언론과 금융업계의 주목을 받았던 인물, 특히 파생상품에서 벌어들인 재산으로 세계적인 갑부의 반열에 이른, 헤지펀드계의 큰손 조지 소로스George Soros를 꼽을 수 있겠다. 그리고 또 한 사람은 주식으로 큰 부를 축적했지만 항상 대중에게서 멀리 떨어져 은둔하며, 지인들과 한가로이 카드 게임을 즐기면서 자신만의 투자 원칙을 구축한 세계적인 거부 워런 버핏Warren Buffett이 있다.

만일 이 둘을 합성한 것 같은 인물이 존재한다면 그 인물은 어색하고 매력적이지 못한 인물일까? 아니면 독특한 개성만큼이나 실제 투자의 세계에서도 탁월한 성과를 보여줄 수 있는 인물이 될까? 만일 누군가가 과거에 존재했던 인물들 중에서 그런 인물이 있었느냐고 물어본다면 나는 서슴없이 제시 리버모어Jesse Lauriston Livermore라고 대답할 것이다.

리버모어는 소로스나 버핏에 비해 아마도 대부분 일반 사람들에게는 생소할 것이다. 리버모어는 1877년에 태어나 열다섯 살에 주식 거래를 처음 시작한 이래 1940년에 생을 마감할 때까지 평생 동안을 주식과 상품선물에 투자했으며, 여러 차례에 걸친 파산과 재기를 통해 거대한 부를 축적했던 인물이다. 리버모어는 금융 서적의 고전이자 트레이더의 최고 필독서라 불리는 에드윈 르페브르Edwin Lefèvre의 《어느 주식 투자자의 회상》의 실제 주인공이며, 윌리엄 오닐William J. O'Neil이 주식 투자에 대해 안목을 크게 넓히게 도와준 《주식 매매하는 법》의 저자이기도 하다.

리버모어에게는 여러 가지의 별명이 있었는데, 초창기에는 적극적이고 과감한 매매 스타일로 인해 '꼬마 투기꾼'이라 불렸고, 이후 1907년과 1929년에 있었던 주식시장의 붕괴에서 큰돈을 벌었다고 하여 '월스트리트의 큰 곰'이라 불렸다. 또한 무리를 이루지 않고 혼자서 거래를 한다며 '월스트리트의 늑대'라고도 불렸다. 하지만 리버모어를 가장 잘 표현하는 별칭은 '역사상 가장 위대한 트레이더'일 것이다.

리버모어보다 앞선 시대에 살았던 인물들 중에 진정으로 투자자라 불릴만한 인물은 전무했다고 말하더라도 결코 지나친 표현은 아니다. 스스로 주식 투자라는 분야를 개척한 선구자이자 주식시장의 본질과 주식시장에서의 인간의 본성을 깨우친 선각자였다. 이전에는 체계적으로 자신만의 투자 전략을 개발하고 주식시장에 적용시켰던 인물은 극히 드물었다. 설령 그런 인물이 존재했다고 하더라도 남아 있는 구체적인 자료가 거의 없기도 하지만 금융 시장에서 리버모어처럼 최고라 불릴 수 있는 인물은 없었다.

'진정한 투자의 천재'로 불리기도 하는데, 그 누구에게서도 주식 투자나 선물 투자에 대해 배운 적 없이 실전을 통해 시장에서 실패를 경험하고 그 실패를 자양분으로 삼아 배우고 깨우쳤으며 자신만의 투자 전략을 발견해 냈기 때문이다. 하지만 리버모어는 항상 주식시장에 대해 배운다는 자세로 임했으며, 시장에 언제나 겸손했다.

리버모어가 세상을 떠난 지 반세기가 훨씬 지난 지금까지도 수많은 세계 최정상급의 트레이더들이 역사상 최고의 트레이더로 그를 지목하곤 한다. 아직까지 개인으로서 리버모어만큼 성공했던 투자자는 없다고 할 수 있을 정도로 그는 놀라운 성취를 이룬 투자자다. 리버모어는 주식시장을 거대한 퍼즐이라고 생각해 항상 문제를 해결하고자 노력했다.

주식 투자를 해본 사람들이라면 누구나 감정 통제에 어려움을 느낄 것이다. 리버모어는 자신의 경험으로부터 다음과 같이 말했다. "주식시장에서의 성공은 투자 기법, 투자 자금의 관리 그리고 감정 통제가 동시에 이루어질 때에서야 비로소 가능하다." 그중에서도 특히 감정 통제의 중요성에 대해서 강조했으며, 실제로 리버모어는 시장을 대할 때 엄격한 자기 관리와 겸허함으로 시장을 대함으로써 자신의 이론을 실천에 옮긴 인물이었다. 리버모어는 주식시장에서 유사한 가격 패턴이 반복적으로 나타나는 이유에 대해서 다음과 같이 설명한다. "주식시장은 수많은 시장 참여자들로 이루어져 있고 인간의 본성은 변하지 않기 때문이다." 또 주식 투자가 순수 과학보다 예술에 가까운 이유는 인간의 감정이 개입되기 때문이라고도 말했다. 이러한 리버모어의 주식시장에 대한 경험과 매매법의 핵심이 잘 녹아 있는 책이 바로 《주식 매매하는 법》이다. 소위 3M으로 정리되는 Mind, Money, Method에 대한 내용이 정리된 최초의 책이다.

리버모어와 관련된 자료를 접하다 보면 우리가 알고 있는 '투기꾼'이라는 단어에 다소 혼란이 생길 수도 있다. 리버모어와 동시대의 인물이자 '월가의 왕'으로 불리는 버나드 바루크_{Bernard Baruch}는 투기꾼을 '미래를 관찰하고 이에 앞서서 행동하는 사람'이라고 정의했다. 바루크의 정의대로라면 리버모어는 진정한 투기꾼이었다.

이 책 1장에서는 《주식 매매하는 법》의 원서 전문과 리버모어의 주가 기록표를 실었고, 나머지 장에서는 리버모어의 생애와 투자 전략, 활용에 대해 설명했다. 《주식 매매하는 법》의 초판은 1940년 미국에서 발간되었다. 그렇기 때문에 우리와는 다른 규정이나 방식이 생소할 수 있다. 또 출간 시기 때문에 너무 오래된 얘기처럼 보일 수도 있다. 내가 국내 상황에 맞춰 리버모어의 원칙을 설명한 부분도 마찬가지다. 하지만 그것을 읽는 시점에 응용하여 시장에 활용하는 것은 그리 어렵지 않으리라 생각한다. 시장의 흐름이 주는 교훈은 언제나 통하기 때문이다.

주식시장에 종사하는 한 사람으로서 리버모어의 《주식 매매하는 법》을 국내 최초로 번역하고, 해설을 덧붙이게 된 것을 참으로 기쁘고 영광스럽게 생각한다. 부디 성공적인 투기가 되길 바란다.

번역 해설 박성환

차 례

1장

《주식 매매하는 법》 *by* 제시 리버모어

제시 리버모어의 생애

제시 리버모어의 투자 전략

제시 리버모어의 자금 관리 원칙

5장

제시 리버모어의 감정 통제

6장

위대한 스승 제시 리버모어

《주식 매매하는 법》
by 제시 리버모어

01

투기라는 도전

세상에서 투기만큼 사람을 혹하게 하는 것도 없다. 하지만 투기는 지적으로 게으르며 어리석은, 감정에 이리저리 휘둘리며 일확천금을 꿈꾸는 사람에게는 결코 호락호락한 게임이 아니다. 그런 상태로 투기에 나섰다가는 평생을 곤궁에 허덕일 것이다.

사실 나는 꽤 오래전부터 낯선 사람이 많이 모인 자리는 꺼리게되었다. 으레 낯선 사람과의 만남은 일상적인 통성명 이후 거의 변함없이 다음과 같은 질문으로 이어질 게 뻔하기 때문이다.

"주식으로 돈을 벌려면 어떻게 해야 하나요?"

그나마 젊었을 때는 주식으로 쉽고 빠르게 돈을 벌어보고 싶어하는 사람들에게 애써 시장에서 돈을 벌기가 결코 쉽지 않음을 자세히 설명하곤 했다. 그러다가 씨알도 먹혀들지 않겠다 느껴지면 상대가 기분 나쁘지 않게 대충 둘러대고 그 자리를 피하기 바빴다. 그러나 요즘은 다르다. 누구든 그런 질문을 하면 그냥 딱 잘라서 말한다.

"내가 어찌 알겠소."

나에겐 그런 대화를 이어가는 것만큼 고역인 것도 없다. 무엇보다 오랫동안 투자와 투기에 대해 연구해 온 사람에게 그런 식의 질문을 한다는 것 자체가 예의가 아님은 물론이다. 법이나 의학에 문외한이 변호사나 외과 의사를 만나 다음과 같이 묻는 것과 다를 바 없다.

"변호나 수술로 많은 돈을 벌고 싶은데, 어떻게 해야 하나요?"

그렇게 시간이 흘렀다. 주식시장에 객관적인 지침이나 길잡이가 주어진다면, 사람들이 투자, 투기에 제대로 접근하지 않을까라는 생각을 하게 되었다. 이것이 내가 이 책을 쓰는 이유다. 또한 실패와 성공을 포함해 내가 일생 동안 해온 투기 거래의 경험을 기술함으로써 주식을 시작하고자 하는 사람들에게 교훈을 전달하고 싶었다. 교훈의 핵심은 매매에서의 '시간 요소'에 관한 이론이다. 나는 이 이론이 성공적인 투기에서 가장 중요한 요소라고 생각한다.

하지만 본격적으로 시간 요소에 대해 이야기하기 전에 우선 한 가지 짚고 넘어가고 싶은 점이 있다. 성공이라는 열매는 스스로 거두어들이는 결과물이라는 사실이다. 매매에 관련된 사항을 손수 기록하면서 스스로 생각하고, 이를 통해 스스로 내린 결론을 얼마나 정직하고 성실하게 수행하느냐에 성패가 달려 있다는 기본적인 사실을 명심하길 바란다.

'매력적인 몸매를 유지하는 법'에 관한 책을 읽고 정작 운동은 다른 사람에게 시킨다면 책을 읽는 것 자체가 의미가 없다. 마찬가지로 당신이 이 책에 소개하는, 가격과 시간 요소를 결합해 만든 '내 매매 기법'을 진지하게 따르기 위해서는 다른 사람이 당신의 거래를 기록하게 해서는 안 된다. 내가 해줄 수 있는 일은 단지 올바른 길을 일러 줄 뿐이며 덤으로 그 안내가 도움이 되어 당신이 주식시장에서 많은 돈을 벌 수 있다면 그저 나에게도 기쁜 일이다.

자, 이제 투자자이자 투기자로서 오랜 기간 동안 활동했던 나의 경험과 비법을 공유하겠다. 먼저 다음을 늘 염두에 두길 바란다. 투자를 하다 보면 흔히 리스크가 큰 투기에 손이 가게 마련이니, 그런 경우는 반드시 투기를 사업의 관점에서 바라보고 접근해야 한다. 많은 투자자가 투기를 마치 단순한 도박과 같은 것으로 생각하기 쉽고 실제로 많은 실패가 이 때문에 발생한다. 투기도 사업이라는 전제를 한다면, 투기라는 사업을 하는 투자자는 최대한 많은 정보를 기반으로 사업을 이끌어야 한다. 40여 년간 투기에 몸담으며 크고 작은 성공 경험을 한 나 또한 사업에 적용할 새로운 규칙을 찾아내기 위해 지금도 여전히 노력하고 있음은 물론이다.

시장 움직임을 그때그때 제대로 예측하지 못한 내 자신을 자책하다 지쳐 잠에 들었고, 이른 새벽 다시 깨어 새로운 아이디어로 씨름을 하는 수많은 날을 보냈다. 밤새 생각해 낸 아이디어를 어서 빨리 적용시키고 싶어서 아침을 기다리기를 반복했다. 지난 나의 매매 기록과 비추어 새로운 아이디어가 효과가 있는지를 확인하고 싶어 안날이 났던 거다. 하지만 대부분은 새로운 아이디어가 모자람 없이 딱 들어맞는 적은 없었다. 그러나 그렇게 함으로써 얻을 수 있었던 새로운 아이디어는 알게 모르게 내 의식의 일부가 되어 있었다. 후에 또 다른 새로운 아이디어가 떠오른다면 나는 즉각적으로 그것을 점검했다. 시간이 지나면서 다양한 아이디어를 잘 다듬어 개념화하기 시작했고, 그것을 한데 모아 매매 기록표 작성 이론으로 발전하기 시작했다.

그렇게 나는 내 이론과 실제 투자에서 만족할 만한 성과를 거둘 수 있었다. 주식과 상품 투자 및 투기 측면에서 예측을 완전히 벗어난 새로운 일은 거의 발생하지 않는다는 점을 확인할 수 있었다. 당연하겠지만 투기를 해야 할 시점이 있듯 투기를 하지 말아야 하는 시점도 있기 마련이다. 이와 관련해 되새겨야 할 명언이 있다.

"경마에서 한 번은 이길 수 있지만, 매번 이길 수는 없다."

이 말은 주식에도 그대로 적용된다. 주식 투자나 투기 거래로 돈을 벌 때도 있지만, 매일 혹은 매주 거래한다고 해서 그때마다 돈을 벌 수는 없다. 오직 무모한 사람들만이 그렇게 할 뿐이다. 매번 승리를 보장하는 게임은 존재하지 않는다.

또한 성공적으로 투기나 투자를 하기 위해서는 해당 주식의 흐름에 대해 나름대로 예측을 할 수 있어야 한다. 투기라는 것은 관련 주식의 바로 다음 움직임을 예상하는 것과 다름없다. 다만 그 예측이 나름의 객관적이고 합당한 근거를 통해서 정확성을 담보할 수 있는지가 관건이 될 뿐이다. 예측이 정확해지려면 이에 대한 근거가 탄탄해야 한다는 말이다.

중요한 뉴스가 발표되었을 경우, 그 뉴스가 시장에 미칠 영향을 스스로 분석해 보고 실제 시장의 움직임과 대비해 보라. 더 나아가 그 뉴스로 인해 심리적으로 영향받을 투자자가 어떤 행동을 보일지까지도 예측해 보라. 상승장일지, 하락장일지 본인의 판단이 섰다고 해도, 시장의 반응을 점검해 본 결과 자신의 예측과 일치한다는 확신이 들기 전에는 일단 최종 판단을 미루어라.

실제 시장은 당신이 믿었던 것과는 다른 모습으로 움직일 수도 있는 것이다. 시장에 확고한 추세가 형성된 이후에는 그 추세가 일시적 사건에 의해 반전될 가능성은 미미하기 때문이다. 또 뉴스가 공개될 시점에 시장이 과매수나 과매도 상태일 가능성도 있고, 그런 경우 웬만한 뉴스는 묻히기 마련이다. 이때 과거의 비슷한 상황에 대해 정리해 놓은 자료가 있다면 요긴하게 사용할 수 있다. 이런 상황에서 무엇보다 중요한 점은 일단 개인의 판단은 접어두고 시장 자체의 움직임에 집중해야 한다. 개인의 판단은 빗나갈 수 있어도 시장의 움직임은 거짓말을 하지 않는다. 시장의 움직임이 자신의 판단과 다른 길을 간다고 판단되면 자신의 판단은 과감하게 배제하라. 주식시장에서 어느 한 개인, 단체가 시장의 흐름을 바꾸는 일은 결코 가능하지 않다. 특정 종목에 대한 나름의 의견은 가질 수 있고 단기적으로 상승할지 하락할지에 대한 예측은 가능할 수 있다. 물론 이런 예측이 사실로 확인되는 경우도 많다. 하지만 문제는 자신의 예측을 너무 확신한 나머지 섣부르게 행동하면 결과적으로 손실만 남게 될 수 있다. 내 판단과 행동과는 전혀 다른 방향으로 시장이 보란 듯이 움직이고 있는 것을 자주 쓰라리게 경험하지 않는가! 거래가 뜸해지고 추세가 반전되기를 기다리다 지친 투자자는 자신의 판단을 탓하며 결국 포기하고 종목에서 손을 떼고 만다. 그러다 반짝 회복되는 기미에 며칠 후 다시 매수해 보지만 주가는 다시 기대했던 방향과는 반대로 향하기 일쑤다. 다시 낭패를 절감하며 손절하고 발 빠르게 빠져 나오지만, 주가는 또 반대로 향하기 시작한다. 두 번의 섣부른 판단이 부른 실패를 경험한 투자자는 결국 자신감마저 잃게 된다. 혹은 자신감을 가지고 시장에 들어갔지만, 너무 일찍 들어가서 정작 추세가 시작될 시점에 더 이상 기다릴 수 없어 이미 나와 버린 자신을 발견하는 경우도 종종 있다.

여기서 지적하고 싶은 것은 일단 특정 종목과 업종을 선택해서 매수했으면 절대 조급하게 굴지 말라는 것이다. 일단 매수한 종목 혹은 업종군의 시장 흐름을 주목하며 기다려라. 이때 행동 규칙을 미리 가지고 있는 게 좋다.

예를 들어, 만일 어떤 종목이 현재 25달러에 거래되고 있으며, 주가가 한동안 22달러와 28달러 사이를 오가고 있다고 해보자. 50달러까지는 오를 것이라고 예측하고 있고, 현재 25달러에 거래되고 있다. 50달러를 예상한다면 일단 인내심을 가지고 거래가 다시 살아나 주가가 30달러 선에서 신고가가 나올 때까지 느긋하게 기다려야 한다. 그때에야 비로소 애초의 자신의 예측했던 추세를 확신해도 될 시점에 이른 것이다. 해당 종목이 예상했던 추가 상승 국면에 안착했음이 틀림없다. 예측이 잘못됐다면 30달러에 도달하지 못했을 것이다. 일단 30달러를 돌파해서 신고가를 형성됐다면 그 추세는 분명한 상승세를 보여주며 추가 상승을 기대해 볼 차례다. 자신의 판단을 믿어볼 시점이 온 것이다.

'25달러일 때 더 사둘걸!' 하는 욕심 또한 억눌러야 하는 시점이기도 하다. 무리한 매수는 기다림을 더 초조하게 만들어 본격적인 상승을 기다리지 못하고 조기에 매도하게 만들 수도 있었을 테고, 또 너무 일찍 팔고 나와 정작 주가가 오르기 시작하면 다시 시장에 들어가야 할 시점임에도 불구하고 의지마저 꺾여 보고만 있을 가능성도 크기 때문이다. 따라서 주식에서 지나간 일로 걱정하는 것만큼 쓸데없는 것도 없다.

내 경험에서 보면 큰 수익을 본 종목은 대부분 초기 상승세에 진입해서 얻는 것들이었다. 나중에 내 투자 포트폴리오를 통해 보여주겠지만, 나는 심리적 시간에 맞춰 매수 타이밍을 잡았다. 쉽게 말하면 추세를 이끄는 국면의 힘이 너무 강력해서 그냥 그 흐름 위에 있기만 해도 될 시점을 포착하는 데에 집중했을 뿐이다. 특정 종목을 떠받치는 강력한 시장의 힘이 이끄는 추세로, 이는 한두 사람이나 한두 요소의 작용으로 만들어지는 힘과는 무관하게 움직인다. 다른 투자자들도 마찬가지겠지만 나 역시 확신하는 시점을 더 기다리지 못하고 성급하게 행동한 경우가 많았다. 그때는 그게 이익이라고 생각했다. 그러면 사람들은 내게 이렇게 말할 수 있다. "그렇게 경험이 많은 당신도 그렇군요!" 내 대답은 "나도 인간이라 어쩔 수 없나 보오." 이외에는 답이 없어 보인다.

모두 그렇겠지만 나 또한 조바심에 판단력을 잃을 때가 자주 있다. 투기는 포커나 브리지 혹은 여타의 카드 게임과 다를 게 없다. 누구나 한 방을 꿈꾸며 매 게임마다 손을 댄다. 이는 인간이라면 가지는 공통적인 약점이다. 하지만 투자자나 투기자에게는 특히 치명적이다. 때문에 적절히 제어하지 않으면 큰 낭패를 보게 된다. 희망과 두려움은 인간으로서 당연한 속성이지만 투기와 연관되는 상황에서는 위험한 결과를 가져오게 된다. 반대의 흐름 속에서 한 방을 꿈꾸거나, 두려움에 진입을 머뭇거리게 하기 때문이다.

예를 들자면, 주당 30달러에 주식을 매수했다고 하자. 다음 날 주가가 32달러 혹은 32.50달러 올랐다. 이때 걱정이 앞선다. 지금 이익을 보지 않으면 다음 날 주가가 빠질 수도 있다는 조급함이 몰려온다. 그래서 일단 이익을 실현하고 바로 매도해 버린다. 종목이 상승을 준비하기 위해 모든 에너지를 끌어모으고 있는 그 시점에 말이다. 어차피 하루 2달러 수익이었다. 이마저도 전날 없었던 돈이고 무엇 때문에 그 작은 수익에 전전긍긍해야 하는가? 하루 2달러가 다음 날 2~3달러가 될지 말라는 법은 어디에도 없다. 혹은 일주일 기다림으로 5달러의 이익을 확보할지도 모른다. 주식과 시장의 추세가 예측과 다르지 않다면 성급하게 이익을 실현하지 않도록 한다. 자신이 옳다는 자신감을 가져라. 만약 틀렸다면 2달러의 수익도 불가능했을 테니 말이다. 그러니 흐름을 즐기며 기다려라. 더 큰 이익은 분명히 다가온다. 시장의 흐름에 유의미한 변화가 생기기 전까지는 자신의 판단을 믿고 현 상황을 유지하는 것이 좋다.

반면에 어떤 주식을 30달러에 매수했는데 다음 날 주가가 28달러로 하락했다고 가정해 보자. 주당 2달러의 손실을 입게 된 것이다. 아마도 그다음 날 3달러나 그 이상의 손실을 볼 것이라고는 크게 걱정하지 않을 것이다. 이러한 주가의 하락을 일시적인 조정으로 받아들이고 익일에는 이전 수준으로 회복할 것이라는 확신한다. 하지만 사실 이번에는 걱정하는 게 맞다. 2달러의 손실이 익일 2달러의 추가적인 하락으로 나타날 수도 있으며, 모르긴 해도 1~2주일 안에 5~10달러의 손실로 이어질 수도 있다. 만일 아직 손실이 크지 않을 때 그 종목에서 손을 떼고 벗어나지 않으면 훨씬 더 큰 손실을 입을 수 있으므로 그때가 바로 당신이 두려워해야만 할 시점이며, 당신 자신을 보호해야 할 때다.

"이익은 놔둬도 쌓일 때 되면 쌓이지만, 손실은 절대 그렇지 않다." 투기자는 미미한 초기 손실을 실현함으로써 앞으로 입게 될 수도 있는 상당한 규모의 손실로부터 스스로를 보호해야 한다. 그래야 자신의 계좌를 무사하게 보존할 수 있고, 무엇보다 후에 이익을 실현할 수 있는 시장의 흐름이 왔을 때 적극적으로 시장에 재진입할 수 있게 된다. 즉, 투기꾼은 자신이 스스로에 대한 '보험 중개인'이 되어야 한다. 투기라는 '사업'을 계속할 수 있는 유일한 방법은 자신의 투자 자본을 보호하여, 절대로 영업을 위태롭게 할 정도의 손실이 나지 않게 하는 것이다. 성공적인 투자자나 투기꾼이라면 상승장이든 하락장이든 추세를 판단하는 객관적인 근거를 가지고 있어야 함은 물론이고, 무엇보다 정확한 매수 시점을 읽어내는 본인만의 눈을 길러야 한다.

반복해서 말하지만 시장의 흐름이 확연히 드러나는 시점이 있다. 투기자로서의 날카로운 안목과 인내심을 가지고 있는 사람은 특수한 기법을 고안할 수 있으며, 그 특수한 기법을 안내 지침으로 사용함으로써 자신이 최초의 거래를 시작할 시기를 올바르게 판단할 수 있다고 나는 확실히 믿고 있다. 단순한 추측이나 어림짐작으로 투기에 성공하기는 불가능하다. 투기자든 투자자든 지속적인 성공을 위해서는 객관적인 기준에 따라 행동해야 한다.

물론 내가 만든 지침이나 기법이 다른 사람에게는 소용이 없을 수도 있다. 이유가 무엇일까? 내게는 더없이 요긴한 정보인데, 왜 다른 사람에게는 쓸모가 없을까? 이 세상에 100% 완벽한 지침은 없기 때문임은 물론이다. 아울러 내가 즐겨 활용하는 기준이 있다고 함은 그 활용을 통해 발생할 결과에 대해서도 이미 충분한 검증을 통해 알고 있다는 것을 의미한다. 즉, 종목이 내가 예측한 방향으로 움직이지 않을 때, 즉시 아직 때가 아니라고 판단하고 매도해야 함을 알고 있다는 말이다. 며칠 후 또 다시 기준에 따라 다시 시장에 들어가야 할 시점이 오면 그때 매매를 재개한다. 아마도 이번은 100% 판단이 옳을 가능성이 크다. 기꺼이 시간을 들이고 노고를 아끼지 않으면서 가격의 움직임을 연구하는 사람이라면 때가 되면 반드시 자신만의 기법을 개발할 수 있으며, 그 기법은 자신이 미래에 작전을 펼치거나 혹은 투자를 할 경우에 도움이 될 것이라고 믿는다. 여기서 그동안 내가 투기 매매를 하면서 얻은 유용한 정보를 소개할 테니, 참고하길 바란다.

많은 투자 고수들이 평균값들에 대한 차트나 기록을 보관하고 있다. 그래서 주가가 평균을 웃도는지 밑도는지 혹은 평균치인지를 살핀다. 이런 차트나 수치 자료를 바탕으로 확고한 추세를 구별할 수 있다는 점에는 의문의 여지가 없다. 하지만 개인적으로는 차트를 전적으로 신뢰하지는 않는다. 차트는 너무 복잡해서 혼동을 줄 여지가 다분하다. 사람들이 차트를 열심히 관리하는 것만큼이나 나는 열렬하게 수치를 적어두고 신경 쓴다. 물론 그들이 옳을 수 있으며 내가 틀릴 수도 있다.

수치 기록을 더 선호하는 이유는 시장에서 어떤 일이 벌어지고 있는지에 대해서 수치가 더 명확한 그림을 보여준다고 경험적으로 믿기 때문이다. 물론 내 수치 기록이 시장의 추세 판단에 결정적으로 도움을 주기 시작한 것은 내가 '시간 요소'까지 고려하기 시작하고 나서였다. 나중에 자세하게 설명하겠지만, 수치 기록에 시간 요소까지 더하게 되면 시장 예측에 정확성을 더 할 수 있다. 그러기 위해서는 인내심 또한 필수임은 물론이다.

지속적으로 개별 종목 혹은 종목군에 대해 사전 지식을 쌓아두고, 열심히 작성한 자료와 더불어 시간 요소까지 고려한다면 머지않아 중요한 시장 흐름을 정확히 포착하는 안목을 기를 수 있을 것이다. 만일 자신의 기록을 올바르게만 읽을 수 있다면 어떤 산업에서건 선도주先導株를 고를 수 있다. 반복해서 말하지만, 기록은 반드시 자신 손으로 직접 작성해야 한다. 절대로 이 작업을 다른 사람이 대신하게 해서는 안 된다. 손수 그 일을 함으로써 얼마나 많은 새로운 아이디어를 떠올릴 수 있는지를 깨닫게 된다면 놀라움을 금치 못할 것이다.

즉, 당신이 발견한 것이고 당신만의 비법이며 동시에 그 비밀은 자신만이 알고 있어야만 하기 때문에 당신 자신을 제외한 그 누구도 당신에게 그러한 아이디어를 제공해 줄 수는 없다.

이제 투기자와 투자자라면 절대 하지 말아야 할 몇 가지 '금기 사항' 제시하려고 한다. 중요한 금기 사항 중에 하나는 투자를 절대 투기적인 모험이 되도록 상황을 허용해서는 안 된다는 점이다. 종종 투자자들은 단지 자신이 돈을 내고 주식을 매수했다는 이유만으로 엄청난 손실까지도 감내하려고 한다. 주변에서 다음과 같은 말을 자주 들어봤을 것이다.

"나는 일시적인 주가의 등락이나 추가 증거금을 납입하라는 독촉에는 개의치 않아! 나는 절대로 투기 거래를 하지는 않기 때문이지. 내가 주식을 매수할 때는 투자를 목적으로 그 주식을 매수했기 때문에 만일 그 주식이 하락한다고 하더라도 결과적으로는 다시 오를 테니까. 걱정하지 않아."

이런 말을 하는 투자자에게는 불행한 일이지만, 매입할 당시에는 매수 적기라고 생각되었던 엄청난 수의 주식이 나중에는 급격하게 변화된 상황을 맞이하게 된다. 따라서 처음에는 분명 '투자주'였는데 나중에는 너무나도 빈번하게 단순히 '투기주'가 되어버리는 경우가 자주 일어나며 그중 일부는 결국 시장에서 존재조차도 사라져버리는 경우도 발생한다. 아울러 투자 자본도 함께 증발해 버리며 애초 '투자'라는 말이 무색해진다. 이러한 일이 일어나는 이유는 초기에는 장기 투자를 목적으로 매수했던 주식이 향후 그 주식의 이익 창출 능력에 심각한 문제를 초래할 가능성이 있는 일련의 새로운 상황과 마주칠 수도 있다는 점을 깨닫지 못했기 때문이다. 투자자가 이러한 상황의 변화를 눈치챘을 때는 이미 그가 투자한 종목의 가치가 크게 하락한 후일 것이다. 따라서 투기 고수가 자신의 계좌를 지키듯이 투자자는 자신의 계정을 보호해야 한다. 그래야만 '투자'가 '투기'로 전환되어 본래의 의도가 훼손되지 않고, 투자 자본도 크게 줄어드는 낭패도 모면할 수 있다.

몇 해 전에만 하더라도 돈을 은행에 예금해 놓는 것보다도 뉴욕, 뉴헤이븐 & 하트퍼드 철도회사New York, New Haven & Hartford Railroad에 투자하는 것이 훨씬 더 안전하다고 여겼다. 1902년 4월 28일 이 철도회사의 주가는 주당 255달러였으며, 1906년 12월에 시카고, 밀워키 & 세인트 폴Chicago, Milwaukee & St. Paul 철도회사의 주가는 199.62달러를 기록했었다. 동년 1월에 시카고 노스웨스턴Chicago Northwestern 철도회사의 주가는 240달러였으며, 그해 2월 9일에 그레이트 노던Great Northern Railway 철도회사는 348달러에 매매됐다. 이들 주식 모두가 넉넉한 배당금까지 지불하고 있었다.

이제 이 종목들의 현 상황을 살펴보자. 1940년 1월 2일 현재 이 종목들의 가격은 다음과 같다. 뉴헤이븐 철도회사는 주당 0.50달러이며, 시카고 노스웨스턴은 약 0.31달러이다. 그리고 1940년 1월 2일 세인트 폴은 거래가 없었지만 1월 5일에는 주당 0.25달러였다.

한때 초우량주였지만 지금은 하찮거나 한낱 휴지조각이 되어버린 주식의 목록을 작성하자면 수백 곳은 쉽사리 나열할 수 있을 것이다. 따라서 이른바 우량주 투자도 몰락했으며 더불어 자칭 '보수적인' 투자자의 자본 손실도 엄청났다.

투기자는 주식시장에서 많은 돈을 잃어왔지만 손실 대부분은 스스로 '투자'를 방치해 둠으로써 발생한 것이다. 실제로 '투기'에 의한 손실은 이에 비하면 미미한 편이다.

나는 투자자를 큰돈을 거는 도박사에 비유한다. 이들은 큰돈을 걸어놓고 느긋하게 기다린다. 그 배팅이 잘못되면 자신들이 건 돈 모두를 잃어버린다. 같은 시점에 투기자도 동일 종목을 매수할 수 있다. 하지만 기록을 꼼꼼하게 챙겨왔던 현명한 투기자라면, 상황이 자신에게 유리하지 않다는 신호를 결코 가볍게 흘려보내지 않았을 것이다. 그리고 그 초기 위험 신호에 적극적으로 행동해 손실을 최소화함으로써 향후 재진입 여력을 보전하는 행동을 취했을 가능성이 높다.

주식시장이 하락세를 보이기 시작할 경우, 그 누구도 주가가 얼마나 더 하락할지 단언할 수 없다. 마찬가지로 물론 상승세에서도 마찬가지다. 하지만 이 상황에서 유념해야만 하는 사실이 몇 가지 있다.

얼핏 가격이 충분이 올랐다고 해서 매도 시점을 조급하게 잡으려고 하는데 이는 추천하지 않는다. 주가가 10달러에서 50달러까지 상승한 것을 보며 그 주식이 너무 높은 주가 수준에서 거래되고 있다고 결론내릴 수 있을 것이다. 이때가 바로 주가가 50달러에서 150달러까지 상승하는 데 방해가 될 만한 요소가 무엇인지 점검해야 할 때다. 회사의 높은 수익성 혹은 경영 상태 등을 본격적으로 점검해야 한다. 많은 경우 주가가 큰 폭으로 상승한 후 단지 '주가가 너무 올라 보여서' 매도함으로써 추가 수익 실현의 기회를 날린 경우는 흔하다. 같은 맥락으로 주가가 직전 고점에 비해 큰 폭의 하락을 기록했다고 해서 단순 매수해서는 안 된다. 아마도 그 주식의 주가가 하락한 것에는 그럴만한 이유가 있을 수 있기 때문이다. 즉, 그 주식은 설사 현재 주가 수준에서는 매우 싸게 보인다고 할지라도 여전히 주식이 가지고 있는 가치에 비해서는 매우 높은 가격일 수 있다는 것이다. 과거에 주가가 머물렀던 고점 영역은 잊어버리고, 가격과 시간 요소를 결합한 매매 기법을 바탕으로 현재 주가 수준에 대해 판단해야 한다.

내 매매 기법을 알면 다들 놀랄 수도 있다. 사실 나는 기록을 살펴보다가 상승 추세라는 판단이 서면 주가가 '일시적인 조정을 보인 후 신고가를 경신할 때'를 기다려 즉시 매수했었다. 물론 매도 시점을 잡을 때도 동일한 방법을 적용한다. 그건 바로 내가 내린 추세 판단을 신뢰하기 때문이다. 그리고 그 판단은 기록표에 근거해서 이루어진다.

나는 절대로 주가의 조정 시기에 매수하거나 상승 시기에 매도하지 않는다. 또 다른 요점은 '첫 거래에서 수익이 발생하지 않았다면, 동일한 방법으로 두 번째 거래를 하지 않는다'는 것이다. 즉, "결코 손실을 평준화하지 말라." 이를 마음속에 각인하길 바란다.

02
주식이 적절하게
움직이는 때는 언제인가?

주식은 사람처럼 개성과 인격을 가지고 있다. 어떤 주식은 매우 예민하며 불안정하여 급변하기도 하는 반면에 솔직하고 직접적이면서 합리적인 주식도 있다. 숙련된 투자자는 개별 주식에 대해 파악하게 되고 각각의 특성에 주목하게 된다. 그러면서 변화하는 환경의 틀 속에서 그 주식의 행동을 예측할 수 있게 된다. 절대로 시장이 변화하지 않고 제자리에 머무는 경우는 없다. 가끔 시장은 매우 정체된 움직임을 보이기도 하지만 하나의 가격 수준에 멈추어 있지는 않으며 소폭이나마 위쪽이나 혹은 아래쪽으로 변화한다. 만일 어떤 주식이 확실하게 추세를 타게 된다면, 주가는 그러한 움직임의 전체 과정을 통틀어 자동적이고도 지속적으로 확실한 흐름, 즉 선을 따라 움직이게 된다.

추세 형성 초기 며칠 동안 가격이 서서히 상승하다 대량 거래가 수반되면, 이른바 '정상적인전형적인 조정'이 일어난다. 조정 기간에는 거래량은 앞서 주가가 상승하던 시기보다 급격하게 감소한다. 이런 조정은 지극히 정상적이다. 그러므로 겁먹을 필요는 없다. 하지만 정상

수준을 벗어나는 주가 변동이라면 당연히 경계해야 한다.

하루 이틀이 경과한 후, 주가는 다시 활기를 찾게 되고 거래량 또한 증가할 것이다. 조정 이전의 추세가 진짜라면, 매우 짧은 시간 내에 정상적인 조정으로 인한 주가의 하락폭은 곧바로 회복될 것이며, 그 주식은 아마도 신고가 영역에서 거래될 것이다. 그리고 얕은 조정이 동반되면서 이런 흐름은 며칠 동안 뚜렷하게 이어진다.

그러다가 얼마 후 또 한 차례의 정상적인 조정을 받게 되는 지점에 다다르게 될 것이다. 조정이 나타나더라도, 확고한 추세 안에서는 첫 번째 조정이 일어났던 것과 동일선상에서 추세선이 이어져야 한다. 그게 자연스럽기 때문이다. 이런 추세의 초반부에서는 직전 고점과 뒤따라 나타나는 고점까지의 가격 차이가 그다지 크지는 않다. 하지만 시간이 경과함에 따라 주식이 점점 더 빨리 상향한다는 점을 깨닫게 될 것이다.

예를 들어보자. 50달러에서 출발하는 주식이 있다고 생각해 보자. 첫 번째 구간에서는 점진적으로 상승해 54달러까지 간다. 하루 이틀 동안 정상적인 조정을 받으며 주가가 52.5달러까지 하락한다. 3일 후 다시 주가는 상승하기 시작하여 다음번 정상적인 조정이 있기 전까지 59달러 혹은 60달러까지 상승한다. 그리고 다시 조정이 시작된다. 하지만 이번에는 1달러 혹은 1.5달러를 넘어 하락폭이 3달러나 된다. 다시 상승하게 되지만, 이번에는 거래량이 상승 초기에 나타났던 것만큼 크지 않다. 이제 그 주식을 매수하기가 점차 더욱 어려워지고 있는 것이다. 이런 경우에는 다음에 전개되는 국면이 이전의 국면보다 훨씬 더 빠르게 진행될 것이다. 즉, 그 주식은 이전 고점 수준인 60달러에서 통상적인 조정을 거치지 않고서도 68달러 혹은 70달러까지 훨씬 더 수월하게 올라갈 수 있다.

이 상황에서 정상적 조정이 나타난다면 그 폭은 더 커질 수 있다. 주가는 65달러까지는 아무런 저항 없이 내려앉을 수 있으나, 이 정도는 여전히 통상적인 조정이라 할 수 있다. 그러나 하락폭이 5달러 혹은 대략 그 수준의 조정을 받았다고 가정하더라도 주가의 상승세가 재개될 때까지 많은 기간이 소요되어서는 곤란하며 이후에는 반드시 신고가 수준에서 거래되어야 한다. 그리고 이때가 바로 시간 요소가 고려되어야 하는 시점이기도 하다. 여기서 중요한 것은 한 종목에 너무 집착하지 않는 것이다. 일정 수준의 수익을 확보한 후에는 인내할 수 있어야 한다. 물론 그 인내심 때문에 위험 신호까지도 무시하라는 얘기는 아니다.

주식이 상승세를 다시 이어가며 하루 만에 6~7달러 상승한 후, 다음 날에는 대량 거래가 수반되면서 장중에는 약 8~10달러가량 상승한다. 그런데 장 마감을 한 시간 앞두고 갑자기 비정상적으로 7~8달러 급락했다고 치자. 다음 날 오전장까지 이 조정 국면이 이어지며 1달러 정도 추가 하락한다. 다행히 그 후 다시 상승세를 나타내어 초강세로 장을 마감한다. 하지만 익일에는 여러 이유로 인해 전날의 상승세를 이어가지 못한다고 가정해 보자.

주가의 이러한 움직임은 위험 신호로 간주되어야 한다. 주식이 상승세를 보인 이후에 정상적인 조정 외에 다른 움직임은 없었다. 하지만 갑자기 비정상적인 조정이 발생한다. '비정상적'이라 표현한 의도는 주가가 최고가를 기록한 당일에 그 가격 수준에서 '단 하루'만에 6달러 혹은 그보다 더 큰 가격 조정을 받았기 때문이다. 이러한 일은 이전에는 없었던 일이며, 주식시장에서 무언가 '비정상적인' 일이 일어났을 경우에 발생하는 현상이다. 따라서 절대로 시장이 보내는 이 '비정상적인' 신호를 무시해서는 안 된다.

주가가 자연스럽고 정상적인 범위 안에서 움직이고 있을 때는 인내심을 가지고 기존 포지션을 유지한다. 하지만 위험 신호 포착되면, 이제는 위험 신호를 주시하며 한 발짝 물러날 수 있는 용기와 분별력을 가져야할 때다.

물론 비정상적인 움직임이라고 해서 늘 항상 '위험 신호'인 것은 아니다. 주가 변동에 관한 규칙이 늘 언제나 100% 옳을 수는 없기 때문이다. 그래도 만일 당신이 그러한 비정상적 신호에 지속적이고도 세심한 주의를 기울인다면 장기적으로는 성공적인 수익을 올릴 수 있을 것이다.

언젠가 투자의 귀재 한 명이 이렇게 말한 적이 있다. "위험 신호가 포착되면 그 진위를 두고 다투려 하지 말게. 그저 즉시 손 털고 나오는 게 좋아! 만일 며칠이 지난 후에도 아무런 일이 일어나지 않는다면 다시 시장에 들어가면 되거든. 그렇게 함으로써 나는 수많은 근심을 덜고 돈을 아끼게 되지. 어려운 얘기 아닐세. 만일 내가 철도 위를 걷고 있는데 반대편에서 시속 96킬로미터로 급행열차가 내게 달려오고 있다고 해보세. 이럴 땐 두말 말고 철도에서 벗어나야지. 열차가 지나간 다음에 원하면 언제든 다시 철로 위로 올라가면 되잖아."
나는 이 말을 마음속에 깊이 새기고 잊어본 적이 없다.

현명한 투기자라면 누구나 위험 신호를 주의해서 경계하기 마련
이다. 그런데 문제는 대부분의 투기자가 이런저런 심리적인 이유로,
시장에서 발을 빼야 할 시점에 과감하게 행동하지 못하고 망설이다
가 시장에 머물러 있게 된다는 점이다. 망설임의 기간 동안 주가는
반대 방향으로 더욱 크게 움직이는 것을 보고만 있게 된다. 그러면
그들은 말하곤 한다. "다음에 반등하면 빠져나가야겠어!" 그 이후에
주가가 상승하면 당연하게도 자신들이 애초에 의도했던 바를 잊어버
린다. 왜냐하면 자신들의 견해로는 시장이 다시 멋진 움직임을 재개
했다고 보기 때문이다. 하지만 일시적인 반등에 지나지 않으며 이내
기세가 꺾이고 본격적인 하락세가 시작된다. 결과적으로 또 때를 놓
치고 여전히 시장에 머무르고 있는 자신을 발견하게 된다. 미리 준비
해 둔 매매 원칙이 있었더라면 그에 따라 행동했을 것이고, 그랬다면
손실과 근심거리 또한 막을 수 있었다.

다시 한번 말하지만 감정에 휘둘리는 인간의 취약한 본성이야 말
로 투기자와 투자자의 가장 큰 적이다. 어떤 주식이 큰 폭의 상승세
를 나타낸 후에 하락하기 시작했다면 다시 상승하지 못하는 까닭은
무엇일까? 물론 상승하기는 할 것이다. 하지만 당신이 상승하기를 바
라는 그 순간에 주가가 상승할 가능성은 거의 희박하다. 설령 그런
일이 벌어진다 하더라도 준비가 되지 않은 투기자라면 아마도 그런
기회를 제대로 이용하지는 못할 것이다.

투기 거래를 진지한 사업으로 접근하는 사람들에게 분명하게 강조하고 싶은 것이 있다. 바로 "희망 사항은 머릿속에서 지워버려라." 이다. 그 누구도 매일 혹은 매주 성공할 수는 없다. 일 년이라 해봐야 최적의 매매 기회는 단지 몇 차례에 지나지 않는다. 반드시 시장에 진입해야만 하는 시점은 많아 봐야 네다섯 차례에 불과하다. 따라서 소소한 주가 변동에 일희일비하기보다 다음에 있을 큰 상승을 위한 추세가 형성될 때까지 여유를 가지고 기다려야 한다. 추세를 제대로 읽었다면 매매를 시작하면서부터 수익을 거두게 될 것이다. 이때부터는 변동 사항을 면밀하게 주시하고 위험 신호라 판단되면 즉각 '장부상의 이익'을 실현하고 장을 빠져나와야 한다.

이점을 기억하라. 즉, 장을 빠져나와 아무런 행동도 취하지 않는 기간 동안에도, 날이면 날마다 반드시 거래해야 한다는 강박감으로 열심히 시장을 누비는 투기자가 있다. 이들의 노력 덕택에 당신이 다음 매매에서 큰 수익을 낼 수 있는 기반이 다져지는 것이다. 그들의 실수를 통해 당신의 수익이 실현되는 셈이다. 오히려 입장이 반대일 수도 있지만 말이다.

투기는 지나칠 정도의 흥분을 준다. 따라서 대부분의 사람들은 거래소를 열심히 드나들거나 혹은 전화기를 끼고 살기도 한다. 그리고 장을 마친 후에는 친구들과 자신이 그날 수집한 것들에 대해서 이야기한다. 시세표시기나 객장의 전광판이 항상 그들의 마음속에서 떠나지 않는 것이다. 소소한 등락에 너무나도 열중한 나머지 시장의 커다란 움직임을 담을 시선의 여유를 잃는 것이다. 너무도 빈번하게 대다수가 큰 추세가 진행 중임을 미처 깨닫지 못하고, 단기적 이익에만 급급한 나머지 정말로 큰 이익을 낼 중요한 계기를 놓치는 경우가 허다하다. 이러한 약점은 주가의 움직임과 그 발생 과정에 대해서 기록하고 연구하며 시간 요소를 주의 깊게 고려함으로써 어느 정도 고쳐질 수 있는 부분이다.

아주 오래전에 나는 캘리포니아 산악지대에 거주하면서 3일 지난 시세표를 받아보면서도 엄청나게 큰 성공을 거둔 투기자에 대한 이야기를 들은 적이 있다. 그는 일 년에 두세 차례 자신이 거래하던 샌프란시스코의 증권 중개인에게 전화한 후 자신이 시장에서 취하고 있는 포지션에 따라 매수 혹은 매도 주문을 한다는 것이었다. 그 증권 중개인의 사무실에서 한동안 머물렀던 내 친구는 너무나도 궁금한 나머지 그에 대해서 조사하기 시작했는데, 그 사람은 시장 정보와는 너무 동떨어져 고립된 생활을 하고 있었고, 일 년에 겨우 한두 번 중개소를 방문하면서도 거래를 할 경우에는 엄청난 규모로 거래한다는 점을 발견하고서는 놀라움을 금치 못했다. 친구는 마침내 다른 사람의 소개를 통해서 산악지대에서 거래하던 그 사람과의 대화를 하게 되자 어떻게 그런 외진 곳에서 살면서 어떻게 시장 추세에 밝을 수 있는지 물어봤다.

"사실, 저는 사업의 관점에서 투기를 합니다. 만일 내가 분별력 없이 사소한 변화에 흔들렸다면 아마 크게 실패했을 겁니다. 그래서 좀 벗어나 있기를 원했죠. 하지만 아시다시피 저는 어떤 일이 일어났는지 그리고 그 뒤에는 어떤 일이 있었는지 꼼꼼하게 기록한답니다. 이 기록이 시장 추세에 대해 좀 더 명확한 그림을 그릴 수 있게 해주죠. 만일 시장이 진짜로 움직이기 시작했다면 그 움직임이 바로 다음 날 멈추는 법은 없어요. 진정한 시장의 움직임은 일단 시작하면 종료까지 시간이 걸리는 법이죠. 외진 곳에 사는 장점이 바로 그 시간이 자연스럽게 흘러가게 된다는 점이죠. 하지만 신문에서 몇몇 종목의 시세를 보고 내 기록표에 하나하나 옮겨 적지요. 그렇게 기록을 하다가 한동안 유지되던 패턴에서 벗어났다 싶으면 바로 시내로 나가 행동을 개시합니다.

벌써 수년 전에 있었던 일이다. 이 오지 투기자는 그 후로도 오랫동안 이렇게 꾸준하게 주식시장에서 높을 수익을 올렸다. 나는 그에 관한 이야기를 듣자 영감이 떠올랐으며, 그 어느 때보다도 더 그동안 열심히 수집했던 모든 자료와 시간 요소를 조화시키기 위해서 노력했다. 부단한 노력을 통해서 그동안 내가 기록하던 주가에 대한 기록이 유기적으로 작동하도록 만들 수 있었으며, 이것은 내가 향후 주가의 움직임을 예측하는 데 놀라울 정도의 보탬이 됐다.

03

선도주를 따르라

주식시장에서는 항상 어떤 유혹이 존재한다. 주식시장에서 어느 정도 성공을 거둔 후에 부주의하게 되거나 혹은 지나치게 야심만만 하게 되는 유혹 말이다. 따라서 수익을 지키기 위해서는 건전한 상식 과 냉철한 사고가 필요하다. 탄탄한 매매 원칙을 철저히 지키면 수익 을 잃을 일은 없다.

우리는 주가 등락한다는 점을 알고 있다. 늘 그랬고 앞으로도 마 찬가지일 것이다. 내 말은 "이러한 증권 시세의 중요한 움직임 뒤에 는 거스를 수 없는 힘이 존재한다."는 것이다. 이 사실을 알고 있으면 그것만으로도 충분하다. 가격의 움직임을 설명하는 모든 이유를 알 기 위해서 안달복달하는 것은 그다지 좋은 방법이 아니다. 불필요한 것으로 머리를 어지럽히지 마라. 필요한 것은 시장의 움직임을 인지 하고, 그것을 이용하여 조류에 맞추어 투기라는 '배'를 띄워 흐름만 타면 된다. 현재의 시장 상황에 왈가왈부하지 마라. 무엇보다 그 상 황에 맞서려 하지 마라.

또한 선택과 집중하지 못하고 문어발로 종목을 확대하는 것도 위험하다는 점을 기억하라. 한 번에 지나치게 많은 수의 주식에 관심을 가지지 말라는 뜻이다. 관심 종목을 좁혀 집중하는 것이 더 효율적이다. 나 또한 그러한 실수를 했었고 그에 상응하는 대가를 지불해야 했다.

내가 저지른 또 다른 실수는 특정 종목의 흐름을 전체 시장의 추세로 받아들여 실제 시장의 흐름을 오판한 것이다. 새로운 매매를 시작하기 전에, 반드시 인내심을 가지고 다른 종목군에 속한 주식이 전체 시장의 하락이나 상승이 끝났다는 점을 내게 알려줄 때까지 기다리는 것이 옳았다. 왜냐하면 시간이 지나면 다른 주식 또한 동일한 신호를 명백하게 나타내기 마련이기 때문이다. 나는 그런 암시가 나타나기를 기다렸어야만 했다. 하지만 나는 그렇게 하는 대신 값비싼 대가를 지불할 수밖에 없는 충동에 휘둘렸고, 결국 이 충동은 내 정상적인 사고와 판단력을 가려버렸다. 물론 첫 번째와 두 번째 업종에 속한 종목에서는 수익을 거두었지만, 세 번째 업종의 경우 급하게 매매한 결과 벌어놓은 수익의 상당 부분을 고스란히 반납해야 했다.

1920년대 말 주식시장은 엄청난 활황이었다. 나는 구리 관련 주식의 상승세가 거의 막바지라고 판단했다. 그로부터 얼마 지나지 않아 자동차 관련 주식 또한 그 정점에 도달했다. 그 두 산업이 이미 강세장의 정점을 지났기 때문에 내가 다른 모든 주식도 안전하게 매도할 시점이라는 잘못된 결론에 도달하고 말았다. 그러한 전제 조건에 따라 거래했기 때문에 내가 잃어버려야 했던 금액의 총액은 언급하기조차 싫을 정도다.

구리 산업과 자동차산업 관련 주식의 거래에서 엄청난 장부상 이익을 쌓아올렸지만, 그 후 유틸리티 업종도 같은 추세를 보일 것이라고 기대하며 6개월을 허비했다가 앞선 거래에서 거두었던 돈보다 더 많은 손실을 봐야만 했다. 그런데 유틸리티와 다른 업종들은 결국 차례로 정점을 맞이했다. 그 당시 아나콘다_{Anaconda, 미국 구리광산회사} 주식은 직전 고점보다 50포인트 낮은 가격에 거래되고 있었으며, 자동차 관련주도 거의 비슷한 수준으로 하락해 있었다.

여기서 강조하고 싶은 것은 특정한 업종의 주가 흐름이 명백히 감지될 때 행동에 나서야 한다는 것이다. 하지만 업종이 다른 경우 특정 업종의 추세를 그대로 따른다고 속단할 수 없다. 따라서 인내심을 가지고 확연한 추세가 확인되기까지 기다려야 한다. 그러다 보면 시간이 흘러 다른 산업에서도 첫 번째 산업에서와 동일한 추세를 보일 것이다. 절대로 특정 업종에서 포착한 신호를 무턱대고 전체 시장으로 확대하는 것은 피해야 한다.

주가의 움직임에 대해서 연구할 때는 그 범위를 당일 선도주로 한정해야 한다. 만일 활발하게 거래되는 선도주에서 수익을 얻을 수 없다면 주식시장 전체에서도 이익을 내지 못한다.

여성복, 모자, 장신구 등의 유행이 시대에 따라 변화하듯이 주식시장에서도 이전의 선도주들은 쇠퇴하고 새로운 주식이 그 자리를 차지하게 된다. 수년 전의 주요 선도주들은 철도산업 관련주, 아메리칸 슈거, 타바코 주식이었다. 그 후 철강산업 관련주가 시장에서 두각을 나타냈으며, 아메리칸 슈거와 타바코는 슬그머니 뒷전으로 밀려났다. 그다음에는 자동차산업 관련주가 선도주가 되어 오늘날까지 이르렀다. 오늘날에는 시장을 지배하는 위치에 있는 업종은 철강산업, 자동차산업, 항공산업 및 통신판매산업이다. 그 주식이 움직이면 주식시장 전체 또한 마찬가지로 움직이게 된다. 시간이 경과함에 따라 현재의 선도주는 새로운 선도주에게 자리를 내어주게 될 것이다. 주식시장이 존재하는 한 변하지 않을 순환이다.

한 번에 계좌에 너무 많은 주식을 보유하는 것은 확실히 안전한 방법이 아니다. 왜냐하면 뒤죽박죽 뒤얽혀 혼란을 가중시킬 것이기 때문이다. 상대적으로 소수의 산업을 분석하려는 시도를 해보라. 아마도 그런 방법으로 시장을 자세히 분석한다면 이전보다 훨씬 더 실제 상황을 쉽게 파악할 수 있을 것이다. 만일 시장을 선도하는 네 업종에서 두 종목만 골라 정확한 주가 흐름은 분석할 수 있다면 나머지 종목에 대해서는 그다지 염려할 필요는 없다.

'선도주를 따르라'는 말은 이미 진부한 이야기가 되어버렸다. 사고의 유연성을 항상 확보하고 있어야 한다. 즉, 오늘의 선도주가 2년 뒤에는 선도주가 아닐 수도 있다는 점을 명심해야 한다. 최근 나는 업종 네 곳의 주가를 기록하고 있다. 하지만 그렇다고 해서 그 업종 네 곳을 동시에 모두 거래한다는 것을 의미하지는 않는다. 내가 그렇게 하는 진짜 목적은 따로 있다.

아주 오래전 시세 움직임에 대해서 관심을 가지게 되었을 때였다. 앞으로의 주가 움직임을 정확하게 예측하는 나의 능력을 시험하기로 결심했다. 당시 나는 가상의 거래를 기록한 조그마한 노트를 항상 지니고 다녔다. 그러던 중 어느 날 처음으로 실제 거래를 했다. 나는 절대로 그 최초의 거래를 잊지 못할 것이다. 시카고, 벌링턴 & 퀸시 철도회사_{Chicago, Burlington & Quincy Railway} 주식을 친구와 공동으로 5주 매수했는데 그중 내 지분이 절반이었다. 그 거래에서 얻은 수익 중 나의 몫은 3.12달러였다. 그 이후로 나는 투기의 길에 나섰다.

요즘 같은 시장 환경에서는 주로 대량 매매를 하던 구식의 투기자가 예전처럼 크게 성공을 거두기는 힘들다고 생각한다. 예전 방식이라 함은 시장이 매우 광범위하고 유동성이 풍부했을 때를 의미하며, 어떤 투기자가 개별 주식의 가격에 커다란 영향력을 미치지 않고서도 수시로 5,000주나 1만 주의 포지션을 잡거나 청산할 수 있었을 때를 말한다. 그때는 투기자가 최초의 포지션을 잡은 이후에, 만일 그 주식이 적절하게 움직인다면 추가 매매에 나설 수 있다. 또한 판단이 틀렸다는 것이 알았을 때 그다지 큰 손실을 입지 않고서도 포지션을 정리할 수 있었다. 그러나 요즘은 사뭇 다르다. 상대적으로 시장의 폭이 좁고 유동성이 적기 때문에 최초의 포지션을 변경해야 할 때는 지독한 손실을 감내해야 한다.

반면에 앞서 언급했다시피 현재는 인내심을 가지고 행동으로 옮길 수 있는 시점을 정확히 판별해 낼 판단력을 가진 투기자라면 당연히 상당한 수익을 현금화할 수 있는 시장 상황이라는 것이 나의 견해이다. 왜냐하면 현재의 시장 상황은 이전과 달라졌기 때문이다. 예전에는 인위적인 주가 흐름으로 과학적인 계산이 무의미했던 일이 빈번했지만, 이제는 그러한 인위적인 주가 흐름이 전체 흐름을 바꾸는 경우가 크게 없기 때문이다.

따라서 현 시장 상황으로 볼 때 현명한 투기자라면 어찌되었든 몇 해 전에는 상식으로 통했던 대량 매매는 피하는 것이 현명하다. 그리고 관심을 기울일 업종과 해당 업종 내의 종목 수는 소수로 잡으라고 권하고 싶다. 왜냐하면 이성적이고 연구하는 것을 좋아하는 유능한 투자자와 투기자에게는 훨씬 더 안전한 기회를 제공할 수 있는 새로운 시대의 시장 상황이 도래했기 때문이다.

손안의 돈

　초과 수입의 관리는 그 누구에게도 맡기지 마라. 이는 당신이 100만 달러를 다루든 혹은 수천 달러를 다루든 상관없이 동일하게 적용된다. 바로 당신 자신의 돈이기 때문이며, 그 돈은 스스로 직접 지켜야 수중에 남는다. 그리고 잘못된 투기야말로 가장 확실하게 그 돈을 잃는 가장 확실한 방법이다.

　무능한 투기자가 저지르는 실수의 규모는 광범위하다. 그중에서도 특히 손실을 평준화_{손실 물타기}하지 마라. 하지만 이는 많은 투기자가 일상적으로 행하는 일이다. 예를 들어 어떤 주식을 주당 50달러에 100주 매수했는데, 2~3일 후에 그 주식이 47달러로 떨어졌다고 하자. 그러면 많은 사람이 100주를 추가 매수함으로써 자신의 평균 매수 단가를 48.5달러로 낮추고 싶은 충동에 휩싸이게 된다. 50달러에 매수한 100주에서 주당 3달러의 손실을 입고 있을 때 어떠한 이유나 까닭도 없이 100주를 더 매수한다면 어떤 일이 벌어질까? 만일 주가가 44달러를 기록했을 경우 그들의 걱정거리는 두 배로 늘어날 것이다. 실제 주가가 그 수준까지 하락한다면 최초로 매수한 100주에서는

600달러의 손실을, 나중 100주에서는 300달러의 손실이 발생한다.

만일 어떤 사람이 이와 같은 불합리한 매매 방식을 따른다면 아마도 그는 44달러에 추가로 200주를 매수해야 하며 41달러에는 400주, 38달러에는 800주, 35달러에는 1,600주, 32달러에는 3,200주, 29달러에는 6,400주를 매수하는 식으로 평균 단가를 계속 낮춰가야 한다. 이 세상에서 그와 같은 압력을 견딜 수 있는 투기자의 수가 얼마나 되겠는가? 물론 타당한 원칙이라면 밀고 나가야겠지만, 이 사례 같은 비정상적인 상황은 그리 빈번하게 발생하지는 않는다. 투기자는 이처럼 비정상적인 움직임에서 자신을 보호해야 한다. 따라서 반복되는 잔소리 같겠지만 절대로 손실을 평준화하지 마라.

증권 중개인이 해준 조언을 하나 소개하겠다. 추가 증거금에 관한 내용이다. 만일 추가 증거금을 납입해야 한다는 통보를 받게 된다면 이에 응하지 말고 계좌를 폐쇄하라. 추가 증거금 요청 자체가 시장에 대한 당신의 판단이 틀렸다는 것을 의미한다. 그런데도 밑빠진 독에 물 붓듯 추가로 자금을 넣는다고? 그 돈을 비축해 두었다가 훨씬 더 매력적인 거래에 투자해라.

성공하는 사업가는 고객 한 명에게 제품 전부를 몰아주기보다는 다수의 고객을 상대하는 쪽을 택한다. 고객의 숫자가 많을수록 사업가는 자신이 부담하게 되는 위험을 분산하게 되는 것이다. 마찬가지로 '투기' 사업에 종사하는 사람도 자본을 한 곳에 전부 걸어서는 안 된다. 투기자에게 현금이 가지는 의미는 상인에게 선반 위에 진열된 상품이 가지는 의미와도 같다.

거의 모든 투기자가 저지르는 가장 큰 실수 중 하나가 너무 짧은 시간에 큰돈을 벌려는 충동을 느끼는 것이다. 즉, 500%의 수익을 2~3년에 걸쳐서 얻고자 하기보다는 2~3개월 내에 목표를 달성하겠다고 덤빈다. 물론 그런 시도가 간혹 성공하기도 한다. 하지만 그런 무모한 투기자가 과연 지속적으로 돈을 벌 수 있을까? 그렇지 않다. 왜일까? 그 이유는 그들은 자금을 건전하게 관리하지 못하며, 따라서 비록 계좌의 규모가 빠르게 불어나기도 하지만 동시에 단번에 나가버리기도 하기 때문이다. 이런 상황의 투기자는 균형 감각마저 잃어버리고 만다. 이런 사람들이 자주 하는 말이 있다.

"두 달 만에 500%의 수익을 올릴 수 있다면 다음 두 달 동안은 도대체 얼마나 번다는 거야! 나는 큰돈을 벌게 될 거야."

이런 부류의 투기자는 만족하는 법도 없다. 자신들이 실수를 저지를 때까지 거래를 남발하게 되고 결국에는 일이 벌어지게 된다. 예측하지 못했던 끔찍한 상황 말이다. 마침내 그는 증권 회사에서 마지막으로 추가 증거금을 납입하라는 통지를 받게 된다. 이러한 노름꾼들은 마치 등불처럼 잠시 반짝이다가 시장에서 사라지고 만다. 아마도 그들 중 일부는 증권 회사에 간청함으로써 당분간 시간을 벌 수 있을 지도 모른다. 새 출발하는 데 조금이라도 비축해 놓은 자금이 있다면 그나마 운이 좋은 편이다.

가게나 상점을 여는 사업가라면 첫해에 25%의 수익을 얻을 수 있을 것이라는 기대는 갖지 않는다. 하지만 투기라는 영역에 뛰어든 사람들은 연간 25%의 수익을 아무렇지도 않게 생각하며, 100%의 수익을 얻을 수 있기를 바란다. 그들은 계산에서 오류를 범하고 있다. 즉, 투기도 하나의 사업으로 보고 객관적 원칙에 따라 투기에 임해야 하는데 그렇게 하지를 못한다. 여기에 기억해야 할 한 가지 사항이 더 있다. 투기자는 성공적으로 거래를 마친 후 수익 중 절반을 인출하여 안전한 별도의 금고에 따로 모아두는 규칙을 가지고 있어야 한다. 그들이 성공적으로 거래를 마친 후 자신들의 계좌에서 인출한 그 돈이야말로 비로소 투기자가 월스트리트에서 실제로 번 수익이다.

팜비치에서 머물렀던 때가 기억난다. 당시 나는 상당한 규모의 공매도 포지션을 정리하지 않고서 뉴욕을 떠났다. 팜비치에 도착한 지 며칠 지나지 않아 주가가 급격하게 하락했다. 그때가 '장부상 이익'을 현금으로 바꿀 수 있는 기회였으며 나는 그렇게 했다. 장 마감 후 나는 전신 기사에게 뉴욕 지점의 담당자에게 즉시 내 명의의 은행 계좌로 100만 달러를 송금하라는 내용의 전보를 발송해 줄 것을 요구했다. 그 전신 기사는 전보의 전송을 완료한 다음 자신 이 그 전보 조각을 가져도 되겠냐며 내게 물었다. 나는 그 이유를 물었다.

그는 "이곳 팜비치에서 근 20년 동안 전보 기사로 근무하고 있지만 증권 중개인에게 고객의 은행 계좌로 자금을 송금하도록 요청한 전보는 처음입니다."라고 대답했다. 그는 계속해서 말을 이어갔다. "지금까지 증권 중개인이 고객에게 추가 증거금을 납입할 것을 종용하는 내용의 전보는 무수하게 봐왔지만, 당신과 같은 내용의 전보는 본 적이 없었어요. 제 아이들에게 이 전보를 보여주고 싶습니다."

보통의 투기자는 자신의 증권 계좌에서 자금을 인출할 수 있는 유일한 시간은 자신이 아무런 포지션을 취하고 있지 않거나 초과 자산을 보유하고 있을 때뿐이다. 만일 시장이 자신의 포지션과 반대로 움직인다면, 자신의 계좌에 있는 모든 자본이 증거금으로 설정되기 때문에 그는 자금을 인출할 수 없게 된다. 설사 돈을 벌더라도 자신에게 "다음번 거래에서는 이 돈보다 두 배는 벌어야지."라고 말함으로써 그는 성공적인 거래를 청산하고도 수익금을 인출하지 않을 것이다.

결과적으로 대다수 투기자는 돈을 실제 손에 쥐어보지 못한다. 이렇게 계좌에만 돈이 들어 있기 때문에 그들에게 돈의 실체는 전혀 실질적인 것이 아니고 잡을 수 없는 무형의 것에 불과하다. 나는 성공적으로 거래를 마친 후 수년 간 계좌에서 현금을 습관적으로 인출해 왔다. 통상적으로 한 번에 20만 달러에서 30만 달러 단위로 인출했다. 그것은 매우 효과적인 방식이었다고 생각한다. 일단 심리적으로 가치가 있었다. 계좌에서 수익의 일부를 정기적으로 출금하라. 돈을 세어보는 것이다. 나는 그렇게 했었다. 그렇게 함으로써 내 수중에 실제 돈이 있음을 알 수 있었으며, 생생하게 느낄 수 있었다. 실제 만질 수 있는 돈이 바로 진짜 돈이다.

증권 계좌에 있는 예수금이나 은행 계좌에 있는 돈과 수중에 있는 돈은 느낌이 다르다. 수익을 인출하면 진짜로 돈을 소유하고 있다는 느낌을 가지게 되며 결과적으로 자신의 수익을 잃게 만들고 마는, 제멋대로 위험을 무릅쓰고 거래하려는 경향을 줄어들게 만들 수 있다. 따라서 거래와 거래 기간 사이에 이따금씩 당신이 가지고 있는 실제 돈을 살펴보는 게 좋다.

그런데 대부분의 투기자는 이러한 문제에 대해서 대수롭지 않게 생각한다. 만일 자신이 투자 원금을 두 배로 불릴 정도로 운이 좋았다면 그 즉시 수익의 절반을 예비 자금으로 떼어놓아야 한다. 이러한 정책은 유용할 경우가 꽤 많았다. 다만 내가 투기자로 활동하는 동안 좀 더 이 원칙을 철저하게 지켰더라면 하는 아쉬움이 있다. 매매를 하다 보면 가끔 원칙을 무시할 때가 있다.

나는 월 스트리트 밖에서는 단돈 1달러도 벌지 못했다. 시장에서 벌어들인 수백만 달러를 다른 모험사업에 투자했다가 다 날리기도 했다. 플로리다의 부동산, 유정 개발, 항공기 제조 그리고 신기술에 기초한 신제품 개발과 마케팅 관련 사업들이 기억난다. 이 모든 사업들에서 나는 모두 손실을 입었다.

한 번은 다른 사업 아이템에 깊이 빠졌을 때다. 자금을 모집하려고 친구 한 명을 찾아가 5만 달러를 투자하라고 말했던 적이 있다. 그는 내 이야기를 매우 진지하게 듣다가 내가 말을 마치자 말했다. "리버모어, 자네는 자네 분야 밖에서는 결코 성공할 수 없을 거네. 만일 자네가 투기 거래를 하기 위해서 5만 달러가 필요하다고 말한다면 나는 언제든지 자네에게 줄 수 있네. 그러니 제발 다른 사업에는 손대지 말고 투기 거래를 하게." 다음 날 오전, 나는 뜻밖에도 수표가 동봉된 우편물을 받을 수 있었다.

이 시점에서 다시 얻을 수 있는 교훈은 다음과 같다. 즉, 투기는 그 자체가 사업이며 다른 사람들도 그렇게 보아야 한다는 것이다. 흥분이나 아첨 혹은 유혹 등의 감정적인 요소에 휘둘려서는 안 된다.

비록 증권 중개인들이 의도적으로 그렇게 하는 것은 아니지만 가끔 많은 투기자에게 실패를 안기는 역할을 할 때가 있다는 점을 명심하기 바란다. 그들의 사업은 거래를 통해서 수수료를 받는 것이다. 고객들이 거래하지 않는다면 그들이 수수료를 받을 수 없다. 거래를 많이 할수록 수수료 수입은 증가한다. 따라서 중개인은 투기자가 거래하기를 원할 뿐만 아니라 지나치게 매매를 조장하기도 한다. 충분한 지식을 가지고 있지 못한 투기자는 증권 중개인을 친구로 여기거나 이 '친구'의 의도대로 자신의 능력을 넘어서는 오버 트레이딩을 하게 된다.

물론 투기자 자신이 어떤 경우에 오버 트레이딩을 해도 괜찮을지 알고 있을 만큼 영리하다면 크게 문제되지 않을 수 있다. 즉, 자신이 가끔은 오버 트레이딩을 할 수도 있으며 그렇게 해야 한다는 점을 알고 있을 수도 있다. 하지만 일단 그런 습관이 붙어버리게 되면 오버 트레이딩을 멈출 수 있을 만큼 현명하기란 극히 어렵다. 성공하기 위해 반드시 필요한 평정심과 균형 감각을 상실하게 된다. 그런 투기자는 자신들의 판단이 오류를 범하게 되는 날이 오리라는 것을 절대로 예상치 못한다. 그리고 그런 날이 오게 되면 쉽게 번 돈은 마치 날개를 단 것처럼 사라져버리고 또 한 명의 투기자는 파산하게 된다.

재정적 안전성이 보장되지 않는 상황에서는 절대로 거래하지 마라.

05

전환점

나는 시장이 '전환점'에 다다를 때까지 참고 기다렸다가 매매에 나선 경우 항상 수익을 남겼다.

어째서 그랬을까?

왜냐하면 그런 경우에는 새로운 흐름이 막 시작된 시점, 즉 심리적 시간에 행동을 개시했기 때문이었다. 내가 큰 손실을 보지 않고 매매할 수 있었던 이유는 간단하다. 내가 정한 매매 기법에 따라 신호가 포착되었을 경우 그것을 바로 실행에 옮겼으며, 그 즉시 보유 가능한 최대 규모의 포지션을 쌓았기 때문이었다. 신호에 따라 시장에 진입한 후에는 그 포지션을 유지한 채 시장에서 내게 차익을 실현하라는 신호가 올 때까지 꾹 눌러앉아서 기다렸다. 인내심을 지닌 채 기다리면 반드시 그 신호가 나타났다. 경험상 추세 형성 초기에 진입하지 않으면 결코 그 움직임에서는 그다지 큰 수익을 얻을 수는 없다는 것을 알고 있다. 이유는 이렇다. 시장의 흐름을 끝까지 지켜보고 전체 기간 동안 내내 자리를 지킬 수 있는 용기와 인내심을 발휘하는 데는 이익이 필수적인 역할을 한다. 그러기 위해서는 초반에 최대한 이익을 많이 내야하는데 이를 놓치면 조바심 때문에 추세가 완전히 끝날 때까지 필요한 인내심도 용기도 기대하기 힘들다.

참고 기다리면, 시장이 알아서 내가 들어갈 시점을 알려주었듯이 빠져나올 시점도 알려준다. "로마는 하루아침에 세워지지 않았다."는 말처럼 시장 추세가 진짜라면 그 흐름은 하루 혹은 일주일 만에 끝나지 않는다. 특정한 흐름이 정상 궤도에 올라 진정한 추세를 형성하기 위해서는 시간이 필요한 법이다. 최근 48시간의 행동이 시장 움직임에서 대단히 큰 비중을 차지한다. 그리고 시장에 진입하기 위해서는 그 시점이 가장 중요하다.

예를 들어보자. 상당한 기간 동안 하락 추세를 형성하고 있는 주식이 저가인 40달러에 도달했다고 가정해 보자. 만일 이 주식이 저점을 형성한 후 며칠 만에 급등하여 주가가 45달러까지 상승한 이후에 다시 일주일간 주가는 몇 달러의 범위 내에서 등락을 반복하다가, 다시 주가가 상승세를 나타낸 후 49.5달러까지 멈추지 않고 곧바로 상승했다고 하자. 이후 며칠 동안 그다지 큰 움직임을 나타내지 않았으며 거래량 또한 미진한 상태를 나타낸 후 어느 날 갑자기 거래량이 증가하면서 주가는 3~4달러 하락한 후 지속적으로 하락해 직전의 전환점인 40달러 부근까지 하락했다고 하자. 이쯤 되면 시장 동향을 보다 면밀하게 살펴야 한다.

왜냐하면 그 주식이 진정으로 하락 추세에 접어든 것이 확실하다면 주가 반등이 일어나기 이전의 전환점인 40달러에서 3달러 이상 더 하락해야 하기 때문이다. 만일 40달러를 하향 돌파하지 않는다면, 이것은 매수 신호다. 이전 조정 국면 저점에서 3달러 상승하자마자 매수해야 한다. 또한 만일 40달러를 하회했다손 치더라도, 적절한 규모인 3달러 이상 하락하지는 않았을 경우에도 주가가 43달러까지 상승하는 것을 보고 매수해야 한다.

만일 이 둘 중에서 하나의 경우가 발생했다면 대부분 새로운 추세 형성의 징후로 볼 수 있다. 또한 그 추세가 확정되는 방향으로 시장 흐름이 전개된다면 주가는 쉬지 않고 상승해서 전환점인 49.5달러 혹은 그 이상으로 치고 올라갈 수도 있다.

개인적으로 나는 시장의 추세를 정의할 때 '강세장'이라거나 '약세장'이라는 표현을 사용하지는 않는다. 왜냐하면 많은 사람들이 '강세장' 혹은 '약세장'이라는 단어를 들을 때면 그러한 시장의 진로가 상당히 오랜 기간 지속될 것이라고 생각하기 때문이다. 주식시장에서는 그런 견고한 추세라는 것은 그다지 빈번하게 나타나지 않는다. 기껏해야 4~5년에 불과 한 번 정도 형성될 뿐이다. 그러나 상대적으로 짧은 기간이기는 하지만 그런 기간의 사이사이에도 다수의 단기적인 추세가 존재한다. 그래서 나는 지속적으로 '상승 추세'와 '하락 추세'라는 단어를 사용해 왔으며, 그렇게 불러야 특정 시점의 움직임을 보다 융통성 있게 들여다볼 수 있기 때문이다. 게다가 만일 당신이 시장이 상승 추세를 나타낼 것이라고 생각했기 때문에 매수했지만, 몇 주 후에는 시장이 하락 추세로 향하고 있다면, '강세장'이나 '약세장'의 국면이라고 결정적으로 전제하고 대처하는 것보다 추세 전환에 대응하기가 한결 안전하다.

가격과 시간 요소를 결합해 주가를 기록하는 '리버모어 기법'은 내가 30년 동안 시장 동향 예측 도구로 활용한 지침을 모아 정리한 것이다. 처음 작성한 기록표는 별 도움이 되지 않는 것으로 판단했다. 몇 주가 흐른 뒤에 시세를 기록하는 새로운 방법을 적용했으나, 이전의 방법을 다소 개선한 것일 뿐 여전히 내가 원하던 정보를 주지는 못했다. 그 후에도 계속해서 시세를 기록하는 방법에 관한 새로운 생각들이 떠올랐고 그때마다 나는 새로 시세를 기록하는 여러 방법을 시험해 보곤 했다. 그렇게 시세를 기록하는 다수의 방법을 고안한 후에야 점차적으로 이전에는 개발할 수 없었던 새로운 아이디어들을 떠올릴 수 있었다. 그런 노력 덕분에 좀 더 나은 형태로 구체화하고 개선할 수 있었다. 하지만 결정적으로 주가에 시간 요소를 접목하고 나자 그때서야 비로소 기록표에서 내가 원하던 정보를 얻을 수 있게 됐다.

그 후로는 각각의 기록을 다른 방식으로 통합, 정리해서 결국 전환점을 알아낼 수 있었다. 그다음에는 시장에서 수익을 내기 위해서는 그것들을 활용했다. 이후에도 여러 차례에 손을 보면서, 기록하는 법과 계산 체계를 다듬었다. 이제 이 기법은 누구든 마음만 먹으면 얼마든지 유익하게 활용할 수 있는 형태로 자리 잡았다.

투기자가 특정 주식의 전환점을 포착할 수 있으며 그 지점의 주가 동향을 파악할 수 있다면, 자신의 판단에 확신을 가지고 매매에 나설 수 있다. 나는 이런 방식으로 오래전부터 단순한 형태의 전환점을 이용해 거래에서 수익을 내기 시작했다. 당시 어떤 주식의 주가가 50달러, 100달러, 200달러 그리고 설령 300달러에 거래되더라도 만일 그 가격대가 돌파된다면 거의 일률적으로 주가가 신속하고 곧바르게 움직인다는 사실을 빈번하게 관찰할 수 있었다.

이런 전환점을 이용해서 실제 매매에서 돈을 벌려고 처음으로 시도했던 주식은 지금은 시장에서 사라져버린 아나콘다였다. 나는 그 주식이 100달러에 거래되자마자 4,000주의 매수 주문을 냈는데, 그 매수 주문은 몇 분이 흐른 뒤 105달러에 비로소 체결됐다. 그날 주가는 10포인트 이상을 상승했고, 그다음 날에도 엄청난 주가 상승을 기록했다. 단지 7~8포인트의 통상적인 조정을 거치면서 주가는 단기간에 150달러를 넘는 가격까지 상승했으며, 그 상승기간 동안 주가는 전환점인 100달러를 위협한 적이 없었다.

그 거래 이후로 큰 수익을 안겨줄 전환점이 포착된 지점에 진입할 기회를 거의 놓친 적이 없었다. 아나콘다가 200달러에 거래되었을 때에도 나는 성공적으로 참여했었고, 300달러에 거래되었을 때에도 동일한 방법으로 이 주식을 거래했다. 하지만 당시 이 회사의 주가가 302.75달러에서 고점을 형성했을 때였다. 그것은 명백한 위험 신호였다. 따라서 나는 보유하고 있던 8,000주 중에서 다행히도 5,000주를 300달러에 정리했고 1,500주는 299.75달러에 처분했다. 나는 그 6,500주를 2분 내에 모두 청산할 수 있었지만 나머지 1,500주를 모두 정리하기까지는 25분 이상이 걸렸으며, 100주와 200주 단위로 나누어서 그날 종가인 298.75달러까지 정리해야 했었다. 당시 나는 그 주식이 300달러를 하회할 경우에는 주가는 급속하게 하락할 것이라는 확신을 가지고 있었다.

다음 날 오전은 매우 흥미로웠다. 아나콘다의 주가는 런던 시장에서 하락했고 뉴욕에서의 시초가는 런던 시장의 종가보다 훨씬 더 낮게 거래되었으며 며칠 후에는 225달러에 거래됐다. 시장의 움직임을 예상하기 위해 전환점을 사용할 때는 반드시 가슴 깊이 새겨두어야 할 것이 있다. 전환점을 돌파한 다음 초기 예측과 다른 움직임이 나타나는 것은 위험 신호다. 반드시 경계해야 한다.

위에서 언급했던 아나콘다가 300달러를 돌파한 후에 나타냈던 움직임은 그 주식이 100달러와 200달러를 상회했을 때와는 완전히 다른 움직임이었다. 앞선 경우에서는 전환점을 돌파된 후에 주가는 매우 짧은 시간 내에 최소한 10~15포인트는 급등했다. 하지만 이번에는 주식시장이 충분한 물량을 공급했으므로 주식 매수가 이전만큼 어렵지는 않았으며, 따라서 상승세를 이어갈 수가 없었던 것이다. 그러므로 주가가 막 300달러를 돌파한 직후에 그 주식이 나타냈던 행보는 명백히 위험 신호로 해석되어야 했다. 이 아나콘다의 사례는 어떤 주식이 전환점을 돌파 이후 일반적으로 전개되는 흐름이 이번에는 나타나지 않았음을 보여줬다.

또 다른 예는 베들레헴스틸Bethlehem Steel을 매수하기 위해서 3주 동안이나 기다렸던 일이다. 1915년 4월 7일에 그 회사는 사상 최고가인 87.75달러에 도달했다. 이미 그 회사의 주가가 전환점을 통과했으며 급속하게 그 가격까지 도달하는 것을 보고 있었다. 베들레헴스틸의 주가가 100달러를 돌파하리라는 확신을 가지고 있었기 때문에 나는 4월 8일 최초 매수 주문을 냈고 주당 99달러부터 시작해 최고가인

99.75달러까지 부지런히 매수했다. 이날 베들레헴은 117달러까지 상승했다. 그 회사의 주가는 일시적인 소폭의 조정을 제외하면 4월 13일인 닷새 후까지 숨 돌릴 사이도 없이 고공비행을 멈추지 않은 채 155달러까지 주가의 상승세를 이어갔다. 인내심을 가지고 있고 전환점을 이용할 줄 아는 사람에게 어떠한 대가가 돌아가는지를 잘 보여주는 사례다.

하지만 나의 베들레헴스틸 매매는 그 정도에서 그치지 않았다. 200달러와 300달러 그리고 현기증이 날 정도의 고점인 400달러에서도 그 작전을 반복적으로 사용했다. 그리고 거기에서도 그치지 않았다. 왜냐하면 약세장에서는 주가가 전환점을 하향 돌파할 경우에 어떤 일이 일어날지 예상하고 있었기 때문이었다. 나는 주가가 전환점을 돌파할 경우 주된 임무는 그 마무리가 어떤지 관찰하는 것이라는 점을 배웠으며, 내게서 어떤 주식이 전환점을 교차한 이후에 생명력이 부족할 때에는 방향을 선회하여 기존의 포지션에서 빠져나오는 일은 그리 어렵지 않았다. 하지만 인내심을 잃어버리고 전환점을 기다리지 못하고 주먹구구식으로 대응할 때는 손실을 봐야만 했다.

그런 일이 있은 이후에 주식시장에서는 고가주에 대한 다양한 형태의 주식 분할이 이루어져 방금 돌아봤던 것과 같은 기회가 그다지 빈번하게 발생하지는 않았다. 그럼에도 전환점을 포착할 방법은 또 있다. 예를 들어 최근 2~3년 내에 주식시장에 새로이 상장된 주식이 있다고 하자. 그 주식이 상장된 이후 기록한 최고가가 20달러 정도였으며, 그 가격은 2~3년 전에 기록했던 주가라고 가정해 보자. 그런데 그 회사에 호재가 있으며 이제 주가가 상승하기 시작한다면, 통상적으로는 그 주식이 신고가를 갱신한 직후 매수하는 것이 안전하게 진입할 타이밍이다.

어떤 주식이 주당 50달러나 60달러 혹은 70달러에 주식시장에서 거래되었고, 그 후에는 20달러 정도 하락한 후 최근 2년 동안 이 수준에서 고가와 저가를 기록하며 계속해서 등락을 반복했다고 가정해보자. 이 경우 주가가 이전의 저가보다 낮은 수준으로 하락한다면 그 주식의 주가는 상당 폭의 추가 하락세를 나타내기 쉽다. 어째서일까? 그 이유는 그 회사와 관련된 일들이 잘못된 것이 틀림없기 때문이다.

주가를 지속적으로 기록하고 시간 요소를 고려한다면 전환점을 포착할 수 있으며, 그 지점에 빠르게 대응할 수 있다. 하지만 전환점이 발생하는 시점에 거래하는 법을 배우기 위해서는 인내할 줄 알아야 한다. 기록을 연구하기 위해서는 시간을 헌신해야 하며, 자신이 직접 기록해야 한다. 또한 기록할 때는 어느 정도의 가격에서 그 주식이 전환점에 도달할 것인지도 표시해 놓아야 한다.

이러한 전환점 연구는 주식에 있어 개인이 행할 수 있는 최고의 연구와 결과를 보여줄 것이다. 오로지 자신의 판단력에 기초해서 성공적인 주식 투자를 했을 때는 이 세상에서 둘도 없는 즐거움과 만족감을 맛볼 수 있을 것이다. 비밀 정보나 다른 사람의 조언을 받아서 얻을 수 있는 그 어떤 수익보다도 훨씬 더 강렬한 충족감을 준다. 스스로 발견하고 자신만의 방법으로 거래하고 인내심을 가지고 위험 신호를 예의주시한다면, 누구나 지속적으로 적절하게 사고할 수 있는 방법을 개발할 수 있을 것이다. 이 책의 마지막 장에 주식 거래 원칙과 더불어 전환 점을 포착하는 나만의 기법을 상세하게 설명하겠다.

다른 사람의 조언이나 추천을 받고 주식에 투자해서 돈을 벌 수 있는 사람은 거의 없다. 많은 사람들이 정보에 목말라하지만 실제로 그들이 그 정보를 얻더라도 그들은 정보를 제대로 활용하지 못한다.

어느 날 저녁 만찬에서 내 옆자리에 앉았던 한 여성이 주식시장에 대한 조언을 듣기 위해 나를 못살게 굴었다. 당시는 주식시장이 약세를 보이고 있었지만, 나는 그녀에게 바로 그날 전환점을 교차했던 철강회사 세로데파스코Cerro de Pasco 주식을 매수해 보라고 말했다. 다음 날 오전 주식시장이 열릴 때부터 그다음 주까지 그 회사의 주가는 미세한 조정을 받기는 했지만 주당 15달러나 상승했으며, 그 이후에 그 회사의 주식은 위험 신호를 보냈다. 나는 내게 종목을 추천해 달라고 안달복달했던 그 여성이 떠올랐다. 나는 서둘러 아내에게 그녀에게 전화해서 그 주식을 매도하라는 말을 전했다. 하지만 그 여성은 내 정보의 정확성을 확인하느라 그때까지도 그 주식을 매수하지 않고 있었다. 얼마나 황당한 일인가. 주식시장에서 정보는 쉴 새 없이 움직이는 법이다.

상품선물시장에서는 매력적인 전환점이 매우 빈번하게 발생한다. 뉴욕코코아거래소에서는 코코아선물이 거래되며, 최근 몇 년 동안 이 상품의 가격 움직임은 투자자가 투기적인 목적으로 거래할 만한 유인을 그다지 제공하지 못했다. 그럼에도 투기 거래를 사업으로 하는 사람들이라면 자동적이고도 당연하게도 커다란 기회가 존재하는 모든 시장을 주시하게 된다.

1934년 한 해 동안 12월물 코코아 옵션의 고가는 2월에 기록됐던 6.23달러였으며, 저가는 10월에 기록한 4.28달러였다. 1935년의 고가는 2월의 5.74달러였고, 저가는 6월의 4.54달러였다. 1936년의 저가는 3월에 기록했던 5.13달러였지만, 8월에는 몇 가지의 이유로 매우 다른 양상을 보이고 있었다. 거래가 매우 활발하게 이루어지고 있었다. 코코아선물은 그달에는 6.88달러에 거래되었으며, 이는 최근 2년간의 최고가인 동시에 최근의 전환점보다 높은 가격임을 의미했다.

9월에는 7.51달러였고, 10월에는 8.70달러, 11월에는 10.80달러, 12월에는 11.40달러였다. 그리고 1937년 1월에는 최고가인 12.86달러로 최고가를 경신했다. 단지 소폭의 조정을 받았을 뿐 5개월 만에 6달러나 상승한 것이다.

코코아선물 가격은 해마다 통상적인 수준의 변화만을 반복했다. 하지만 가격이 이렇게 급격하게 상승했던 데에는 매우 합당한 이유가 있었다. 그 이유는 다름 아닌 코코아의 공급이 몹시 부족했기 때문이다. 따라서 전환점을 세밀하게 관찰하던 사람들은 코코아선물시장에서 엄청난 기회를 발견할 수 있었다.

이제 기록표에 가격을 적고 패턴을 관찰하고 의미 있는 흐름을 찾을 때다. 그러다 시점이 오면 자신이 그리고 있는 주가에 대한 그림이 확실한 모습을 갖추어 가고 있다는 점을 깨닫게 될 것이다. 즉 시세는 현재 형성되고 있는 시장 상황을 명백하게 보여줄 것이다. 그러니 기록표를 살펴보고 과거에 이와 비슷한 상황에서 시장이 어떻게 움직였는지 관찰하라. 이를 바탕으로 자신만의 통찰력과 판단, 의견을 도출할 수 있을 것이다. 주가 패턴 관찰하면 중요한 주가 흐름이 과거와 유사하게 반복된다는 것을 알 수 있다. 다시 말해 과거의 주가 움직임과 친숙해진다면 향후의 주가 움직임을 올바르게 예상할 수 있고, 이를 통해 큰 수익을 얻을 수 있다는 말이다.

하지만 다음을 염두에 두라. 기록표를 사용해서 투자하더라도 완벽하리라 생각지는 마라. 그렇다고 하더라도 기록표는 시세의 움직임을 예측할 수 있는 기준이 되며, 향후 시장 흐름을 예측할 수 있는 도구로 매우 유용할 것이다. 누구나 이런 기록표를 지속적으로 직접 기록하고 활용한다면 수익을 얻는 데 보탬이 될 것이다.

누구든지 기록표를 매매에 활용한다면, 나보다 더 큰 수익을 얻을 수도 있을 것이다. 다른 사람들이 내가 놓쳤던 가치가 있는 새로운 신호들을 쉽사리 발견할 수도 있기 때문이다. 사실 나는 오랫동안 이 기법을 통해 이미 내가 원하는 개인적인 목적을 충족했다. 그렇기 때문에 다른 중요한 신호를 더 찾아내려고 더 애쓰지 않았다. 하지만 누군가가 내 방법을 바탕으로 새로운 아이디어를 더하고 개발해 목적을 충족시키는 데 사용할 수도 있지 않겠는가.

당신이 그렇게 할 수만 있다면, 나는 당신이 거둔 성공을 질투하지 않을 테니 안심해도 좋다!

06

100만 달러의 실수

이번에는 몇몇 일반적인 투자 원칙을 설명하겠다. 후반부에는 가격과 시간 요소를 결합한 나의 매매 공식에 대해서 자세하게 설명할 것이다. 본격적으로 원칙을 설명하기 전에, 충동적으로 매매하는 사람이 너무도 많다는 사실을 짚고 넘어가고 싶다. 시장 상황에 맞추어 단계적으로 매매에 나서는 것이 아니라 거의 동일한 가격대에서 단번에 자신이 보유할 수 있는 최고 한도까지 물량을 확보하려고 한다. 이는 잘못된 방식이며 무엇보다 아주 위험하다.

예를 들어 특정 종목을 500주 매수한다고 가정하자. 처음에는 일단 100달러만 매수하라. 그리고 추세를 지켜보며 상승 추세에 맞춰 다시 100주를 매수하는 것 정석이다. 하지만 각각의 추가 매수는 반드시 이전의 매수 가격보다는 '더 높은 가격'에 이루어져야 한다.

공매도 거래의 경우에도 이와 동일한 규칙을 적용해야 한다. 이전 매도 가격보다 낮은 가격이 아니라면 추가 매도를 하지 마라. 이 원칙을 따른다면 다른 그 어떤 기법보다도 훨씬 더 주식시장의 올바른 방향에 다가설 수 있을 것이다. 이러한 과정을 따르면 주식에 투자할 때 항상 수익이 나는 포지션을 유지할 가능성이 높아지기 때문이다. 수익이 났다는 사실이 시장 흐름에 대한 판단이 옳았다는 증거로 볼 수 있다.

나의 매매 원칙을 따르려는 투자자에게 권하는 사항은 다음과 같다. 우선 관심 종목에 관한 상황을 전체적으로 평가하라. 그다음으로는 어떤 가격에서 시작할 것인지 결정하는 일이 중요하다. 주가 기록표를 연구하고 그 주식의 과거 몇 주간의 주가 움직임을 주의 깊게 연구함으로써 진입 시점을 찾아라. 그리고 그 주식의 주가가 그 지점에 도달하면 이때가 바로 첫 번째 거래를 시작해야 하는 순간이다.

거래를 실행에 옮겼으므로 이제는 자신의 계산이 틀렸을 경우에 어느 수준까지 손실을 감수할지 미리 결정해야 한다. 이 원칙에 따라 투자할 경우에는 결과적으로는 한두 번의 손실을 입을 수도 있다. 하지만 전환점을 파악해서 성공적으로 재진입할 수만 있다면 진짜 추세가 형성될 때 이 기회를 놓칠 일은 없다. 그 기회를 놓치려야 놓칠 수 없는 흐름 위에 있게 된다는 의미다. 하지만 투자의 시기를 결정할 때는 세심한 주의를 기울이는 것이 핵심이다. 즉, 조급해 하면 그에 따른 대가를 지불하게 된다.

조급함과 매매 시점을 결정할 때 부주의했었기 때문에 100만 달러를 날린 이야기를 하겠다. 막상 이 이야기를 하려니 부끄러워서 낯을 들 수가 없을 지경이다.

수년 전 일이다. 당시 나는 면화에 꽂혔다. 면화 가격이 반드시 큰 폭으로 상승할 것이라고 확신했다. 하지만 시장 자체가 아직 출발할

준비를 갖추지 못하고 있었다. 그럼에도 면화 가격이 상승할 수밖에 없으리라는 결론에 도달하자마자 나는 바로 면화 시장에 들어갔다.

나는 2만 베일면화를 세는 단위을 시장가로 매수했다. 당시 거래가 원활하지 않았던 면화선물 가격은 이 주문으로 인해 15포인트나 상승했다. 그 뒤 나의 마지막 100베일에 대한 주문이 체결되자 면화선물 가격은 미끄러지듯이 뒤로 물러나기 시작했다. 24시간도 채 지나지 않아서 내가 처음 매수를 시작할 무렵에 거래되고 있던 가격까지 하락했으며, 며칠 동안 마치 잠을 자듯이 미동도 하지 않았다. 마침내 넌더리가 난 나는 수수료를 포함해서 약 3만 달러의 손실을 보며 보유하고 있던 물량을 처분했으며, 마지막 100베일은 그 가격 조정기의 최저가에 체결됐다.

그런데 며칠이 지나자 시장의 흐름이 변하는 것처럼 보였다. 당시 나는 마음속에서 면화 가격은 어쩔 수 없이 큰 폭으로 상승할 수밖에 없을 것이라는 내가 처음에 가지고 있던 믿음을 버릴 수 없었다. 따라서 2만 베일의 면화선물을 다시 매수했으며 이번에도 역시 이전과 동일한 일이 되풀이되었다. 즉, 내 자신의 매수 주문으로 인해 시장이 위로 들썩이기는 했지만 나의 매수 주문이 그치자마자 가격은 쿵하고 주저앉고 말았다. 기다리기 지루해진 나는 다시 보유 중이던 물량을 정리했고 역시나 마지막에 정리된 물량은 최저가에 체결됐다.

이렇게 값비싼 대가를 치러야만 했던 그와 같은 거래를 6주 동안 다섯 번이나 반복했으며, 그때마다 평균 2만 5,000달러에서 3만 달러의 손실을 입었으므로 나는 내 자신에게 정나미가 떨어졌다. 만족감

은커녕 낭패감만 남긴 채 거의 20만 달러에 달하는 돈을 날렸다. 화가 머리 꼭대기까지 올라온 나는 사무장에게 다음날 내가 사무실에 도착하기 전에 면화선물시장의 시세표시기를 치워버리라고 지시했다. 더는 면화선물시장을 보고 싶은 유혹에 빠지고 싶지 않았다. 화가 나서 그랬지만, 냉정할 필요가 있는 투기라는 분야에서는 이마저 내게 전혀 보탬이 되지 못했다.

그래서 어떤 일이 벌어졌을까? 면화선물시장에 대한 모든 흥미를 잃어버리고 시세표시기를 치우고 나자 그 이틀 뒤부터 시장은 상승하기 시작했다. 당시 면화선물 가격은 전혀 멈추지 않고 500포인트나 상승했다. 즉, 그 정도의 탁월한 가격의 상승세를 나타내면서도 면화선물 가격은 오직 단 한 차례 40포인트의 조정만을 받았을 뿐이었다. 이렇게 해서 나는 가장 매력적이고도 확실하다고 판단한 매매를 놓쳐버렸다. 일이 그렇게 되었던 두 가지 근본적인 이유는 다음과 같다.

우선 나는 정확하게 매매할 수 있는 심리적 시간이 도래할 때까지 기다릴 인내심이 부족했다. 그전까지는 면화 가격이 파운드당 12.50센트까지 상승한다면 훨씬 더 높은 가격까지 상승할 것이라는 점을 알고 있었다. 하지만 나는 인내심이 부족해서 참고 기다리지 못했다. 면화선물 가격이 매수 전환점까지 상승하기 전에 추가적인 소폭의 이익을 빨리 올려야 한다는 생각을 했으며, 시장이 무르익기 전에 행동으로 옮겼던 것이다. 따라서 나는 20만 달러라는 실제 금전상의 손실을 입었을 뿐만 아니라 100만 달러의 잠재적인 수익마저도 잃어버렸다. 왜냐하면 내 머릿속에 잘 정리되어 있던 원래 계획은 전환점이 돌파된 이후에 10만 베일의 면화선물을 누적 매수하는 것이었기 때문이다. 만일 그 계획대로만 따랐더라도 그 면화선물가격의 상승을 통해서 나는 베일당 200포인트 혹은 그 이상의 수익을 실현할 수 있었을 것이다.

두 번째 이유는, 판단을 잘못했다는 생각을 떨쳐버릴 수 없었던 까닭에 감정 통제까지 엉망이 되었다. 훌륭한 투기적 절차와는 맞지 않는 판단을 내리고, 면화선물시장에 대해 분노하고 역겨워했다. 그리고 그것이 다음의 매매까지 심각하게 영향을 미쳤다는 점이다.

오래전 주식시장에서 배운 교훈이 있다. '자신의 판단이 틀렸을 때는 변명하지 말라는 것이다'. 자신이 틀렸다는 것을 인정하고 그로부터 이익을 얻도록 노력해야 한다. 우리 모두는 자신의 판단이 틀렸을 때는 그 사실을 잘 알고 있다. 투기자의 판단이 틀리면 시장은 그 사실을 알려준다. 투기자는 자신의 판단이 틀렸다는 것을 처음으로 실감했을 때 손실을 받아들이고 털어버리려고 노력해야 한다. 그리고 자신이 오류를 저지른 원인을 알기 위해서 기록을 연구하면서 다음번에 찾아올 큰 기회를 기다려야 한다.

그런데 시장이 확인해 주기 전에 내 판단이 틀렸음을 먼저 알게 되는 직감이 생길 때도 있다. 나는 이것을 잠재의식의 경고라고 생각한다. 잠재의식의 경고는 시장이 나타냈던 과거의 성과에 대한 지식을 기반으로 표출되는 신호다. 지금부터는 이 점에 대해서 좀 더 충분하게 설명해 보겠다.

앞서 말했듯이 1920년대 후반 주식시장은 초강세장이었고, 나는 그 기간 중 다양한 종목을 대량 매수해 상당 기간 가지고 있었다. 물론 이 기간 중에도 당연히 주식시장에는 몇 차례의 산발적 조정 장세가 나타나기는 했었지만 모두 정상 범위 안에 있었고 그 어떤 불안감도 전혀 느끼지 않았다.

하지만 장을 마친 후 갑자기 안절부절못하던 때가 있었다. 그런 날 밤이면 편안하게 잠자리에 들지 못하곤 했다. 마치 무언가가 내 의식을 흔들어 깨우는 듯했다. 그렇게 잠에서 깨어나 시장에 대해 생각했는데, 이튿날 아침에는 신문을 보기가 두려웠다. 무언가 불길한 일이 임박해 있는 것 같았지만 현실은 여전히 모두 장밋빛을 띠고 있었다. 오히려 주식시장은 전일보다 더 높은 가격에 개장되곤 했고, 시장의 움직임은 완벽했다. 그럴 때마다 어쩌면 잠들지 못했던 지난밤을 떠올리면서 헛웃음이 날 수도 있지만 내가 지금까지 경험한 바로는 결코 웃어넘길 일이 아니었다.

다음 날에는 모든 것이 달라질 수도 있기 때문이다. 비록 주식시장에 재앙과 같은 소식이 전해지지 않더라도 한동안 계속되던 추세가 갑자기 전환되기도 한다. 따라서 만일 실제로 그런 일이 닥치게 되면 주식시장에서 상당한 규모의 포지션을 신속하게 청산해야만 되는 국면을 맞이하게 되기 때문에 나는 진정으로 불안감을 느꼈다. 만일 그 전날이었더라면 보유하고 있던 전체 포지션을 최고가에서 2포인트 이내에서 정리할 수 있었을 것이다. 하지만 주식시장이 전환점을 맞는 당일은 상황 자체가 전혀 다르다.

시장이 온통 장밋빛으로 보일 때 의외로 마음이 불안해지는 경험을 많이들 해봤을 것이다. 이는 오랜 기간 시장에 대한 연구와 경험에서 만들어진 신기한 현상 가운데 하나다. 솔직히 말하자면 나는 이런 경고를 믿지 않는 편이며 일반적으로 냉철한 과학적 공식을 적용해서 주식에 투자하는 것을 더 선호한다. 하지만 이 묘한 불안감을 마냥 무시하지도 않았다. 주식시장에서 여러 차례나 이 설명할 수 없는 불안감 때문에 도움을 받았다는 점은 부인할 수 없는 사실이다.

주식 투자에 대한 이러한 신기한 현상이 내게 흥미로운 것은, 주식시장의 흐름에 민감한 사람들과 주가의 움직임에서 과학적인 패턴을 찾는 사람들이 이 위험이 임박했다는 느낌을 확실하게 느낄 수 있기 때문이다. 대다수 일반 투기자는 시장이 상승하거나 하락할지를 다른 사람들에게 간접적으로 전해 듣거나 언론 매체를 통해 알려진 소식을 근거로 감을 잡는다.

많고 많은 투기자 중에 단지 소수의 사람만이 자신의 투기 거래에 전념할 뿐이다. 대다수 투기자는 그저 요행을 바라고 덤벼도 되는 가벼운 게임 정도로 생각할 뿐이고, 결국 그들은 대가를 치른다. 설사 자신이 영리한 사업가나 전문가 그리고 현역에서 은퇴한 사람이라 할지라도 그에게 투기 거래란 사소한 주의를 기울이는 부업일 뿐이다. 게다가 그들 중 대부분은 거래하는 주식 중개인이나 동료가 주식시장에 대해서 가끔 쓸 만한 조언을 하지 않는다면 전혀 주식 투자를 하지도 않는 사람들이다.

대기업 내부의 이사회에 있는 친구에게 굉장한 내부정보를 받았기 때문에 그 주식에 투자하기 시작하는 사람들도 종종 있다. 다음의 가상의 사례와 같다. 당신은 점심이나 저녁 식사에서 그레이트셰이크스에 근무하는 친구와 만나게 되며, 그중 어느 정도 시간을 할애해서 기업의 이런저런 이야기를 한다. 그 회사의 사업은 순조롭게 진행되고 있고, 이제 막 상승 시점에 있으며 향후 전망은 엄청 좋을 것이라는 말을 듣는다. 그렇다. 친구의 말대로라면 상당히 매력적인 주식이다. 친구는 진지하게 말을 이어간다. "진짜 좋은 매수 기회지. 우리 회사의 순이익은 엄청날 거야. 사실 올해의 실적은 과거 수년간의 실적보다 굉장한 수준일걸? 당연히 자네도 과거 호황기에 우리 회사의 주가가 어떤 수준에서 거래됐었는지 기억하겠지?"

이제 당신은 그의 말에 감격하며 이것저것 따질 것 없이 서둘러 그 회사 주식을 매수한다. 그 회사의 분기별 재무제표는 직전 분기보다 점점 더 나아지는 실적을 나타내고 있고 추가 배당금의 지급 또한 발표되었다. 따라서 주가는 계속해서 상승하며 이제 당신은 즐거운 꿈속을 떠돌게 된다. 그러다 갑자기 회사의 영업 실적이 급격하게 악화된다. 그럼에도 당신은 이 사실을 모른다. 당신이 아는 사실이라고는 그 회사의 주가가 썰매를 타듯이 급락했다는 것뿐이다. 따라서 당신은 서둘러 친구에게 전화를 한다.

친구는 이렇게 답한다. "그래, 주가가 좀 떨어지긴 했어. 하지만 일시적인 현상일 뿐이야. 회사 영업 실적이 약간 떨어져서 그런데. 게다가 공매도 세력이 붙은 것 같아. 주가를 하락시킨 매도 물량 대부분이 공매도 물량이야."

이 친구는 주식이 폭락한 진짜 이유는 말하지 않은 채 상투적인 말만 늘어놓을 것이다. 의심의 여지없이 그와 동료들은 엄청난 규모의 주식을 보유하고 있으며, 사업에서 심각한 침체의 징조가 나타났으므로, 보유 물량을 신속하게 대량으로 처분하느라 정신이 없을 것이다. 따라서 당신에게 그 진실을 이야기한다는 것은 단지 서로 간에 경쟁을 초래할 뿐이며, 아마도 그가 보유 중이던 물량을 처분하려는 매도 전투에서 당신과 서로 알고 있는 친구들이 서로 경쟁하게 될 것이다. 이런 경우 그 전투는 거의 자기 보존을 위한 생존 게임이 된다.

내부자인 친구가 당신에게 매수 시점을 쉽게 알려주지만 매도 시기는 정확하게 알려주지 않는 이유가 바로 여기에 있다. 그것은 회사와 동료들에 대한 배신이나 다름없기 때문이다.

나는 당신이 항상 자그마한 장부에 기록할 것을 강력하게 권한다. 그 장부에 시장에 관한 흥미로운 정보를 기입하라. 미래에 도움이 될 만한 생각들과 수시로 반복해서 읽어볼 수 있는 아이디어, 그리고 가격의 움직임을 보고 기록한 짧은 관찰 기록 등을 기입하라. 그리고 장부의 첫 장에는 다음과 같이 적어 놓아라. 펜으로 인쇄해 놓아도 좋다.

"내부 정보를 경계해야 한다. 모든 내부 정보는 몽땅 다!"

너무나도 당연한 말이지만 '성공은 노력하는 자에게만 찾아온다'. 그 누구도 큰돈을 당신 손바닥에 그냥 쥐어주지 않는다. 이것은 떠돌이 비렁뱅이가 너무나도 배가 고픈 나머지 대담하게도 식당에 들어서며 주문하는 이야기와 비슷하다. "크고 맛있으며 두텁고 육즙이 넘치는 스테이크를 주게." 그리고 웨이터에게 추가로 주문한다. "주방장에게 음식을 빨리 만들어달라고 하게." 잠시 후 그 웨이터는 느릿느릿 다가와 이렇게 말한다. "주방장이 말하길, 만일 그런 스테이크가 있으면 자기가 먹겠다는군요."

설령 손쉽게 벌 수 있는 돈이 사방에 널려 있더라도, 누구도 그 돈을 당신의 주머니에 억지로 넣어주지는 않는다.

07

300만 달러의 이익

이전에 인내심을 발휘하지 못했기 때문에 결론적으로 꽤나 큰 수익을 올릴 수도 있었던 거래를 놓쳤던 경험에 대해서 이야기했다. 이제 반대의 경우, 즉 심리적 시간에 도달할 때까지 느긋하게 기다렸을 때 결과가 어떠했는지에 대해 나눌까 한다.

1924년 여름, 밀선물 가격은 내가 생각한 전환점에 도달했다. 그래서 500만 부셸곡물의 무게 단위에 대해 매수 주문을 함으로써 시장에 진입했다. 그 당시 밀선물시장은 규모가 굉장히 큰 시장이었다. 따라서 그 정도 규모의 주문이 체결된다고 하더라도 시세에는 큰 영향을 미칠 수 없었다. 간단히 말해서 그 주문이 밀선물시장에 미치는 영향력은 개별 주식의 경우라면 약 5만 주를 거래할 때와 비슷한 효과였다.

주문이 체결된 직후에 시장은 며칠간 정체된 움직임을 나타냈다. 하지만 절대로 전환점 아래로 내려가지 않았으며 그러다 재상승하기 시작하여 이전 가격의 움직임보다 몇 센트 더 높은 가격까지 상승했다. 이전 고점에서 밀선물 가격은 다시 자연스런 조정을 받았으며, 상승을 재개한 이후에 며칠 동안은 가격의 움직임이 다시 둔화되는 모습이었다.

밀선물 가격이 다음번의 전환점을 돌파하자마자 나는 500만 부셸에 대한 추가 매수 주문을 냈고, 그 주문은 전환점보다 평균적으로 1.5센트 높은 가격에 체결되었다. 이 체결 가격을 보고 시장이 강력한 추세를 형성하고 있다고 판단했다. 어째서일까? 그 이유는 두 번째 500만 부셸에 대한 매수 주문이 더 어렵게 체결되었기 때문이다.

시장 조정을 거쳤던 첫 번째 주문과는 다르게 이 두 번째 거래에서는 다음 날 가격이 곧바로 3센트 상승했다. 내 분석과 정확히 일치하는 모습이었다. 그때부터 진정한 강세장이 시작되었고, 향후 수개월에 걸쳐 큰 추세가 밀선물시장에서 형성된다는 의미였다. 하지만 당시에는 앞으로 펼쳐질 가능성에 대해 완전히 꿰뚫고 있지는 못했다. 부셸당 25센트의 이익이 나자 곧 이를 현금화한 것이다. 그런데 또 며칠만에 20센트가 추가 상승했다.

나는 그 상황을 지켜보며 실수를 깨달았다. 왜 나는 장부상 이익을 실제 현금으로 바꾸지 못해서 그토록 안달했을까? 나는 실제로 수중에 있지도 않았던 무언가를 잃을까 봐 조바심을 냈던 것이다. 하지만 실수는 실수였고, 나는 곧 상황을 정리해 보았다. 상승 추세가 아직 끝나지 않았다고 판단했기 때문이다. 또 때가 되면 또 전환점에 도달할 것이고 위험 신호도 아직은 걱정할 단계가 아니라고 생각했다.

그래서 다시 시장에 진입했다. 첫 번째 거래했던 것보다 평균적으로 25센트 높은 가격에 다시 매수했다. 하지만 처음에 청산했던 물량의 50%인 500만 부셸을 매수하는 데 그쳤다. 그렇지만 그 이후에는 위험 신호가 나타날 때까지 줄곧 그 포지션을 보유했다. 1925년 1월 28일에 5월이 만기인 밀선물의 고가는 부셸당 2.06달러였으며, 2월 11일에는 조정을 받으며 1.78달러로 하락했다.

밀선물 가격이 이런 경이적인 상승세를 나타내는 동안에도 밀선물보다 훨씬 더 극적으로 가격이 상승했던 또 다른 선물이 있었는데, 바로 호밀이었다. 하지만 호밀선물시장은 밀에 비해서 그 규모가 매우 작은 편이었다. 따라서 상대적으로 적은 매수 주문만으로도 확실하게 호밀 가격이 급등할 수 있었다.

앞에서 말한 매매를 진행하면서 나는 자주 대량 매매를 했고 나와 비슷한 규모로 매매하는 사람도 여럿 있었다. 또 어떤 투기자는 밀현물과 밀선물을 각각 수백만 부셸씩 매집하는 것으로 이름을 떨쳤다. 게다가 밀선물시장에서의 자신의 포지션에 보탬이 되도록 실제 호밀현물도 엄청난 규모로 매수하고 있었다. 그는 또한 밀선물시장 비틀거릴 때 호밀선물에 매수 주문을 내는 식으로 호밀선물시장을 이용했다.

말했듯이 호밀선물시장은 밀선물시장에 비해서 규모가 작고 거래량이 적다. 따라서 대량 매수 주문으로 가격이 급등할 수 있으며 밀 가격에도 상당한 영향을 미친다. 이러한 기법이 호밀선물시장에서 사용될 때마다 일반 투자자들은 밀을 구매하기 위해 몰려들었으며, 그 결과 밀선물은 신고가에 거래되었다.

이러한 과정은 시장이 주요한 흐름의 막바지에 다다를 때까지는 이어졌다. 그렇게 밀선물과 호밀선물은 서로 상응하는 방법으로 반응했다. 즉, 1925년 1월 28일 2.06달러였던 밀선물 가격이 28센트의 가격 조정을 받아 1.78달러로 하락하자, 이에 상응해서 호밀선물 가격은 1.82달러에서 1.54달러까지 28센트의 조정을 받았다. 3월 2일이 되자 5월물 밀선물은 직전 고가₂.₀₆달러에서 약 4센트밖에 차이가 나지 않는 2.02달러로 회복되었다. 하지만 호밀선물 가격은 그 정도까지는 회복하지 못했다. 단지 직전 고가₁.₈₂달러보다 12.12센트가 낮은 1.70달러까지만 반등했다.

당시 나는 시장을 느긋하게 바라보고 있었다. 그러다가 갑자기 무언가 잘못되었다는 사실이 문득 강하게 뇌리에 떠올랐다. 왜냐하면 그 거대한 강세장에서 호밀선물은 항상 밀선물보다 선행해서 움직였기 때문이었다. 하지만 그때는 호밀선물 가격은 선행하는 것이 아니라 밀선물 가격을 따라가고 있었다. 밀선물 가격은 이미 비정상적인 수준의 가격 조정을 대부분 회복했던 반면에 호밀선물 가격은 부셸당 12센트나 뒤쳐져 있었다. 이러한 가격의 움직임은 완전히 새로웠다.

나는 시장을 분석하기 시작했으며, 호밀선물 가격이 밀선물 가격의 회복 움직임에 비해 상대적으로 다른 이유를 밝히고자 했다. 그 이유는 금방 확연하게 드러났다. 일반 투자자들이 밀선물시장에 대해서는 지대한 관심을 가지고 있었지만 호밀선물은 그렇지 못했던 것이다. 만일 시장이 단 한 사람, 즉 시장을 주도하는 한 명의 투기꾼에 의해 지배되는 시장이라고 전제하면 어째서 갑자기 그가 다른 움직임을 보이는 것일까? 이 물음에 대한 나의 결론은 그가 더 이상 호밀선물시장에 대해서는 흥미를 잃고 시장에서 빠져나갔거나 혹은 두 시장 모두에 지대하게 관여되어서 더는 추가 계약을 성사시킬만한 여력이 없다는 것이었다.

그 사람이 호밀선물시장에 남아 있든 아니면 빠져나갔든 시장이라는 관점에서 보자면 달라진 것은 없다고 생각했다. 따라서 일단은 내 분석을 검증해 보기로 했다.

당시 호밀선물에서 가장 최근에 체결된 매수 주문은 1.69달러였다. 호밀선물시장의 현황을 파악하기 위해 20만 부셸에 대해 시장가로 매도 주문을 냈다. 내가 주문할 당시 밀선물 가격은 2.02달러였는데, 그 주문이 체결되고 난 2분 후에는 1.69달러로 물러나 있었다.

그 주문 체결 결과로 보아 시장에 호밀선물 가격을 받치기 위한 주문이 크지 않다는 사실을 알 수 있었다. 하지만 앞으로 어떤 일이 전개될지 확신할 수는 없었다. 따라서 추가로 20만 부셸 매도 주문을 냈으며, 결과는 이전과 동일했다. 즉, 주문이 완전히 체결되기 전에 가격은 부셸당 3센트 하락했지만, 체결된 후에는 이전 주문의 경우에 부셸당 2센트의 상승이 나타났던 것에 비해 이번에는 단지 1센트만 상승했을 뿐이었다.

하지만 내 분석의 타당성에 대해서 여전히 어느 정도의 의문이 남았기에 세 번째로 20만 부셸 매도 주문을 냈고, 결과는 역시 같았다. 즉, 시장이 또다시 하락했다. 하지만 이번에는 주문이 체결되고 난 후에도 가격이 상승하지 않았다. 그리고 하락 관성에 의해 가격은 지속적으로 하락했다.

이것이 바로 내가 살피고 기다렸던 신호였다. 누군가가 밀선물시장에서 대규모 포지션을 보유하고 있고 내게는 중요하지 않은 이유지만 이런저런 이유로 호밀선물시장을 방어하지 않는다면, 결국 밀선물시장의 포지션도 방어하지 못할 것이라는 확신이 들었다. 이러한 판단에 따라 나는 즉시 5월 만기 밀선물 500만 부셸에 대해 '시장가'로 매도 주문을 냈다. 당시 매매가는 2.01달러에서 1.99달러였으며, 그날 종가는 1.97달러로 마감했다. 호밀선물의 경우에는 1.65달러였다. 내 주문이 직전 가격 2달러보다 아래에서 체결되어서 기뻤다. 시장이 전환점 2달러를 하회했으니 내가 취한 포지션에 대한 확신을 가질 수 있었기 때문이다. 당연히 그 거래에 대해서는 전혀 걱정하지 않았다.

며칠 후 현황을 파악하기 위해 팔았던 호밀을 다시 사들였고, 그 거래에서 25만 달러의 수익을 얻었다. 나는 그 와중에도 밀선물을 지속적으로 매도해 전체적으로는 1,500만 부셸의 공매도 물량을 쌓아갔다. 3월 16일 5월물 밀선물의 종가는 1.64달러였다. 그리고 이튿날 리버풀 시장은 3센트 더 낮은 가격에 마감했으므로 일물일가一物一價에 따라 다음 날 시초가는 약 1.61달러에서 형성될 것이라고 예측했다.

그런데 나는 이때 절대로 해서는 안 되는 행동을 하고 말았다. 예측이 맞을 거란 유혹으로 판단력이 흐려진 상태에서 시장이 개장되기 전에 가격을 정해서 주문을 내버린 것이다. 나는 전날 종가보다 3.5센트 낮은 1.61달러에 500만 부셸의 매수 주문을 냈다. 막상 시장이 개장하자 시가는 1.54~1.61달러 범위에서 형성됐다. 나는 혼자 중얼거렸다. "금기를 깨버렸으니 이 꼴을 당하는구나." 어쨌거나 내 스스로 정한 가격이며, 시초가 범위의 고가였던 1.61달러에 베팅한 것이다. 1.54달러에 체결되는 것을 보고, 나는 당연히 500만 부셸에 대해 추가 매수 주문을 냈었다. 얼마 지나지 않아서 다음과 같은 체결 내역을 받아보았다.

- 5월물 밀선물 500만 부셸 1.53달러 매수 체결

또다시 추가 500만 부셸에 대해 매수 주문을 했으며, 주문을 한지 1분도 채 지나지 않아서 체결 내역을 받아 볼 수 있었다.

- 5월물 밀선물 500만 부셸 1.53달러 매수 체결

나는 당연히 이 체결 내역에 표시된 가격이 나의 세 번째 주문이 체결된 가격이라고 생각했다. 그래서 첫 주문에 대한 체결 명세서를 요청했는데, 다음이 그 내용이다.

- 처음에 받은 500만 부셸 매수 주문 체결 내역이 1차 주문에 대한 명세서임

- 두 번째로 받은 500만 부셸 매수 주문 체결 내역이 2차 주문에 대한 명세서임

- 3차 주문에 대한 체결 내역에 대한 명세서
  350만 부셸 1.53달러 매수 체결
  100만 부셸 1.53달러₁₅₃.₁₂₅센트 매수 체결

50만 부셸 1.53달러153.25센트 **매수 체결**

이날의 저가는 1.51달러였고, 다음 날 1.64달러로 다시 돌아왔다. 사실 나는 이러한 유형의 지정가 주문 명세서는 처음 받아봤다. 1차에서 나는 500만 부셸을 1.61달러에 매수하라는 주문을 냈는데, 7센트가 낮은 1.54달러에 주문이 체결된 것이다. 금액으로는 35만 달러나 이익을 본 셈이다.

그 뒤로 시카고에 잠시 머무를 수 있는 기회가 있었는데, 당시 내 주문을 체결해 준 사람을 만날 수 있었다. 그에게 어떻게 나의 첫 번째 주문이 그런 환상적인 가격에 체결되는 일이 발생할 수 있었는지 물어봤다. 그가 말하길, 당시 시장에 3,500만 부셸에 대한 '시장가' 매도 주문이 있었다는 것이다. 그렇게 되면 시가가 아무리 낮은 가격에 형성되더라도 개장한 다음 시가보다 더 낮은 가격에 매도하려는 물량이 있으리라 판단했단다. 그래서 시가 범위의 저가1.54달러에 도달할 때까지 기다렸다가 내 매수 주문을 '시장가'로 체결했다는 것이다. 그날 만일 내가 매수 주문을 하지 않았더라면 시장은 아마도 시초가 범위에서 크게 벗어나 급락했을 것이라고 말했다.

결과적으로 나는 그 매매를 통해 300만 달러가 넘는 이익을 얻었다. 이 일화는 투기시장에서의 공매도 세력이 얼마나 중요한 역할을 하는지 보여주고 있다. 공매도 세력은 자신의 공매도 포지션을 청산하려고 할 경우에는 기꺼이 매수 세력이 되고자 한다. 그리하여 공황 국면에 필요한 시장 안정자의 역할을 수행하기도 한다.

지금은 사실 이런 유형의 매매는 불가능하다. 상품선물거래소 관리위원회가 곡물선물시장에서 한 개인의 최대 포지션을 200만 부셸로 제한하고 있기 때문이다. 또 주식시장에서는 비록 규모를 제한하지는 않지만, 공매도 거래의 경우에는 규정 때문에 상당한 규모의 공매도 포지션을 설정하는 것은 불가능하다.

그래서 나는 구식 투기자가 활동하던 시기는 끝났다고 생각한다. 이들의 자리는 투기자와 투자자의 속성을 지닌 준투자자에 의해 대체될 것이다. 준투자자는 시장에서 단기간에 큰돈을 벌기는 어렵겠지만, 이전보다 더 많은 돈을 벌고 지속할 수 있을 것이다. 그리고 성공적인 준투자자는 심리적 시점에만 매매에 나서고 시장의 주요한 또는 미미한 흐름에 집중하는 투기자보다 더 큰 수익을 낼 것이라고 생각한다. 지적이고 정보에 밝으며 인내심을 가지고 있는 투기자에게 주식시장에서의 미래는 그렇게 빛날 것이다.

08

제시 리버모어의 비밀 노트, 마켓 키

오랜 세월 주식 투기에 전념하며 내가 내린 결론은 다음과 같다. 주식시장에는 새로운 일은 전혀 일어나지 않으며, 단지 흐름만이 반복될 뿐이고, 주식에 따라 편차가 있으나 일반적인 주가 패턴은 동일하다는 점이다.

이미 밝혔듯이 주가 흐름을 가늠해 보기 위해 주가를 꼼꼼하게 기록했다. 그것이 미래 주가 흐름을 예상하는 데 보탬이 될 수 있는 시발점이었다. 물론 기록하는 일은 결코 쉽지 않았다. 초기에 시도했던 방법들을 되짚으니 왜 그 방법으로 원하던 결과를 얻지 못했는지 알게됐다. 당시 나는 오직 순수하게 투기적 관점에서만 접근하려 했다. 계속 시장을 들락날락하면서 단기적인 진입 시점과 빠져나올 시점에만 매몰되어 있었다. 중요하지 않은 흐름에도 집중한 것이다. 이 점이 잘못이었다.

나는 이 잘못을 마음에 새기고 주가를 기록하는 일을 계속했다. 그리고 마침내 비밀이 드러났다. 내 기록들은 중기적으로 움직이는 방법에 대해서는 어떠한 보탬도 되지 않았다. 하지만 어느 시점이 지나자 일정한 주가 패턴이 눈에 들어오기 시작했고 이로 인해 주요 시장의 흐름을 예측할 수 있는 안목이 생겼다. 그 뒤로 나는 사소한 움직임은 개의치 않았다.

내가 작성한 시세 기록표를 철저하게 파고 들다가, 시간 요소를 발견했다. 중요한 시세 움직임을 파악하는 데 있어 가장 중요한 것은 시간 요소였다. 이 발견으로 활기를 되찾은 나는 그때부터 시간 요소에 집중했다. 나는 시세의 순환이 어떻게 이루어지는지 알고 싶었다. 이미 확실한 추세가 형성된 시장에도 중간중간 수많은 주가 변동이 일어난다. 바로 이러한 움직임이 혼란스러웠다. 하지만 그 점을 깨닫고 나자 더는 걱정거리가 되지 않았다.

나는 정상적 조정 또는 정상적 반등이 시작되었음을 알 수 있는 구성 요소가 무엇인지 알아내고 싶었다. 그래서 가격 움직임 사이, 즉 주가 변동 폭을 점검하기 시작했다. 처음에는 1포인트를 기준으로 계산했다. 하지만 그 결과는 그다지 만족스럽지 않았으며, 그다음은 2포인트, 도 그다음은 3포인트 등의 방식으로 접근해 나갔다. 그러다 마침내 정상적 조정 또는 정상적 반등이 시작됐다고 판단할 만한 기준 포인트를 찾아냈다.

이를 정리하고자 나는 특별한 기록표를 만들었다. 종이에 줄을 그어 칸을 만들어, 그 안에 주가를 기록했다. 그리고 '미래 주가 예측 지도'라고 이름 붙였다. 한 주식에 6칸을 사용했고, 각각의 칸에는 다음 제목을 붙였다.

첫째 칸은 부차적 반등

둘째 칸은 정상적 반등

셋째 칸은 상승 추세

넷째 칸은 하락 추세

다섯 째 칸은 정상적 조정

여섯 째 칸은 부차적 조정

상승 추세란에는 검은색 펜으로 수치를 적고, 그 왼쪽으로 두 칸에는 연필로 기록한다. 하락 추세란에는 붉은색 펜을 사용하며, 그 오른쪽으로 두 칸에는 마찬가지로 연필로 기록한다.

따라서 내가 상승 추세란 또는 하락 추세란에 가격을 기록한다는 자체가 당시 시장 추세를 눈여겨봤다는 의미다. 붉은색이든 검은색이든 이렇게 각각 다른 색의 펜을 통일된 기준으로 사용하면 상황을 혼동하는 일이 없다. 그리고 계속해서 연필을 사용한다는 것은 정상적 수준의 변동이 일어난다는 의미다. 나중에 이 표를 다시 작성할 때 연필로 적은 기록을 파란색 펜으로 수정했다.

30달러나 그보다 높은 가격에서 거래되고 있는 주식의 경우에 주가가 고점이나 저점에서 6포인트 정도 반등하거나 반락하면 정상적 반등 또는 정상적 조정이 일어난 것으로 간주하기로 했다. 주가의 이러한 상승이나 하락이 시장의 추세가 방향을 바꾸었다는 점을 의미하지는 않는다. 단지 시장이 자연스러운 움직임을 나타내는 것이다. 추세는 여전히 상승이나 하락이 발생하기 이전과 정확히 동일하다.

나는 개별 주식의 움직임을 해당 주식이 속한 산업군 전체의 추세 변동 지표로 사용하지는 않는다. 대신 추세가 결정적으로 바뀌었다고 판단하기 전에 적어도 동일 업종에 속한 두 종목의 주가를 결합하여 '핵심 가격Key Price'을 구한다. 두 주식의 주가와 그 움직인 범위를 살피면 된다. 비록 개별 주식의 움직임이 상승 추세란 혹은 하락 추세란 숫자를 기입해야 할 만큼 크게 움직이는 경우도 있겠지만, 하나의 주식에만 의존할 경우에는 개별 주식의 잘못된 움직임 때문에 함정에 빠질 위험이 있다. 따라서 핵심 가격의 움직임을 통해서 추세가 확실히 바뀌었는지 확인해야 한다.

핵심 가격을 이용하는 방법의 실례를 들어보겠다. 추세 변동 기준점을 엄격하게 6포인트에 국한시키겠다. 하지만 US스틸US Steel의 주가가 가령 5.125포인트 밖에 움직이지 않았을 경우에도 가끔 그 가격을 기록하는 경우가 있다. 그 이유는 베들레헴스틸이 이러한 주가의 변화에 대응하는 움직임으로 7포인트 움직였기 때문이다. 이 두 종목의 가격 움직임을 합하면 핵심 가격이 된다. 다시 말해 둘을 더하면 12포인트 이상 변동했으니 종목당 6포인트는 충족되었단 말이다.

각각의 주가가 평균적으로 6포인트 변동된 경우, 즉 기록할 수 있는 수치가 되었을 때 그 가격이 상승 추세란에 기록한 마지막 가격보다 높을 때마다 혹은 하락 추세란에 기록한 마지막 가격 보다 낮을 때마다 이전의 고가나 저가를 기록한 칸과 동일한 열에 그 가격을 계속 기록한다. 추세 반전이 시작될 때까지 이 과정을 계속한다.

나는 이 기준 포인트를 정한 이후로 이를 벗어난 적이 없다. 예외는 없었다. 그리고 내가 예상했던 것과 결과가 정확히 일치하지 않더라도 변명하지 않았다. 내가 기록한 이 숫자들은 내가 마음대로 적은 가격이 아니며, 매일 실제로 거래된 가격을 기록했다는 점을 기억하라. 물론 나는 주가를 기록하기 시작하면서 곧바로 정확한 금액을 구할 수는 없었다. 수년간에 걸쳐 관찰하고 점검하면서 기준점으로 삼을 포인트에 간신히 도달했고, 중요한 가격 움직임에 접근하는 지도를 만들게 된 것이다.

'성공을 하느냐 마느냐'는 '결정을 하느냐 마느냐'에 달렸다. 우선 이런 계획이 성공하려면 행동할 수 있는 용기가 있어야 한다. 그리고 주가 기록표가 가리키는 방향을 즉시 실천으로 옮길 수 있어야 한다. 망설일 여유는 없다. 그렇게 마음을 단련시켜야 한다. 다른 누군가에게 설명이나 조언을 듣고 그것을 확신할 수 있을 때까지 기다린다면, 이미 행동의 시간은 달아나버린 뒤다.

실제 예를 들자면, 유럽에서 전쟁 선포 이후 모든 주식의 주가가 급속하게 상승한 다음에는 전체 시장에 자연스런 조정이 찾아왔었다. 그런 이후 철강산업에 속한 주식을 제외한 주도주 네 그룹에 속했던 모든 주식의 주가가 조정 이전 수준을 회복한 후 신고가에 거래됐다. 나의 방법에 따라 기록했던 사람이라면 아마도 철강주를 유심히 바라보았을 것이다. 철강산업이 다른 산업과는 달리 상승하지 않은 이유가 있었다. 하지만 당시에 나는 이유를 몰랐으며, 그 누구도 설명할 사람이 없었다. 하지만 주가를 기록하고 있던 사람이라면 누구나 철강산업에 속한 주식의 움직임을 보고 철강주들의 상승 움직임이 이미 끝났다는 점을 실감했을 것이다. 하지만 4개월이나 지나서 1940년 1월 중순이나 되어서야 철강주들의 움직임에 관한 이유를 알 수 있었다. 그 기간 동안 영국 정부가 10만 주의 US스틸 주식을 처분했고, 캐나다 또한 2만 주의 주식을 매도했다는 발표가 있었다. 그러한 발표가 나왔을 때 US스틸의 주가는 1939년 9월의 고가에서 26포인트 하락해 있었으며, 베들레헴스틸의 경우에는 29포인트 하락해 있었다. 반면에 다른 주도주 그룹 세 곳의 주가는 철강주와 동시에 만들었던 고점에서 단지 2.5~12.75포인트밖에 하락하지 않았다. 이 사례를 통해서 특정 주식을 매수 매도해야만 할 '충분한 이유'를 찾으려는 시도가 얼마나 어리석은지 알 수 있다. 그 이유가 확실해질 때까지 기다리는 건 적절한 시간에 행동할 수 있는 기회를 놓쳐버릴 것이다!

투자자나 투기자가 행동의 기준을 삼아야 하는 유일한 이유는 시장 자체의 움직임뿐이다. 시장이 적절하게 움직이지 않거나 나타나야만 하는 움직임과는 다르게 움직일 때가 자신의 견해를 변경할 수 있는 적절한 기회이다. 그때는 즉시 자신의 견해를 수정해야 한다. 어떤 주식이 움직일 때는 그럴만한 이유가 있다는 점을 명심하라. 기회는 미래의 어느 시점에 그 이유에 대해서 알기 전까지이다. 이미 그때는 행동으로 옮겨서 이익을 얻기에는 너무 늦는다.

이 공식이 추세가 형성되는 동안에 나타나는 중·단기적인 주가 변동에는 해당 사항이 없다는 점을 반복해서 말해야겠다. 공식을 사용하는 의도는 주된 움직임을 잡아내기 위한 것이며, 이는 시세의 중요한 움직임의 시작과 끝을 표시하기 위함이다. 그리고 그런 목적으로 믿음을 가지고 꾸준하게 하다 보면 남다른 가치를 지닌 공식을 발견하게 될 것이다. 또한 이 공식은 주가가 30달러보다 높으며 거래가 활발한 주식을 대상으로 설계되었다는 점도 기억하길 바란다. 물론 시장에서 거래되는 모든 주식의 움직임을 예상할 때 기본적인 원칙은 동일하게 작용하지만 초저가 주식의 경우에는 공식에 몇 가지 수정을 가해야 한다. 하지만 그다지 크게 복잡한 것은 없다. 공식에 흥미를 가지고 있는 사람이라면 다양한 국면에 대해서 쉽게 이해하고 빠르게 흡수할 수 있을 것이다.

다음 장에는 내가 실제로 작성한 주가 기록표와 함께 표에 기입한 수치에 대해 설명하겠다.

제시 리버모어의
실제 주가 기록표

1. 상승 추세란에는 검은색 펜으로 가격을 기록한다.

2. 하락 추세란에는 붉은색 펜으로 가격을 기록한다.

3. 나머지 칸에는 연필로 가격을 기록한다.

4. (a) 정상적 조정란에 기록하는 첫날에는, 상승 추세란에 기록한 가장 최근 수치 아래에 붉은색 밑줄을 긋는다. 가격이 가장 최근의 상승 추세란에 기록된 가격보다 처음으로 약 6포인트가량 조정받을 경우에는 이렇게 시작하면 된다.

(b) 정상적 반등란 혹은 상승 추세란에 숫자를 기록하기 시작한 첫째 날부터 정상적 조정란에 기록된 가장 최근의 가격 아래에 붉은색 밑줄을 긋는다. 가격이 가장 최근의 정상적 조정란에 기록된 가격보다 처음으로 약 6포인트 가량 반등한 경우부터 이렇게 시작하면 된다. 이제 관찰해야 할 두 가지

의 전환점이 생겼다. 시장이 이 가격들 중 하나에서 선회할 때 어떻게 가격이 기록되었는가에 따라 진정한 긍정적 추세가 다시 재개될 것인지 아니면 가격의 움직임이 마무리 되었는가에 대한 자신의 견해를 가질 수 있게 될 것이다.

(c) 정상적 반등란에 숫자를 기록하기 시작한 첫째 날부터 하락 추세란에 기록된 가장 최근의 가격 아래에 검은색 밑줄을 긋는다. 가격이 가장 최근의 하락 추세란의 최근 가격보다 처음으로 약 6포인트가량 반등한 경우 이렇게 시작하면 된다.

(d) 정상적 조정란 혹은 하락 추세란에 숫자를 기록하기 시작한 첫날, 정상적 반등란에 기록된 가장 최근의 가격 아래에 검은색 밑줄을 긋는다. 가격이 가장 최근의 정상적 반등란에 기록된 가격보다 처음으로 약 6포인트가량 조정받은 경우에 이렇게 시작하면 된다.

5. (a) 정상적 반등란에 기록하다가 가격이 최근의 정상적 반등란에 기록된 검은색 밑줄 친 가격보다 3포인트 혹은 그 이상 상승했을 경우, 그 가격을 검은색 펜으로 상승 추세란에 기록한다.

(b) 정상적 조정란에 기록하다가 가격이 최근의 정상적 조정란에 기록된 붉은색 밑줄 친 가격보다 3포인트 혹은 그 이상 하락했을 경우, 그 가격을 붉은색 펜으로 하락 추세란에 기록하면 된다.

6. ⒜ 상승 추세란에 가격을 기록한 후에 약 6포인트가량의 조정
   이 발생했을 경우에는 정상적 조정란에 그 가격들을 기록하
   기 시작하면 된다. 주식이 가장 최근의 정상적 조정란에 기
   록된 가격보다 낮은 가격으로 매매된 이후에는 매일 계속해
   서 정상적 조정란에 기록해 나간다.

   ⒝ 정상적 반등란에 가격을 기록한 후에 약 6포인트 정도 조정
   이 발생했을 경우에는 정상적 조정란에 그 가격들을 기록하
   면 된다. 주식이 가장 최근의 정상적 조정란에 기록된 가격
   보다 낮은 가격으로 매매된 이후에는 매일 계속해서 정상적
   조정란에 기록된 가격보다 낮은 가격으로 매매된 이후에는
   매일 계속해서 정상적 조정란에 기록해 나가면 된다.

   만약 가격이 가장 최근에 하락 추세란에 기록된 가격보다
   더 낮을 경우에는 그 가격을 하락 추세란에 기록하면 된다.

   ⒞ 하락 추세란에 가격을 기록한 후에 주가가 약 6포인트 정도
   반등했을 경우에는 정상적 반등란에 그 가격들을 기록하면
   된다. 주식이 가장 최근의 정상적 반등란에 기록된 가격보다
   높은 가격으로 매매된 이후에는 매일 계속해서 정상적 반등
   란에 기록해 나가면 된다.

   ⒟ 정상적 조정란에 가격을 기록한 후에 주가가 약 6포인트 정
   도 반등했을 경우에는 정상적 반등란에 그 가격들을 기록하
   면 된다. 주식이 가장 최근의 정상적 반등란에 기록된 가격
   보다 높은 가격으로 매매된 이후에는 매일 계속해서 정상적

반등란에 기록해 나가면 된다. 만약 가격이 가장 최근에 상승 추세란에 기록된 가격보다 더 높을 경우에는 그 가격을 상승 추세란에 기록하면 된다.

(e) 정상적 조정란에 숫자를 기록하기 시작한 후에 가격이 가장 최근의 하락 추세란에 기록된 가격보다 낮은 수준에 도달했을 때에는 그 가격은 하락 추세란에 붉은색 펜으로 적는다.

(f) 정상적 반등란에 기록을 할 때 가격이 가장 최근의 상승 추세란의 가격보다 높은 수준에 도달했을 때에도 동일한 규칙이 적용된다. 즉, 정상적 반등란에 적는 것을 멈추고 그 가격을 검은색 펜을 사용해서 상승 추세란에 기록하면 된다.

(g) 정상적 조정란에 계속해서 기록하고 있을 때 6포인트가량 반등이 나타났지만 이 가격이 가장 최근에 정상적 반등란에 기록된 가격을 초과하지 못했다면, 그 가격을 부차적 반등란에 기록한다. 가격이 정상적 반등란의 최근 가격을 초과할 때 까지 계속해서 부차적 반등란에 기록한다. 그리고 가격이 정상적 반등란의 가장 최근 가격을 초과할 때 다시 정상적 반등란에 가격을 기록하기 시작한다.

(h) 정상적 반등란에 계속해서 기록하고 있을 때 6포인트가량 조정이 나타났지만 이 가격이 가장 최근에 정상적 조정란에 기록된 가격보다 낮지 않다면, 그 가격을 부차적 조정란에 기록한다. 가격이 정상적 조정란의 최근 가격을 하회할 때까지 계속해서 부차적 조정란에 기록한다. 그리고 가격이 정상

적 조정란의 가장 최근 가격보다 낮을 때 다시 정상적 조정
란에 가격을 기록하기 시작한다.

7. 개별 주식의 경우에는 6포인트를 기준으로 사용했지만, 핵심 가
격의 경우에는 12포인트를 기준으로 사용하게 된다는 점을 제
외하면, 핵심 가격을 기록할 때에도 동일한 원칙이 적용된다.

8. 정상적 반등란 혹은 정상적 조정란에 기록하기 시작한 직후부
터 하락 혹은 상승 추세란에 기록했던 가장 최근 가격이 전환
점이 된다. 반등 혹은 조정이 끝난 후에는 반대편 칸에 다시 기
록하기 시작하며, 직전 칸에서 기록된 최극단 가격이 또 다른
전환점이 된다.
이렇게 가격을 기록하면 향후 가격의 중요한 움직임을 정확하게
예측할 수 있다. 그것이 붉은색이든 검은색이든 간에 두 줄로
밑줄을 친 덕분에 이러한 전환점들은 쉽게 눈에 띤다. 주가의
흐름을 놓치지 않기 위해 밑줄을 긋는 것이다. 주가가 그 두 가
격들 중 한 지점이나 혹은 그 부근에서 도달할 때에는 매우 세
심하게 관찰해야 한다.

9. (a) 하락 추세란의 가장 최근에 기록된 붉은색 숫자 아래에 검
은색 밑줄을 보게 된다면, 아마도 그 가격 수준 부근에서 매
수하라는 신호다.

(b) 정상적 반등란에 기록된 가격 아래에 검은색 밑줄이 그어져 있고, 주가가 전환점 가격까지 상승했다면 이제는 시장이 그 진로를 바꾸어 상승 추세란에 기록할 정도까지 충분히 강한지 주시할 시간이다.

(c) 상승 추세란에 기록된 최근의 가격 아래에 붉은색 밑줄이 그어져 있는 경우와 정상적 조정란의 최근에 기록된 가격의 아래에 붉은색의 밑줄이 그어져 있는 것을 보게 될 경우에는 그 반대로 하는 것이 유효하다.

10. (a) 이 기법은 어떤 주식이 처음으로 정상적인 반등 또는 정상적인 조정이 발생한 이후에, 그 주식이 움직여야 하는 방향으로 움직이는가를 명확하게 파악하기 위해서 고안되었다. 만일 이러한 움직임이 상승이든 하락이든 다시 움직이기 시작하면 이전의 전환점을 돌파할 가능성이 크다. 이 경우 개별 주식은 3포인트이며, 핵심 가격의 경우에는 6포인트를 돌파할 것이다.

(b) 만일 해당 주식이 이러한 움직임을 보이는 것에 실패하고, 상승 추세란에 기록된 최근 전환점붉은색 밑줄 친 가격을 3포인트 혹은 그 이상을 하회하는 조정을 보인다면 이것은 그 주식의 상승 추세가 이미 끝났음을 나타낸다.

(c) 하락 추세에도 동일한 원칙을 적용할 수 있다. 정상적인 반등이 끝난 후에는 새로운 가격을 다시 하락 추세란에 기록하

면 된다. 만일 하락 추세가 재개되었다면, 이 새로운 가격은 반드시 3포인트 혹은 그 이상을 최근 전환점_{검은색 밑줄 친 가격}보다 하회하게 될 것이다.

(d) 만일 해당 주식이 이러한 추세로 나가지 않고 반등 국면에서 하락 추세란에 기록된 최근 전환점_{검은색 밑줄 친 가격}에서 3포인트 혹은 그 이상 상승한다면 이것은 그 주식의 하락 추세가 이미 끝났다는 점을 나타낸다.

(e) 정상적 반등란에 기록할 경우에 만일 상승 추세란_{붉은색 밑줄 친 가격}에 있는 최근 전환점보다 아주 조금 부족하게 상승을 마무리하고, 그 가격에서 주가가 3포인트 혹은 그 이상 조정을 받았다면 이것은 해당 주식의 상승 추세가 끝났다는 것을 알리는 위험을 신호다.

(f) 정상적 조정란에 기록할 경우에 만일 하락 추세란_{검은색 밑줄 친 가격}에 있는 최근 전환점보다 아주 조금 더 상승하며 조정을 마무리하고, 그 가격에서 주가가 3포인트 혹은 그 이상 상승했다면 이것은 해당 주식의 하락 추세가 끝났다는 신호다.

CHART ONE

	부차적 반등	정상적 반등	상승 추세	하락 추세	정상적 조정	부차적 조정	부차적 반등	정상적 반등	상승 추세	하락 추세	정상적 조정	부차적 조정	부차적 반등	정상적 반등	상승 추세	하락 추세	정상적 조정	부차적 조정
		65 3/8							57						122 7/8			
				48 1/2							43 1/4					91 3/4		
		62 1/8							65 7/8						128			
				48 1/4							50 1/8						98 3/8	
1938								56 7/8										
DATE			U.S. STEEL						BETHLEHEM STEEL						KEY PRICE			
MAR 23				47								50 1/4					97 1/4	
24																		
25				44 3/4						46 3/4						91 1/2		
SAT 26				44						46						90		
28				43 5/8												89 5/8		
29				39 5/8						43						82 5/8		
30				39						42 1/8						81 1/8		
31				38						40						78		
APR 1																		
SAT 2		43 1/2						46 3/8						89 7/8				
4																		
5																		
6																		
7																		
8																		
SAT 9		46 1/2						49 3/4						96 1/4				
11																		
12																		
13		47 1/4												97				
14		47 1/2												97 1/4				
SAT 16		49						52						101				
18																		
19																		
20																		
21																		
22																		
SAT 23																		
25																		
26																		
27																		
28					43													
29					42 3/8						45						87 3/8	
SAT 30																		
MAY 2					41 1/2						44 1/4						85 3/4	
3																		
4																		

4월 2일 주가가 정상적 반등란에 기록하기 시작했다. 규칙 설명 6-c 참조. 하락 추세란의 최근 가격 아래에 검은색 밑줄을 그었다. 규칙 설명 4-c 참조.

4월 28일 정상적 조정란에 주가를 기록하기 시작했다. 규칙 설명 4-d 참조.

CHART TWO

	부차적 반등	정상적 반등	상승 추세	하락 추세	정상적 조정	부차적 조정	부차적 반등	정상적 반등	상승 추세	하락 추세	정상적 조정	부차적 조정	부차적 반등	정상적 반등	상승 추세	하락 추세	정상적 조정	부차적 조정
				38						40						78		
		49						52						101				
1938					$41\frac{1}{2}$						$44\frac{1}{4}$						$85\frac{3}{4}$	
DATE			U.S. STEEL						BETHLEHEM STEEL						KEY PRICE			
MAY 5																		
6																		
SAT. 7																		
9																		
10																		
11																		
12																		
13																		
SAT. 14																		
16																		
17																		
18																		
19																		
20																		
SAT. 21																		
23											$44\frac{1}{8}$						$85\frac{5}{8}$	
24											$43\frac{1}{2}$						85	
25					$41\frac{3}{8}$						$42\frac{1}{2}$						$83\frac{7}{8}$	
26					$40\frac{1}{8}$						$40\frac{1}{2}$						$80\frac{5}{8}$	
27					$39\frac{7}{8}$					$39\frac{3}{4}$							$79\frac{5}{8}$	
SAT. 28																		
31					$39\frac{1}{4}$												79	
JUNE 1																		
2																		
3																		
SAT. 4																		
6																		
7																		
8																		
9																		
10							$46\frac{1}{2}$											
SAT. 11																		
13																		
14																		
15																		
16																		

표에 제시된 밑줄 친 가격은 전환점을 확인을 위해서 앞 페이지에서 가져왔다.

5월 5일~5월 21일 주가는 가장 최근에 정상적 조정란에 기록된 주가보다 더 낮게 하락하지 않았다. 따라서 기록하기에 충분할 정도의 주가 반등은 없었다.

5월 27일 베들레헴스틸의 주가는 직전에 하락 추세란에 기록되었던 가격보다도 하락했으므로 붉은색으로 기록되었다. 규칙 설명 6-e 참조.

6월 2일 베들레헴스틸을 43달러에 매수했다. 규칙 설명 10-c와 d 참조. 같은 날 US스틸은 42.25달러에 매수했다. 규칙 설명 10-f 참조.

6월 10일에 베들레헴스틸의 가격을 부차적 반등란에 기록했다. 규칙 설명 6-e 참조.

CHART THREE

DATE	부차적 반등	정상적 반등	상승 추세	하락 추세	정상적 조정	부차적 조정	부차적 반등	정상적 반등	상승 추세	하락 추세	정상적 조정	부차적 조정	부차적 반등	정상적 반등	상승 추세	하락 추세	정상적 조정	부차적 조정
			38						40						78			
		49						52						101				
				$39\frac{1}{4}$						$39\frac{3}{4}$						79		
					$46\frac{1}{2}$													
1938 DATE JUNE (U.S. STEEL / BETHLEHEM STEEL / KEY PRICE)																		
SAT.18																		
20	$45\frac{3}{8}$						$48\frac{1}{4}$						$93\frac{5}{8}$					
21	$46\frac{1}{2}$						$49\frac{7}{8}$						$96\frac{3}{8}$					
22	$48\frac{1}{2}$						$50\frac{7}{8}$						$99\frac{3}{8}$					
23		$51\frac{1}{4}$						$53\frac{1}{4}$						$104\frac{1}{2}$				
24			$53\frac{3}{4}$						$55\frac{5}{8}$						$108\frac{7}{8}$			
SAT.25			$54\frac{7}{8}$						$58\frac{1}{8}$						113			
27																		
28																		
29			$56\frac{7}{8}$						$60\frac{1}{8}$						117			
30			$58\frac{3}{8}$						$61\frac{5}{8}$						120			
JULY 1			59												$120\frac{5}{8}$			
SAT.2			$60\frac{7}{8}$						$62\frac{1}{2}$						$123\frac{3}{8}$			
5																		
6																		
7			$61\frac{3}{4}$												$124\frac{1}{4}$			
8																		
SAT.9																		
11					$55\frac{5}{8}$						$56\frac{3}{4}$						$112\frac{7}{8}$	
12					$55\frac{1}{2}$												$112\frac{1}{4}$	
13																		
14																		
15																		
SAT.16																		
18																		
19			$62\frac{3}{4}$						$63\frac{1}{8}$						$125\frac{1}{2}$			
20																		
21																		
22																		
SAT.23																		
25			$63\frac{1}{4}$												$126\frac{3}{4}$			
26																		
27																		
28																		
29																		

6월 20일 US스틸의 주가가 부차적 반등란에 기록됐다. 규칙 설명 6-g 참조.
6월 24일 US스틸과 베들레헴스틸의 주가가 검은색 펜으로 상승 추세란에 기록됐다. 규칙 설명 5-a 참조.
7월 11일 US스틸과 베들레헴스틸의 주가가 정상적 조정란에 기록됐다. 규칙 설명 6-a와 4-a 참조.
7월 19일 US스틸과 베들레헴스틸의 주가가 상승 추세란에 기록되었던 최근 가격들보다 높았기 때문에 검은색 펜으로 상승 추세란에 기록됐다.

CHART FOUR

DATE	부차적 반등	정상적 반등	상승 추세	하락 추세	정상적 조정	부차적 조정	부차적 반등	정상적 반등	상승 추세	하락 추세	정상적 조정	부차적 조정	부차적 반등	정상적 반등	상승 추세	하락 추세	정상적 조정	부차적 조정
			$61\frac{3}{4}$						$62\frac{1}{8}$						$124\frac{1}{4}$			
					$55\frac{1}{2}$						$56\frac{3}{4}$						$112\frac{1}{4}$	
			$63\frac{1}{4}$						$63\frac{3}{8}$						$126\frac{3}{4}$			
1938																		
DATE			U.S. STEEL						BETHLEHEM STEEL						KEY PRICE			
SAT. JULY 30																		
AUG. 1																		
2																		
3																		
4																		
5																		
SAT. 6																		
8																		
9																		
10																		
11																		
12					$56\frac{5}{8}$						$54\frac{7}{8}$						$111\frac{1}{2}$	
SAT. 13					$56\frac{1}{2}$						$54\frac{5}{8}$						$111\frac{1}{8}$	
15																		
16																		
17																		
18																		
19																		
SAT. 20																		
22																		
23																		
24		$61\frac{5}{8}$						$61\frac{3}{8}$						123				
25																		
26		$61\frac{7}{8}$						$61\frac{1}{2}$						$123\frac{5}{8}$				
SAT. 27																		
29					$56\frac{1}{8}$							55						—
30																		
31																		
SEPT. 1																		
2																		
SAT. 3																		
6																		
7																		
8																		
9																		
SAT. 10																		

8월 12일 US스틸의 주가가 부차적 조정란에 기록됐다. 이는 주가가 직전의 정상적 조정란에 기록된 가격보다 더 낮지 않았기 때문이다. 같은 날 베들레헴스틸의 주가는 정상적 조정란에 기록됐다. 이는 그날의 주가가 가장 최근에 정상적 조정란에 기록되었던 가격보다 더 낮았기 때문이다.

8월 24일 US스틸과 베들레헴스틸의 주가가 정상적 조정란에 기록됐다. 규칙 설명 6-d 참조.

8월 29일 US스틸과 베들레헴스틸의 주가가 부차적 조정란에 기록됐다. 규칙 설명 6-h 참조.

CHART FIVE

	부차적 반등	정상적 반등	상승 추세	하락 추세	정상적 조정	부차적 조정	부차적 반등	정상적 반등	상승 추세	하락 추세	정상적 조정	부차적 조정	부차적 반등	정상적 반등	상승 추세	하락 추세	정상적 조정	부차적 조정
			63 1/4						63 1/8						126 5/8			
					55 1/2						54 3/8						111 1/8	
								61 1/2						123 3/8				
		61 7/8																
1938						56 1/8						55						
DATE			U.S. STEEL						BETHLEHEM STEEL						KEY PRICE			
SEPT 12																		
13					54 1/4						53 5/8						107 7/8	
14				52							52 1/2					104 1/2		
15																		
16																		
SAT. 17																		
19																		
20		57 5/8						58 1/4										
21		58												116 1/4				
22																		
23																		
SAT. 24				51 7/8							52					103 7/8		
26				51 1/8							51 1/4					102 3/8		
27																		
28				50 7/8							51					101 7/8		
29	57 1/8						57 3/4						114 7/8					
30		59 1/4						59 1/2						118 3/4				
SAT. OCT. 1		60 1/4						60						120 1/4				
3		60 3/8						60 3/8						120 3/4				
4																		
5			62					62							124			
6			63					63							126			
7																		
SAT. 8			64 1/4						64						128 1/4			
10																		
11																		
13			65 3/8						65 1/8						130 1/2			
14																		
SAT. 15																		
17																		
18																		
19																		
20																		
21																		
SAT. 22			65 7/8						67 1/2						133 3/8			
24			66												133 1/2			

9월 14일 US스틸의 주가가 하락 추세란에 기록됐다. 규칙 설명 5-b 참조. 같은 날 베들레헴스틸의 주가는 정상적 조정란에 기록됐다. 그 주가가 여전히 정상적 조정란에 기록된 이유는 직전에 붉은색으로 밑줄 친 가격보다 3포인트 이상 하락하지 않았기 때문이다.

9월 20일 US스틸과 베들레헴스틸의 주가가 정상적 조정란에 기록됐다. US스틸은 규칙 설명 6-c를 참조하고, 베들레헴스틸의 경우에는 6-d를 참조.

9월 24일 US스틸의 주가가 해당란에서 새로운 가격을 기록했으며 붉은색으로 하락 추세란에 기록됐다.

9월 29일 US스틸과 베들레헴스틸의 주가가 부차적 상승란에 기록됐다. 규칙 설명 6-g 참조.

10월 5일 US스틸의 주가가 검은색으로 상승 추세란에 기록됐다. 규칙 설명 5-a 참조.

10월 8일 베들레헴스틸의 주가가 검은색으로 상승 추세란에 기록됐다. 규칙 설명 6-d 참조.

CHART SIX

DATE	부차적 반등	정상적 반등	상승 추세	하락 추세	정상적 조정	부차적 조정	부차적 반등	정상적 반등	상승 추세	하락 추세	정상적 조정	부차적 조정	부차적 반등	정상적 반등	상승 추세	하락 추세	정상적 조정	부차적 조정
1938			66						$67\frac{1}{2}$						$133\frac{1}{2}$			
DATE			U.S. STEEL						BETHLEHEM STEEL						KEY PRICE			
OCT.25			$66\frac{7}{8}$						$67\frac{3}{4}$						134			
26																		
27			$66\frac{1}{2}$						$68\frac{7}{8}$						$135\frac{3}{4}$			
28																		
SAT.29																		
31																		
NOV.1									69						$135\frac{1}{2}$			
2																		
3									$69\frac{1}{2}$						136			
4																		
SAT.5																		
7			$66\frac{3}{4}$						$71\frac{7}{8}$						$138\frac{5}{8}$			
9			$69\frac{1}{2}$						$75\frac{3}{8}$						$144\frac{7}{8}$			
10			70						$75\frac{1}{2}$						$145\frac{1}{2}$			
SAT.12			$71\frac{1}{4}$						$77\frac{5}{8}$						$148\frac{7}{8}$			
14																		
15																		
16																		
17																		
18					$65\frac{1}{8}$						$71\frac{3}{8}$						137	
SAT.19																		
21																		
22																		
23																		
25																		
SAT.26					$63\frac{1}{4}$						$71\frac{1}{2}$						$134\frac{3}{4}$	
28					61						$68\frac{3}{4}$						$129\frac{3}{4}$	
29																		
30																		
DEC.1																		
2																		
SAT.3																		
5																		
6																		
7																		
8																		

11월 18일 US스틸과 베들레헴스틸의 주가가 정상적 조정란에 기록됐다. 규칙 설명 6-a 참조.

104

CHART SEVEN

날짜	부차적 반등	정상적 반등	상승 추세	하락 추세	정상적 조정	부차적 조정	부차적 반등	정상적 반등	상승 추세	하락 추세	정상적 조정	부차적 조정	부차적 반등	정상적 반등	상승 추세	하락 추세	정상적 조정	부차적 조정
			$71\frac{1}{4}$		61				$77\frac{5}{8}$		$68\frac{3}{4}$				$148\frac{7}{8}$		$129\frac{3}{4}$	
1938 DATE		U.S. STEEL						BETHLEHEM STEEL						KEY PRICE				
DEC.9																		
SAT.10																		
12																		
13																		
14		$66\frac{5}{8}$						$75\frac{1}{4}$						$141\frac{7}{8}$				
15		$67\frac{1}{8}$						$76\frac{3}{8}$						$143\frac{1}{2}$				
16																		
SAT.17																		
19																		
20																		
21																		
22																		
23																		
SAT.24																		
27																		
28		$67\frac{3}{4}$							78						$145\frac{3}{4}$			
29																		
30																		
SAT.31 $75\frac{3}{4}$																		
JAN.3																		
4		70							80						150			
5																		
6																		
SAT.7																		
9																		
10																		
11											$73\frac{3}{4}$							
12						$62\frac{5}{8}$					$71\frac{1}{2}$							$139\frac{1}{8}$
13																		
SAT.14																		
16																		
17																		
18																		
19																		
20																		
SAT.21						62					$69\frac{1}{4}$							$131\frac{1}{2}$

12월 14일 US스틸과 베들레헴스틸의 주가는 정상적 반등란에 기록됐다. 규칙 설명 6-d 참조.

12월 28일 베들레헴스틸의 주가는 검은색으로 상승 추세란에 기록됐다. 이는 같은 칸의 최근에 기록된 가격보다 높은 가격이었기 때문이다.

1월 4일 리버모어의 기법에 따라 시장의 다음 추세가 표시되었다. 규칙 설명 10-a와 b를 참조.

1월 12일 US스틸과 베들레헴스틸의 주가가 부차적 조정란에 기록됐다. 규칙 설명 6-h 참조.

CHART EIGHT

	부차적 반등	정상적 반등	상승 추세	하락 추세	정상적 조정	부차적 조정	부차적 반등	정상적 반등	상승 추세	하락 추세	정상적 조정	부차적 조정	부차적 반등	정상적 반등	상승 추세	하락 추세	정상적 조정	부차적 조정
			$71\frac{1}{4}$						$77\frac{5}{8}$						$198\frac{7}{8}$			
					61						$68\frac{3}{4}$						$129\frac{3}{4}$	
		70						80						150				
1939 DATE				62						$69\frac{1}{2}$						$131\frac{1}{2}$		
	U.S. STEEL						BETHLEHEM STEEL						KEY PRICE					
JAN.23				$57\frac{7}{8}$						$63\frac{3}{4}$						$121\frac{5}{8}$		
24				$56\frac{1}{2}$						$63\frac{1}{4}$						$119\frac{3}{4}$		
25				$55\frac{5}{8}$						63						$118\frac{5}{8}$		
26				$53\frac{1}{2}$						$60\frac{1}{2}$						$113\frac{1}{2}$		
27																		
SAT.28																		
30																		
31		$59\frac{1}{2}$						$68\frac{1}{2}$						128				
FEB.1																		
2		60												$128\frac{1}{2}$				
3																		
SAT.4		$60\frac{5}{8}$						69						$129\frac{5}{8}$				
6								$69\frac{7}{8}$						$130\frac{1}{4}$				
7																		
8																		
9																		
10																		
SAT.11																		
14																		
15																		
16								$70\frac{3}{4}$						$131\frac{5}{8}$				
17		$61\frac{1}{8}$						$71\frac{1}{4}$						$132\frac{3}{8}$				
SAT.18		$61\frac{1}{4}$												$132\frac{1}{4}$				
20																		
21																		
23																		
24		$62\frac{1}{4}$						$72\frac{3}{8}$						$139\frac{5}{8}$				
SAT.25		$63\frac{3}{4}$						$74\frac{3}{4}$						$138\frac{1}{2}$				
27																		
28		$64\frac{3}{4}$						75						$139\frac{3}{4}$				
MAR.1																		
2																		
3		$64\frac{7}{8}$						$75\frac{1}{4}$						140				
SAT.4								$75\frac{1}{2}$						$140\frac{3}{8}$				
6																		
7																		

1월 23일 US스틸과 베들레헴스틸의 주가가 하락 추세란에 기록됐다. 규칙 설명 5 –b 참조.
1월 31일 US스틸과 베들레헴스틸의 주가가 정상적 반등란에 기록됐다. 규칙 설명 6–c와 4–c 참조.

CHART NINE

	부차적 반등	정상적 반등	상승 추세	하락 추세	정상적 조정	부차적 조정	부차적 반등	정상적 반등	상승 추세	하락 추세	정상적 조정	부차적 조정	부차적 반등	정상적 반등	상승 추세	하락 추세	정상적 조정	부차적 조정
				53¼						60¼						113½		
1939		64⅞						75½						140⅜				
DATE			U.S. STEEL						BETHLEHEM STEEL						KEY PRICE			
MAR. 8		65												140½				
9		65½						75⅞						141⅜				
10																		
SAT. 11																		
13																		
14																		
15																		
16					59⅝						69¼						128⅞	
17					56¾						66¾						123½	
SAT. 18					54¾						65						119¾	
20																		
21																		
22					53½						63⅝						117⅛	
23																		
24																		
SAT. 25																		
27																		
28																		
29																		
30				52⅛							62						114⅛	
31				49⅞						58¾						108⅝		
APR. SAT. 1																		
3																		
4				48¼						57⅝						105⅞		
5																		
6				47¼						55½						102¾		
SAT. 8				44⅞						52½						97⅜		
10																		
11				44⅜						51⅝						96		
12																		
13																		
14																		
SAT 15		50						58½						108½				
17																		
18																		
19																		

3월 16일 US스틸과 베들레헴스틸의 주가가 정상적 조정란에 기록됐다. 규칙 설명 6-b 참조.
3월 30일 US스틸의 주가가 이전에 하락 추세란에 기록됐던 가격보다 하락했기 때문에 하락 추세란에 기록됐다.
3월 31일 베들레헴스틸의 주가가 하락 추세란에 기록됐다. 같은 하락 추세란에 이전에 기록됐던 가격보다 하락했기 때문이다.
4월 15일 US스틸과 베들레헴스틸의 주가가 정상적 반등란에 기록됐다. 규칙 설명 6-c 참조.

CHART TEN

	부차적 반등	정상적 반등	상승 추세	하락 추세	정상적 조정	부차적 조정	부차적 반등	정상적 반등	상승 추세	하락 추세	정상적 조정	부차적 조정	부차적 반등	정상적 반등	상승 추세	하락 추세	정상적 조정	부차적 조정
				44 3/8						51 5/8						96		
1939		50						58 1/2						108 1/2				
DATE			U.S. STEEL						BETHLEHEM STEEL						KEY PRICE			
APR 20																		
21																		
SAT. 22																		
24																		
25																		
26																		
27																		
28																		
SAT 29																		
MAY 1																		
2																		
3																		
4																		
5																		
SAT. 6																		
8																		
9																		
10																		
11																		
12																		
SAT. 13																		
15																		
16																		
17					44 5/8						52						96 5/8	
18				43 1/4												95 1/4		
19																94 7/8		
SAT. 20																		
22																		
23																		
24																		
25	48 3/4						57 3/4						106 1/2					
26	49						58						107					
SAT. 27	49 3/8							—					107 7/8					
29		50 1/4						59 3/8						109 5/8				
31		50 7/8						60						110 7/8				
JUNE 1																		

5월 17일 US스틸과 베들레헴스틸의 주가가 정상적 조정란에 기록됐다. 그다음 날 5월 18일 US스틸의 주가가 하락 추세란에 기록됐다. 규칙 설명 6-e를 참조.

그다음 날 5월 19일 베들레헴스틸의 주가가 기록되어 있는 하락 추세란의 아래에 붉은색의 밑줄이 그어졌다. 이는 주가가 최근에 하락 추세란에 기록되었던 가격과 동일하다는 것을 의미한다.

5월 25일 US스틸과 베들레헴스틸의 주가가 부차적 반등란에 기록됐다. 규칙 설명 6-g 참조.

CHART ELEVEN

DATE	부차적 반등	정상적 반등	상승 추세	하락 추세	정상적 조정	부차적 조정	부차적 반등	정상적 반등	상승 추세	하락 추세	정상적 조정	부차적 조정	부차적 반등	정상적 반등	상승 추세	하락 추세	정상적 조정	부차적 조정
				$44\frac{5}{8}$					$51\frac{5}{8}$						96			
		50						$58\frac{1}{2}$								$108\frac{1}{2}$		
				$43\frac{1}{4}$					—							$94\frac{7}{8}$		
1939 DATE		$50\frac{7}{8}$	U.S. STEEL					60	BETHLEHEM STEEL					$108\frac{7}{8}$	KEY PRICE			
JUNE 2																		
SAT. 3																		
5																		
6																		
7																		
8																		
9																		
SAT. 10																		
12																		
13																		
14																		
15																		
16											54							
SAT. 17																		
19																		
20																		
21																		
22																		
23																		
SAT. 24																		
26																		
27																		
28					45						$52\frac{1}{2}$						$97\frac{1}{2}$	
29					$43\frac{3}{4}$					51						$94\frac{3}{4}$		
30 SAT JULY 1					$43\frac{5}{8}$					$50\frac{1}{4}$						$93\frac{7}{8}$		
3																		
5																		
6																		
7																		
SAT. 8																		
10																		
11																		
12																		
13	$48\frac{1}{4}$						$57\frac{1}{4}$						$105\frac{1}{2}$					
14																		

6월 16일 베들레헴스틸의 주가가 정상적 조정란에 기록됐다. 규칙 설명 6-b 참조.
6월 28일 US스틸의 주가가 정상적 조정란에 기록됐다. 규칙 설명 6-b 참조.
6월 29일 베들레헴스틸의 주가가 하락 추세란에 기록됐다. 이는 주가가 최근의 하락 추세란에 기록됐던 가격보다 더 낮았기 때문이다.
7월 13일 US스틸과 베들레헴스틸의 주가가 부차적 반등란에 기록됐다. 규칙 설명 6-g 참조.

CHART TWELVE

	부차적 반등	정상적 반등	상승 추세	하락 추세	정상적 조정	부차적 조정	부차적 반등	정상적 반등	상승 추세	하락 추세	정상적 조정	부차적 조정	부차적 반등	정상적 반등	상승 추세	하락 추세	정상적 조정	부차적 조정
				43¼						51⅝						94⅞		
		50⅞						60						110⅞				
					43⅝					50¼						93⅞		
1939	48¼						57¼						105½					
DATE			U.S. STEEL						BETHLEHEM STEEL						KEY PRICE			
SAT. JULY 15																		
17	50¾							60⅝						111⅛				
18		51⅞						62						113⅞				
19																		
20																		
21		52½							63					115½				
SAT. 22			54⅛						65						119⅛			
24																		
25			55⅛						65¾						120⅞			
26																		
27																		
28																		
SAT. 29																		
31																		
AUG. 1																		
2																		
3																		
4					49½						59½						109	
SAT. 5																		
7					49¼												108¾	
8																		
9											59						108¼	
10					47¾						58						105¾	
11					47												105	
SAT. 12																		
14																		
15																		
16																		
17					46½												104½	
18					45						55⅛						100⅛	
SAT. 19																		
21					43⅜						53⅜						96¾	
22																		
23				42⅝													96	
24				41⅝							51⅞					93½		
25																		

7월 21일 베들레헴스틸의 주가가 상승 추세란에 기록되었으며, 그다음 날 7월 22일 US스틸의 주가가 상승 추세란에 기록됐다. 규칙 설명 5-a 참조.

8월 4일 US스틸과 베들레헴스틸의 주가가 정상적 조정란에 기록됐다. 규칙 설명 4-a 참조.

8월 23일 US스틸의 주가가 직전의 하락 추세란에 기록됐던 가격보다 더 낮았으므로 하락 추세란에 기록됐다.

CHART THIRTEEN

	부차적 반등	정상적 반등	상승 추세	하락 추세	정상적 조정	부차적 조정	부차적 반등	정상적 반등	상승 추세	하락 추세	정상적 조정	부차적 조정	부차적 반등	정상적 반등	상승 추세	하락 추세	정상적 조정	부차적 조정
				43 1/4						50 1/4						93 7/8		
			55 1/8						65 3/4						120 7/8			
1939				41 5/8							51 7/8					93 1/2		
DATE			U.S. STEEL						BETHLEHEM STEEL						KEY PRICE			
SAT. AUG. 26																		
28																		
29		48						60 1/2						108 1/2				
30																		
31																		
SEPT. 1		52						65 1/2						117 1/2				
SAT. 2			55 1/4						70 3/8						125 5/8			
5			66 7/8						85 1/2						152 3/8			
6																		
7																		
8			69 3/4						87						156 3/4			
SAT. 9			70						88 3/4						158 3/4			
11			78 5/8						100						178 5/8			
12			82 3/4												182 3/4			
13																		
14					76 3/8						91 3/4						168 1/8	
15																		
SAT. 16					75 1/2						88 3/8						163 7/8	
18					70 1/2						83 3/4						154 1/4	
19		78						92 3/8						170 3/8				
20		80 5/8						95 5/8						176 1/4				
21																		
22																		
SAT. 23																		
25																		
26																		
27																		
28						75 1/8						89						164 1/8
29						73 1/2						86 3/4						160 1/4
SAT. 30																		
OCT. 2																		
3																		
4						73						86 1/4						159 1/4
5																		
6	78 1/2						92 3/4						171 1/4					
SAT. 7																		

8월 29일 US스틸과 베들레헴스틸의 주가가 정상적 반등란에 기록됐다. 규칙 설명 6-d 참조.

9월 2일 US스틸과 베들레헴스틸의 주가가 상승 추세란에 기록됐다. 이는 주가가 최근에 상승 추세란에 기록됐던 가격보다 상승했기 때문이다.

9월 14일 US스틸과 베들레헴스틸의 주가가 정상적 조정란에 기록됐다. 규칙 설명 6-a와 4-a 참조.

9월 19일 US스틸과 베들레헴스틸의 주가가 정상적 반등란에 기록됐다. 규칙 설명 6-d와 4-b 참조.

9월 28일 US스틸과 베들레헴스틸의 주가가 부차적 조정란에 기록됐다. 규칙 설명 6-h 참조.

10월 6일 US스틸과 베들레헴스틸의 주가가 부차적 반등란에 기록됐다. 규칙 설명 6-g 참조.

CHART FOURTEEN

	부차적 반등	정상적 반등	상승 추세	하락 추세	정상적 조정	부차적 조정	부차적 반등	정상적 반등	상승 추세	하락 추세	정상적 조정	부차적 조정	부차적 반등	정상적 반등	상승 추세	하락 추세	정상적 조정	부차적 조정
			82 3/4						100						182 3/4			
					70 1/2						83 3/4						154 1/4	
		80 5/8						95 5/8						176 1/4				
						73						86 1/4						159 1/4
1939	78 1/2						92 3/4						171 1/4					
DATE			U.S. STEEL						BETHLEHEM STEEL						KEY PRICE			
OCT. 9																		
10																		
11																		
13																		
SAT. 14																		
16																		
17	78 7/8						93 7/8						172 3/4					
18	79 1/4												173 1/2					
19																		
20																		
SAT. 21																		
23																		
24																		
25																		
26																		
27																		
SAT. 28																		
30																		
31																		
NOV. 1																		
2																		
3						72 1/2												
SAT. 4																		
6																		
8						72 1/8						86 1/8						158 1/4
9					—						83 1/4						153 3/4	
10					68 3/4						81 3/4						150 1/2	
13																		
14																		
15																		
16																		
17																		
SAT. 18																		
20																		
21																		
22																		

11월 3일 US스틸의 주가가 부차적 조정란에 기록됐다. 이는 주가가 최근의 부차적 조정란에 기록됐던 가격보다 더 하락했기 때문이다.

11월 9일 US스틸의 정상적 조정란에 대시(—)가 기록됐다. 이는 새 가격이 정상적 조정란에 기록됐던 최근의 가격과 주가가 동일했기 때문이다. 같은 날 베들레헴스틸의 정상적 조정란에 새로운 가격이 기록됐다. 주가가 직전의 가격보다 더 낮았기 때문이다.

CHART FIFTEEN

DATE	부차적 반등	정상적 반등	상승 추세	하락 추세	정상적 조정	부차적 조정	부차적 반등	정상적 반등	상승 추세	하락 추세	정상적 조정	부차적 조정	부차적 반등	정상적 반등	상승 추세	하락 추세	정상적 조정	부차적 조정
			82 3/8						100						182 3/8			
		80 5/8		70 1/2				95 5/8		83 3/4				176 1/4			154 1/4	
1939				68 3/4						81 3/4							150 1/2	
DATE			*U.S. STEEL*						*BETHLEHEM STEEL*						*KEY PRICE*			
NOV.24				66 7/8						81							147 7/8	
SAT.25										80 3/4							147 5/8	
27																		
28																		
29				65 7/8						78 1/8							144	
30				63 5/8						77							140 5/8	
DEC.1																		
SAT.2																		
4																		
5																		
6																		
7					69 3/4						84						153 3/4	
8																		
SAT.9																		
11																		
12																		
13																		
14											84 7/8						154 5/8	
15																		
SAT.16																		
18																		
19																		
20																		
21																		
22																		
SAT.23																		
26																		
27																		
28																		
29																		
SAT.30																		
1940 JAN.2																		
3																		
4																		
5																		
SAT.6																		

11월 24일 US스틸의 주가가 하락 추세란에 기록됐다. 규칙 설명 5-b를 참조.
11월 25일 베들레헴스틸의 주가가 하락 추세란에 기록됐다. 규칙 설명 5-b를 참조.
12월 7일 US스틸과 베들레헴스틸의 주가가 정상적 조정란에 기록됐다. 규칙 설명 6-c 참조.

CHART SIXTEEN

날짜	부차적 반등	정상적 반등	상승 추세	하락 추세	정상적 조정	부차적 조정	부차적 반등	정상적 반등	상승 추세	하락 추세	정상적 조정	부차적 조정	부차적 반등	정상적 반등	상승 추세	하락 추세	정상적 조정	부차적 조정
			63 5/8						77						140 5/8			
1940	69 3/4						84 7/8						154 5/8					
		U.S. STEEL						BETHLEHEM STEEL						KEY PRICE				
JAN. 8																		
9					64 1/4						78 1/2						142 3/4	
10					63 3/4												142 1/4	
11				62						76 1/2						138 1/2		
12				60 1/8						74 1/8						134 1/4		
SAT. 13				59 5/8						73 1/2						133 3/8		
15				57 1/2						72						129 1/2		
16																		
17																		
18				56 7/8						71 1/2						128 3/8		
19										71						127 7/8		
SAT. 20																		
22				55 7/8						70 1/8						126		
23																		
24																		
25																		
26																		
SAT. 27																		
29																		
30																		
31																		
FEB. 1																		
2																		
SAT. 3																		
5																		
6																		
7								76 3/8										
8		61						78						139				
9		61 3/4						79 1/2						141 1/4				
SAT. 10																		
13																		
14																		
15																		
16				56 1/8														
SAT. 17																		
19																		

1월 9일 US스틸과 베들레헴스틸의 주가가 정상적 조정란에 기록됐다. 규칙 설명 6-b 참조.

1월 11일 US스틸과 베들레헴스틸의 주가가 하락 추세란에 기록됐다. 이는 각각의 주가가 최근의 하락 추세란에 기록됐던 가격들보다 더 낮았기 때문이다.

2월 7일 베들레헴스틸의 정상적 반등란에 주가가 기록됐다. 주가가 이 칸에 기록하기 위해서 필요했던 6포인트만큼 상승한 첫날이었다. 다음 날에 기록 요건을 충족했기 때문에 베들레헴스틸과 US스틸의 주가를 더한 핵심 가격을 정상적 반등란에 기록했다.

2장

제시 리버모어의
생애

01

호가판 주사

리버모어는 1877년 뉴잉글랜드에서 가난한 농부의 아들로 태어 났다. 아버지는 가난한 농부였으며 살아가는 데 있어서 배움을 그다지 중요하게 생각하지 않았다. 초등학교 시절 리버모어는 숫자에 탁월한 재능을 보여 3년 과정의 수학을 1년 만에 마치기도 했다. 하지만 리버모어의 아버지는 아들에게 학교를 그만두게 하고 대신 농사 일을 시켰다. 아버지 뜻에 따라 뉴잉글랜드의 척박한 토양을 일구며 농사일을 거들었지만, 허약했던 탓에 자리에 누워 있는 시간이 많았다. 그 기간 동안 비록 몇 권에 지나지 않지만, 책을 반복적으로 탐독했던 것으로 알려져 있다. 이러한 리버모어의 독서 습관은 평생으로 이어졌다.

1891년 열네 살이 된 리버모어는 보스턴으로 가출을 했고, 그곳에서 일자리를 얻었다. 뛰어난 머리를 안타깝게 여긴 어머니의 도움이었다. 리버모어가 처음으로 구한 직업은 2000년 스위스 유니언은행에 인수합병된 증권회사 페인웨버_{Paine Webber}의 '호가판 주사'였다. 처음으로 얻은 일자리가 증권업계와 관련이 있었고, 그 후 평생 주식시장에서 활동하게 된다. 당시 증권회사의 객장에는 증권시세표시기 Ticker를 통해 들어오는 주가를 고객이 볼 수 있도록 기록하는 커다란 칠판이 있었는데, 호가판 주사는 동료나 고객이 불러주는 주가를 그 칠판에 기록하는 일을 맡은 사람이다. 증권시세표시기란 팀 로빈슨Tim Robbins과 폴 뉴먼Paul Newman 주연의 영화 〈허드서커 대리인〉를 본 사람 이라면 쉽게 알 수 있을 것이다. 극 중 이사회에서 폴 뉴먼이 주가가 기록된 종이테이프를 끊임없이 쏟아내는 반원형의 기계를 통해 주가 를 확인하는 장면을 기억하는가. 그것이 증권시세표시기다. 학창시절 때부터 숫자에 탁월한 재능을 보였던 리버모어였기에 주가를 칠판에 기록하는 데는 그다지 어려움이 없었다.

리버모어는 첫 직장에서 자신 또래의 소년들과 함께 일했으며, 어 느 정도 자리가 잡히자 자신이 매일 기록하는 숫자들에 대해 생각 하게 되었다. 하지만 기록하는 숫자 즉, 주가가 지니는 의미에 대해서 알기에는 나이가 너무 어렸다. 하지만 주식시장에 대한 정의나 주식 의 가치는 모르지만, 숫자로 표시되는 '주가'가 끊임없이 변화하고 있 다는 점이 매력적으로 느껴졌다. 리버모어가 느꼈던 호기심은 '저 숫 자들은 왜 끊임없이 움직이는 것일까?'였다. 그리고 알고 싶었던 것은 '저 숫자들은 앞으로는 어떻게 움직일까?'였다. 리버모어는 그렇게 자 신의 호기심에 완전히 매료되었다.

나는 성공한 사람들이 끊임없이 메모한다는 습성에 주목한다. 마 찬가지로 리버모어도 비록 10대의 어린 '꼬마'에 불과했지만, 자신의 호기심을 충족시키기 위해 수첩을 마련했으며, 주식시장이 열리고 있는 장중에는 당일 거래가 활발하게 이루어지는 주식의 주가를 기억했다가 틈틈이 그 수첩에 기록하곤 했다. 하루 일을 마친 리버모어는 직장 주변에 위치한 숙소로 돌아와 자신의 지적 호기심을 충족시키기 위해 밤늦게까지 그 '숫자'들의 움직임을 연구하고, 이를 통해 주가의 움직임에서 어떤 패턴을 찾아내려고 했다. 리버모어의 이러한 행동은 지속적으로 이루어졌는데, 본래 의도와는 상관없이 수천수만 번에 걸친 반복 학습으로 이어졌다. 비록 본인은 인지하지 못하고 있었지만, 오늘날 컴퓨터를 이용한 시스템 트레이딩이 보급되기 전인 초기 기술적 분석가들이 이용했던 방법이다. 그들이 주가의 패턴을 정의하고 이를 이용해 수익을 얻으려 했던 것과 정확히 일치하는 것이었다. 그리고 자신이 직접 기록하고 관찰하며 해답을 얻으려는 리버모어의 이러한 태도는 평생 주식시장과 선물시장에서 거래하면서 얻은, 결과적으로는 자기 단련법이자 투자 기법이 되었다.

리버모어는 계속해서 수첩에 주가를 기록하고 관찰함으로써 그 숫자들에게서 '변화'하기 전에 나타내는 어떤 특징적인 가격의 패턴을 찾아내려고 했다. 당시 리버모어가 찾으려 했던 것은 거래가 활발하게 이루어지는 주식 중에서 주가가 상승 혹은 하락하기 전에 나타내는 특징적인 움직임이었다.

가격과·거래량을 중심으로 파악한 리버모어의 시도는 리버모어 이후에도 계속되었다. 오늘날 무수히 많은 기술적 분석 도구들이 존재하지만 대부분의 지표들이 근본적으로는 가격과 거래량에 기초하고 있다는 점에서 리버모어가 제대로 된 첫 출발을 했다고 말할 수 있다.

최초의 거래,
꼬마 투기꾼의 탄생

보스턴에서 그렇게 리버모어는 열다섯 살이 되었다. 점심 식사 중이던 그에게 동료 소년 하나가 다가와 돈을 빌려달라고 했다. 이유를 묻자, 그 소년은 직접 주식에 투자하기 위해서라고 말했다. 그 소년은 어떤 증권회사 직원에게서 철강주 중 한 종목의 주가가 상승할 것이라는 '비밀 정보'를 받았다고 말했다. 그 말을 들은 리버모어는 먼저 자신의 수첩에 기록된 해당 종목의 주가를 살펴보았다. 그리고 그 종목의 현재 주가 패턴이, 과거 그 종목의 주가가 상승하기 전에 나타냈던 움직임과 일치한다는 점을 확인했다. 그래서 리버모어는 그 소년과 함께 공동으로 총 5달러의 지분을 출자하여 그 주식을 매수했다. 그 주식의 주가는 상승했고, 그들은 며칠 뒤 주식을 매도하여 차익을 실현했다. 당시 리버모어가 벌어들인 돈은 자신의 지분 50%에 해당하는 3.12달러였다. 당시 리버모어의 주급이 주당 6달러였다는 점을 생각해 볼 때, 아마도 그 성공으로 인 해 이 열다섯 살 소년은 주식에 더욱더 매료되었을 것이다.

그들이 성공적인 투자를 했던 곳은 정식 증권회사를 통해서가 아니었다. 소위 '사설 증권회사 Bucket Shop'라 불리는 곳이었다. 당시까지만 하더라도 미국에서 주식 투자를 할 수 있는 사람은 상당한 재력을 보유한 사람들로 국한되어 있었으므로 그들이 선택할 수 있는 곳은 작은 돈으로도 주식을 거래할 수 있는 사설 증권회사였다. 사설 증권회사는 리버모어가 처음 거래를 하기 훨씬 이전부터 존재했다. 이 사설 증권회사에서 주식이나 선물을 매매하는 것은 매우 간단했다. 돈을 내고 주문 창구에서 자신의 원하는 주식이나 선물을 매수 또는 매도하면 됐다. 사설 증권회사가 정식 증권회사와 다른 점은 고객의 주문을 거래소를 통해 체결시키는 것이 아니라 사설 증권회사가 직접 고객의 거래처가 되어 주문을 받는다는 점이다. 그것은 오늘날 카지노에서 블랙잭 등의 게임에서 딜러들이 손님의 배팅을 받아주는 것과 비슷하다. 좀 더 쉽게 이해하기 위해 비유하자면, 폴 뉴먼 Paul Newman과 로버트 레드포드 Robert Redford의 영화 〈스팅〉을 보면 주인공이 복수를 위해 불법 사설 경마업체를 이용하는 것이 나온다. 영화에서는 실제 경마장이 아니라 경마 중계를 이용해 고객들을 상대로 배팅을 받는 장면이 있다.

사설 경마업체가 스크린 경마와 거의 유사한 방식으로 운영되는 것처럼 사설 증권회사도 그 외관이나 실내의 시설은 증권회사의 지점과 닮았었다고 한다. 하지만 그들은 자신이 원치 않을 경우에는 고객의 주문 자체를 거절할 수도 있었다는 점이 증권회사와는 다른 점 중 하나이다. 만일 고객이 주식시장에서 돈을 너무 많이 번다고 해서 고객의 주문을 거절할 증권회사가 있겠는가. 증권회사의 입장에서는 고객의 자산이 커질수록 자신들의 자산도 커지며 또한 주문으로 인한 위탁 수수료 수입이 증가하기 때문에 거절할 이유가 없다. 그러나 합법적이라고 하더라도 카지노의 경우는 이야기가 다르다. 실제로 수학적 계산 능력과 암기력이 탁월한 전문 도박사는 자신의 뛰어난 지적 능력을 이용해 '카드 카운팅'이라는 기법으로 카지노에서 돈을 벌 수 있기 때문에 라스베가스 등에서는 그들의 출입을 제한하고 있기도 한다.

이와는 달리 주식시장에서는 자신이 능력만 된다면 얼마든지 돈을 벌 수 있으며, 이 점이 어떤 면에서는 지적 능력이 뛰어난 사람들이 주식시장에 뛰어드는 이유가 되기도 한다. 그렇다고 해서 주식시장에서 성공하는 사람이 반드시 천재적인 지능을 지니고 있는 것은 아니다. 지능이 성공의 요건은 될 수는 있으나 투자의 성공을 위해서는 지능 이외에도 요구되는 요인이 많이 있다. 이러한 점은 버핏과 같은 유명인의 말과 실례를 통해 이미 알려진 것이기도 하다. 만일 지적 능력이 성공한 투자자의 가장 중요한 요건이었다면 오늘날 옵션 가격을 설명하는 데서 이론적 바탕이 되는 복잡한 수학적 모델을 사용한 옵격가격결정모형OPM, Option Pricing Model이라는 이론을 만들었고, 노벨 경제학상을 수상한 두 명의 천재 학자들이 포진했던 롱텀캐피털매니지먼트LTCM, Long-Term Capital Management는 당연하게 여전히 승승장구하고 있어야 마땅할 것이다. 심하게 표현하자면 세계 자본주의 시장은 그들의 독무대가 되었어야 한다. 하지만 알려진 바대로 그들은 탐욕이라는 인간의 본성에 물들었고, 또한 위험 관리에 실패하여 파산했다. 확률적으로는 위험이 발생할 가능성이 거의 없다고 객관적인 수치를 통해 나타나더라도 주식시장 혹은 금융시장이라는 곳은 실제 의외의 사건이 발생하는 곳이다. 그렇게 되는 중요한 이유들 중 하나가 바로 인간의 본성 때문이다. 따라서 위험관리 혹은 투자자금 관리와 감정 통제가 중요시되는 것이다.

리버모어에 대한 이야기를 계속해 보자. 이 첫 거래에서 수익을 얻은 열다섯 살 소년은 이후 혼자서 점심시간을 이용해 거래하게 된다. 사설 증권회사에서는 '10% 증거금 규칙'이 적용되었는데, 이는 고객이 지니고 있는 현금의 열 배까지 매매할 수 있도록 한 것이다. 즉, 5달러를 지니고 있는 사람이라면 50달러까지 주문을 낼 수 있다는 의미이며, 이는 레버리지Leverage를 극대화시킬 수 있는 방법이었다.

현재 국내에서는 3일 결제 제도로 주식이 매매되고 있는데, 최근에는 다양한 증거금 방식을 통해 종목별로 증권회사들이 차등된 증거금을 징수하고 있다. 기우에서 하는 말이지만 되도록 지니고 있는 현금보다 많은 금액을 거래하는 미수 거래는 사용하지 않는 것이 좋다. 그리고 파생상품 중 선물의 경우에는 현재 증거금률이 15% 이므로 레버리지가 6.7배에 달한다.

이 '10% 증거금제도'로 인해 사설 증권회사에서 매매할 경우 만일 투자자가 주식을 매수한 후 가격이 10%만 하락하면 소위 '깡통'을 차게 된다. 공매도했을 경우에는 가격이 10% 상승하면 마찬가지의 결과를 가져오게 된다. 사설 증권회사에서는 실제 거래소를 통해 주문을 체결시키지 않았으므로, 만일 고객이 반대매매Margin Call를 당하게 되면 그 돈을 고스란히 사설 증권회사의 수입이 되는 것이다. 이 때문에 사설 증권회사에서는 고객의 돈을 갈취하기 위한 다양한 방법이 존재했었다고 한다. 하지만 리버모어가 이 당시 배웠던 것은 그들이 사용하는 속임수가 아니라 투자 자금 관리의 중요성 즉 손절매의 중요성이었다. 만일 자신의 판단이 잘못되어 자신의 포지션과 반대로 10%만 움직이면 계좌에 있는 돈이 모두 사라진다고 생각해 보라. 손절매를 비롯한 자금 관리 원칙은 당연히 중요할 수밖에 없으며, 이는 주식시장에서의 생존과도 밀접한 관련이 있다. 리버모어가 평생 동안 주식과 상품을 거래하면서 명심하고 있었던 것이 '10% 손절매 원칙'이었다.

다음의 표는 1,000만 원을 투자할 경우 손실률과 손실을 회복하기 위해서 만회해야 하는 금액과 수익률을 표시한 것이다. 표에서 보는 바와 같이 50%를 잃을 경우에는 100%의 수익을 내야 하므로 사

:: 리버모어의 매매 손익률 ::

(단위 : 만 원)

기초	손실액	손실률	잔고	수익률
1,000	50	5%	950	5.3%
	100	10%	900	11.1%
	200	20%	800	25.5%
	300	30%	700	42.9%
	400	40%	600	66.7%
	500	50%	500	100.0%

실상 계좌의 회복은 거의 불가능하게 된다. 손실을 작은 금액으로 끊을 수 있어야 주식시장에서 살아남고 다음을 노릴 수 있다.

이 시기의 리버모어는 주식시장보다는 가격 자체의 등락을 예측하고 이로부터 수익을 얻고자 했으므로, 주가의 상승과 하락 모두에 관심을 가졌으며 또한 양방향 모두에서 거래하곤 했었다. 거래를 시작할 때부터 강세론자와 약세론자의 입장 모두에서 거래했던 것이다.

리버모어는 계속해서 사설 증권회사에서 거래를 이어갔다. 열여섯 살이 되었을 때는 급료로 받는 금액보다 거래를 통해 얻는 수익이 더 많아졌다. 리버모어는 총 수익이 1,000달러가 되자 직장을 그만두고 전업 투자자가 되기로 뜻을 정했다. 비록 주위의 염려가 있었지만 리버모어는 의지를 굽히지 않았다.

매매를
금지 당하다

스무살 무렵 1897년이 될 때까지 리버모어는 사설 증권회사를 통해 계속해서 거래했다. 적극적인 매매 스타일과 상대적으로 엄청난 거래 규모로 인해 '꼬마 투기꾼'이라는 별칭을 얻었다. 너무나도 탁월한 성과를 거두었기에 사설 증권회사에서는 리버모어의 주문을 종종 거부하곤 했다. 어쩔 수 없이 거래할 수 있는 사설 증권회사를 찾아 보스턴과 뉴욕 지역을 돌아다녔다. 리버모어의 매매기술이 탁월하다는 소문이 널리 퍼지자 그는 사설 증권회사들의 기피 대상이 되어 때때로 신분을 숨기고 가명으로 거래를 했다. 사설 증권회사들의 입장에서는 리버모어를 '고객'으로 받아들이기에는 너무나도 위험부담이 큰 존재였던 것이다. 그러다가 결국 리버모어와의 거래를 전면적으로 거부했고, 마침내 모든 사설 증권회사의 출입을 금지당하기에 이르렀다.

이 기간 동안 리버모어는 최고 1만 달러를 벌어들이기도 했지만 지나친 매매와 충동적인 거래로 인해 손실을 입기도 했다. 기준으로 삼고 있던 시점까지 인내하고 자신이 원하던 시점에서 거래했다면, 열 번의 거래 중 일고여덟 번은 수익을 얻을 수 있었지만 불행히도 그러지 못했다. 어린 리버모어는 인내심이 부족했으며 게다가 잦은 거래로 인해 손해를 보았다. 그러다가 거래 규모와는 상관없이 사설 증권회사의 눈치를 보지 않고 마음대로 거래할 수 있는 곳을 찾아 뉴욕으로 진출했다. 미국 증권거래소의 회원 증권회사에서 2,500달러를 자본으로 거래를 시작했다.

리버모어는 그동안의 손실을 통해 주식 투자가 그리 만만한 것이 아니라는 점을 깨닫게 되었다. 하지만 리버모어는 손실을 실패라고 생각하고 거래를 멈추지 않았다. 매매 내역을 상세하게 기록하고 추적하며 실패의 원인을 분석하고 반성했다. 이러한 태도는 나중에 리버모어가 성공을 거둘 수 있었던 중요한 특징 중에 하나였다. 실패의 원인을 찾는 이러한 방법은 후에 주식시장과 트레이딩에 대해 배우는 최고의 수단으로 판명되었다.

리버모어는 자신의 매매에 대해 분석하면서 손실의 원인을 파악하기 시작했다. 원인은 다름 아닌 인내심이 부족이며, 주가의 사소한 등락까지 모두 이용해 돈을 벌고 싶은 마음에 끊임없이 거래했기 때문이었다. 주식시장에서는 매순간 가격이 변화하기 마련인데, 리버모어는 주가를 열성적으로 관찰했으므로 더욱더 이러한 가격의 등락에 민감하게 반응할 수밖에 없었던 것이다.

리버모어가 경험한 이러한 인내심의 부족은 시장 참여자라면 누구나 경험하게 되는 것이며, 이로 인해 충동적인 거래를 일삼게 되는 것은 어쩌면 당연한 일인지도 모른다. 리버모어가 경험한 이러한 실수는 예전에도 투자자가 경험했던 것이고, 지금 현재도 여전히 진행형의 문제이기도 하다.

04

첫 번째 파산

뉴욕에 도착할 당시 스무 살이었던 리버모어는 자신감으로 충만해 있었다. 주식시장에서 자기 또래의 평범한 젊은이가 만져볼 수 없는 거금 1만 달러를 벌어본 경험이 있었고, 자신이 저지른 실수를 분석함으로써 약점을 극복했다고 생각했기 때문이다. 하지만 리버모어는 뉴욕에서 거래한 지 6개월도 지나지 않아 모든 돈을 잃었다. 파산한 것이었다. 게다가 자신이 거래하던 증권회사 직원들에게 빚까지 지게 되었다.

어떻게 된 일일까? 대체 리버모어에게 무슨 일이 벌어졌던 것일까? 사실 리버모어의 일신상에는 어떤 문제도 없었다. 리버모어는 자신만의 매매 기법과 손절매 원칙을 지니고 있었고, 이로 인해 사설 증권회사에서는 탁월한 성과를 거둘 수도 있었다. 문제는 바로 거기에 있었다. 리버모어가 사설 증권회사에서 큰 성공을 거둘 수 있었던 원인이 뉴욕에서 거래할 때에는 '양날의 칼'이 되어 돌아왔던 것이다.

리버모어의 첫 번째 파산에 대해 이야기하기 위해서 우선 당시 거래소를 통한 주식 매매에 대해 알아보자. 거래소는 다른 표현으로

'조직화된 시장'이라 불린다. 주식이나 파생상품을 거래소를 통해 매매함으로써 체계적이고 조직화된 절차에 따라 거래가 이루어진다는 의미이며, 예탁원 등에 증권의 실물을 예탁해 놓음으로써 거래가 성사되더라도 실제로는 증권증서의 인수나 인도 없이 장부상의 대체결제를 통해 거래가 이루어지게 되므로 실물의 이전에 따른 위험을 최소화할 수 있고 거래를 체계화시킬 수 있다.

　　리버모어가 주식을 거래했던 뉴욕증권거래소NYSE, New York Stock Exchange는 현재 세계 최대의 증권거래소로 1792년 증권매매에 종사하던 24명의 중개인들이 월가에 모여 연방정부채권과 관련해 위탁 수수료율을 협의했던 것이 시발점이 되어 설립되었다. 1817년에 정식으로 뉴욕 증권거래위원회로 발족한 후 1863년부터 현재의 이름을 사용하고 있는데 빅보드Big Board라는 별칭으로도 불린다. 거래소는 회원제로 운영되고 있고, 우리나라의 거래소가 법인만을 회원으로 하는 데 비해 뉴욕증권거래소의 경우는 개인이라 할지라도 회원권을 살 경우 거래소의 플로어Floor라 불리는 입회장에서 자신의 명의로 거래할 수 있다. 회사에 소속된 장내 중개인들은 회사의 명의로 고객의 주문을 체결시키고 거래하지만, 개인 회원들은 자신의 이익을 위해 거래소 내에서 거래를 한다. 또한 우리나라의 거래소가 전산화를 통해 거래되는 반면에 뉴욕증권거래소와 일부 선물거래소들은 21세기인 현재도 여전히 중개인들을 통해 거래소에서 직접 거래가 체결된다. 우리가 해외 증시 뉴스를 접하다보면 미국의 거래소 풍경이 농수산물 시장에서 경매장처럼 보이는 이유도 이 때문이다.

리버모어가 사설 증권회사에서 거래할 때에는 증권시세표시기에 나타나는 현재가 내지는 직후의 체결가로 매매를 할 수 있었다. 하지만 이 증권시세표시기에 나타나는 체결가는 실제 거래소에서 거래되는 가격과는 차이가 있었는데, 이는 거래소에서 거래가 체결된 후 전신망을 통해 거래소 외부로 송신되기까지 시간이 걸렸기 때문이었다. 뉴욕에 도착한 직후 리버모어는 이러한 사실이 지니는 의미를 제대로 파악하지 못했다. 사실 리버모어는 계좌를 개설한 첫날부터 매매를 시작했다가 단 하루 만에 전체 자산의 50%를 잃기도 했다. 리버모어는 보스턴에서와 마찬가지로 증권시세표시기에 나타난 가격을 기준으로 시장가 주문으로 거래를 계속했기 때문에 결과적으로 뉴욕에서 매매를 시작한 지 6개월 만에 종잣돈을 모두 잃어버렸을 뿐만 아니라 빚까지 지게 되었던 것이다. 그 후 리버모어는 거래소를 통해 주문할 경우에 부딪히게 되는 문제점을 알게 되었고, 다시 종잣돈을 마련하기 위해 거래하던 증권회사의 사주에게서 500달러를 빌려 사설 증권회사에 가서 거래하게 된다. 사설 증권회사에서 리버모어는 자신의 신분을 속이고 거래한 지 단 이틀 만에 2,800달러를 번 후 다시 뉴욕으로 돌아가 자신이 진 빚을 모두 상환하는 능력을 보여준다.

뉴욕으로 다시 돌아온 후에 리버모어는 좀 더 신중하게 거래했지만, 여전히 계좌 규모는 늘어나지 않았다. 그때까지 자신의 문제점에 대한 해답을 찾지 못하고 있었으며, 리버모어가 고향에서 하던 게임과 실세 거래소를 통해 매매하는 것과의 차이점에 대해 정확히 이해하지 못하고 있었다. 즉, 게임의 룰이 완전히 다르다는 점을 간과하고 있었던 것이다. 그러던 중 어느 날 리버모어는 우연한 기회에 거래도 해보지 못하고 쫓겨났던 사설 증권회사에서 거래할 수 있는 방법을 찾아내 가명을 사용해서 그곳에서 거래함으로써 계좌 규모를 1만 달러까지 키우는 데 성공한다. 단기적인 주가의 등락을 이용한 리버모어의 매매 기법은 사설 증권회사에서는 큰 위력을 발휘했던 것이다. 하지만 곧바로 자신의 정체가 탄로 나는 바람에 더는 거래할 수 없었고, 그 후로는 사설 증권회사에서 거래하는 것을 영원히 금지당한다.

05

상승장에서의
두 번째 파산

　리버모어가 스물넷이 되던 1901년 주식시장은 활황장이었다. 당시 미국은 철도산업과 철강산업 등에서 거대 기업이 탄생했고, 그들이 주식시장에 모습을 드러냈을 때였다. 1800년대 중반 서부 개척 시대 이후 1865년부터 철도망이 미국 전역에 깔리기 시작했다. 1866년 5만 6,000킬로미터에 지나지 않았던 철도망이 1869년 센트럴퍼시픽 Central Pacific 철도와 유니언퍼시픽 Union Pacific 철도가 연결되는데 이어, 1900년에는 5배나 늘어난 무려 32만 킬로미터에 달하게 된다. 철도산업은 미국의 중심 산업 중 하나였으며 철로 건설에 따라 철강의 수요도 폭발적으로 증가하였다. 1870년대부터 미국 산업계에는 인수합병을 통한 기업합병이 이루어지고 강철왕으로 잘 알려진 앤드루 카네기 Andrew Carnegie는 피츠버그 제강소를 중심으로 석탄·철광석·광석 운반용 철도·선박 전반에 걸쳐 하나의 거대한 철강 트러스트를 형성했다. 또한 1892년에는 카네기 철강회사가 설립되었는데, 이 회사는 당시 미국 철강 생산의 4분의 1이상을 차지했다. 그리고 1901년 카네기는 이 회사를 4억 4,000만 파운드에 모건계의 철강회사와 합병하여 미국 철강시장의 65%를 지배하는 US스틸을 탄생시키기도 했다.

활황장이 도래함에 따라 주식시장에서는 거래량이 급격히 증가하여 연간 회전율이 신고치를 경신, 319%에 달하기도 했다. 이 기간 동안 리버모어는 노던퍼시픽Northern Pacific 철도회사의 주식을 매수하여 1만 달러의 자산을 5만 달러까지 키우기도 했다. 이 금액은 스물넷 젊은이로서는 매우 큰 금액이었지만, 그때까지 리버모어가 월스트리트에서 큰손으로 불리기에는 턱없이 부족한 금액이었다.

1901년 봄 무렵, 미국의 주식시장은 개인들이 실제로 주식시장에 적극적으로 참여하기 시작한 최초의 시기로 이른바 '묻지마' 투자가 성행하고 있었다. 이러한 광란의 장세가 지속될 수 없다고 판단한 리버모어는 시장이 단기적으로 급락하며 조정받을 것이라고 생각하여 공매도 거래에 임했다. 그는 공매도 후 시장이 급락할 때 차익을 실현할 계획이었다. 시장은 실제로 단기간에 큰 폭으로 하락하면서 그의 생각과 정확히 일치하는 움직임을 보였다. 그러나 시장은 급락에 따른 대기 매수세의 유입으로 급반등하였기 때문에 리버모어는 이 기간 동안 또 한 번 파산을 경험해야 했다. 자신이 벌어들인 5만 달러를 단 이틀 만에 모두 잃었던 것이다.

무엇 때문이었을까? 그것은 대량 거래의 일시적 유입으로 인해 증권시세표시기에 나타난 체결가가 실제 거래소에서 거래되고 있는 가격보다 30분에서 한 시간정도나 지연되었기 때문이다. 즉, 시장이 열린 후 리버모어가 증권시세표시기에 나타난 가격을 보고 낸 공매도 주문은 실제로는 훨씬 더 낮은 가격에 체결되었고, 급락한 가격에서 공매도 포지션 청산을 위해 낸 매수 주문은 실제로는 훨씬 더 높은 가격에 체결되었던 것이다. 리버모어는 이날 두 번의 공매도 거래를 했는데 그 결과가 두 번째 파산으로 이어진 것이었다.

현재 우리는 높은 수준의 인터넷망과 IT 기술 위에서 주식을 거래할 수 있기 때문에 이러한 사례는 현실성이 떨어진다고 생각할 수도 있다. 하지만 1999년 잘 갖추어진 전산망과 전산 체결 시스템에도 코스닥 시장에 '묻지마' 투자의 광풍이 몰아쳤을 때, 전체 거래량에 심각한 왜곡 현상이 발생했었다. 하이닉스나 현대건설로 거래가 집중되었을 때도 체결 지연이 발생했었고, 한때 옵션투자자 수가 단기간에 급증하자 종종 체결 지연이 나타나기도 했었다. 현재도 빈번하진 않지만 완전히 사라진 것은 아니라는 점을 상기한다면 리버모어의 파산을 이해하는 것은 그리 어렵지는 않을 것이다.

06

시간 요소의 발견

주식시장은 여전히 강세장을 이어가고 있었지만 리버모어는 그렇게 또 한 번 파산했고, 결국 고향으로 낙향할 수밖에 없었다. 고향에 도착해서 가장 먼저 한 일은 사설 증권회사에서의 거래를 통해 종잣돈을 만들려는 시도였다. 하지만 그 누구도 리버모어와 거래하지 않았으므로 단념해야 했다. 그러던 어느 날 리버모어는 새로운 유형의 유사 사설 증권회사와 거래할 수 있는 기회를 잡게 되었고, 그들과 1년간의 거래를 통해 1902년 무렵에는 다시 이전 수준으로 계좌를 회복할 수 있었다.

리버모어는 두 번째 파산을 통해서 소중한 경험을 얻었는데, 그것은 바로 '시간 요소'다. 시간 요소는 인내심으로 요약할 수 있다. 주식시장에서 인내심을 갖고 기다린다면 이익을 얻을 수 있는 기회는 스스로 모습을 드러난다. 지금까지 리버모어가 주식시장에서 거래했던 것은 극히 짧은 시간을 기준으로 단기적인 주가의 등락을 이용해 차익을 실현하는 것이었다. 처음으로 주식을 매매하기 시작했던 사설 증권회사의 경우에는 그 속성이 도박장과 매우 유사했으며 따라서 리버모어는 신속한 판단을 내려야 했고, 그것이 통했다. 그러나 뉴욕에서는 그것이 통하지 않았고, 뉴욕에서 거래하기 위해서 리버모어는 좀 더 긴 시간 주기를 고려해야 했으며, 이것은 지연된 시세로 인해 얻은 교훈이었다.

이제 리버모어는 투자에 관한 의사결정 시에 '시간'을 하나의 요소로 고려해야 한다는 점을 배운 것이다. 사설 증권회사를 통해 주식을 매수한다는 것은 서류상으로만 돈이 회전한다는 것 이외에는 아무런 의미가 없었다. 이는 마치 포커 게임 같았다. 리버모어가 사설 증권회사에서 추방당했던 것은 카지노에서 '카드 카운팅' 기술을 구사할 수 있는 '타짜'가 추방당한 것과도 같은 일이었다. 하지만 뉴욕증권거래소의 정식 회원인 증권회사를 통해 주식을 매수한다는 것은 자신이 실제로 보유한 주식의 수만큼 그 회사의 지분을 취득한다는 것을 의미했다.

리버모어가 시간을 투자의 요소 중 하나로 고려했다는 점에서, 일부에서는 주식 투자에 최초로 시간 개념을 도입한 사람으로 그를 지목하고 있다. 리버모어는 성공적으로 트레이딩하기 위해서 가장 중요한 요소로 인내심을 꼽았고, 이것은 시간과 밀접하게 관련되어 있었다. 또한 시간 요소를 고려하게 됨으로써 리버모어는 자신의 매매 기법을 발전시킬 수 있었다. 물론 그가 자신의 매매 기법을 발견하고 발전시킬 수 있었던 것은 시장을 세밀하게 관찰했기 때문에 가능한 일이었다.

1902년 스물다섯이 된 리버모어에 대해 정리해 보자면 다음과 같다. 열다섯 살에 처음으로 1,000달러를 벌었고, 스물하나가 되기 전에 1만 달러를 벌기도 했으며 그 돈을 5만 달러까지 키웠지만 단 이틀 만에 모두 잃기도 했었다. 그 후 약 1년 만에 이전에 자신이 매매하던 규모로 계좌를 회복시켰고 자동차를 샀다. 이때까지 리버모어가 경험한 것은 시장 참여자라면 누구나가 겪게 되는 통상적인 절차라 말할 수 있을 것이다. 하지만 리버모어의 차별성은 여기에 있다. 투기를 천직으로 삼고 주식시장에서 전업 투자자로서 시장에 계속해서 남을 것을 결심했기 때문이다.

리버모어가 이루었던 성공을 간접적으로 평가해 보기 위해서는 미국의 자동차산업에 대해 잠시 살펴볼 필요가 있다. 미국에서는 이 시점까지 자동차는 그리 대중적이지 않았다. 19세기에는 산업으로서의 위상을 갖추지 못하고 있었고, 20세기에 들어와서도 군소 자동차 회사가 난립해 있었다. 포드의 경우에는 1903년 자동차제조면허조합에 가입하려 했지만 기술력 부족으로 거절당했는데, 이 조합에서 소외된 회사들이 모여 결성한 것이 미국자동차제조조합이었다. 미국에서 최초로 대량 생산된 자동차가 탄생한 것은 1908년 'T형 포드'가 생산되면서부터였다. 이후 1910년대에 자동차산업은 본격적으로 발전하기 시작했으며, 1920년대에 미국은 세계 제1의 자동차 왕국이 되었다.

1908년 자동차의 평균적인 가격은 2,000달러 수준이었던데 반해 'T형 포드'는 825달러 수준이었다. 이렇게 볼 때 스무 살에 리버모어가 벌었던 5만 달러를 현재의 환율로 환산해 보면 5만 달러가 약

5,000만 원 정도이지만, 구매력을 기준으로 한다면 최소 5억 이상의 가치를 지녔다고 보아도 무방할 것이다.

이 당시 리버모어는 '시장을 예상하려는 것은 도박'이라는 정의를 내렸다. 리버모어는 주식시장의 향후 움직임을 예상한다는 것은 매우 어려운 일이며, 또한 개인 투기자가 향후 시장의 움직임을 적중시킬 수 있는 확률도 매우 희박하다고 보았다. 따라서 투기 거래를 '인내심을 가지고 시장 상황이 투기 거래를 할 수 있다는 신호를 보낼 때에만 그 신호에 대응하는 능력을 가지는 것'이라고 정의했다. 흔히들 시장에서 성공하기 위해서는 예상보다 대응을 잘해야 한다고 말한다. 당시 리버모어가 내린 결론도 이와 같았고, 더 나아가 시장의 움직임을 예상하려는 것은 도박과 같다고 정의 내린 것이다.

오늘날에도 리버모어의 이러한 정의를 충실히 따르고자 하는 트레이더들이 있다. 이들 중에는 거대 금융기관에서 자금을 운용해 주며 펀드매니저로 활동하고 있는 사람들도 있고, 자신 명의의 자산운용회사를 설립하여 운용하는 이들도 있다. 또한 리버모어가 그랬던 것처럼 순수한 개인 투자자로 남아 있는 경우도 있다. 우리는 흔히 그들을 추세 매매자Trend Follower라 부르며, 그들 중 국내에 단편적으로나마 알려져 있는 인물들로는 존 W. 헨리John Henry, 리처드 데니스Richard Dennis 그리고 에드 세이코타Ed Seykota 등이 있다. 이들 중 헨리는 지난 2002년 메이저리그의 보스턴 레드삭스Boston Red Sox를 6억 6,000만 달러에 인수한 구단주로 알려져 있는데, 그렇게 막대한 돈을 벌 수 있었던 것은 추세 매매를 통해서였다. 데니스는 선물 투자자들 사이에서 비교적 잘 알려진 인물로 동료 윌리엄 에크하르트_{William Eckhardt}와 함께 '교육을 통한 성공적인 트레이딩이 가능한가?'라는 실험과 '터틀'이라 불리는 그의 문하생들로 유명하다. 마지막으로 세이코타는 최고의 수익률을 기록했던 있는 인물로 수수료를 제하고도 1990년부터 2000년까지 연평균 60%에 육박하는 수익을 올린 인물이다. 세이코타의 이러한 수익률은 피터 린치_{Peter Lynch}나 버핏, 소로스를 훨씬 능가하는 것으로써 '세이코타의 학생들'이라 불리는 트레이더들 또한 헤지펀드_{Hedge Fund}의 펀드매니저 등으로 활동하고 있다. 리버모어는 초기에는 단기 매매에 집착하다가 점차 시장에 대해 배워감에 따라 매매 스타일을 바꾸어 갔으며, 이러한 매매 기법은 오늘날의 많은 추세 매매자들도 추구하는 방식이다.

07

비밀 정보와
주식 투자

리버모어는 이 시기까지 여전히 다른 사람들의 견해에 귀를 기울이고 있었다. 그리고 그들이 말하는 소위 '비밀 정보'를 받아들이고 있었다. 아직 전문가라 불릴 수는 없었던 것이다. 그리고 리버모어가 범한 또 다른 실수는 여전히 빈번하게 거래를 하고 있었다는 점이었다. 즉, 지나치게 일찍 차익을 실현함으로써, 자신이 벌 수 있었으며 또한 벌어야 했던 액수만큼의 수익을 올리지 못하고 있었던 것이다. 이것은 차익을 실현하는 방법상의 문제였다. 당시는 강세장이 진행되고 있었으므로 강세장에서의 단기 차익을 실현한 후 리버모어가 바라고 있었던 것은 '기다리던 조정'이었다. 하지만 리버모어가 기다리던 조정은 나타나지 않았다. 이때 리버모어가 깨달았던 것은 전체 시장의 중요성이었다. 즉, 전체적인 관점에서 시장을 바라볼 때 시장의 움직임과 이것이 개별 종목에 어떤 영향을 미치는지에 대해 배우고 이해해야 했다. 그리고 이를 통해 리버모어는 시장의 현재 국면을 파악하는 것의 중요성을 배울 수 있었다.

리버모어는 주식시장뿐만 아니라 자신의 주변에 있는 사람들, 즉

증권회사에서 거래하는 투자자들에 대해서도 관찰하여 주식시장의 투자자를 세 부류로 분류했다. 첫 번째 부류는 초보자들로, 그들이 모르는 사실을 알고 있는 사람들에게 돈을 당연히 잃게 되기 때문에 '호구'라 불렀다.

두 번째 부류를 그는 '준호구'라 분류했는데, 이들은 어느 정도의 거래 경험을 지니고 있지만 자신들 스스로 공부하는 것이 아니라 자신보다는 더 높은 수준의 호구들이 제시하는 견해를 공부하는 사람들이라고 했다. 이들은 주식시장에 대한 금언이나 다양한 원칙들에 대해 인용하기를 즐기므로 초심자들이 보기에는 '전문가'처럼 보이는 것이 당연한 부류들이다. 이들은 이미 파산을 경험했으므로 자금 관리에도 신경을 쓴다. 따라서 이들의 생존 기간은 초보자들의 수명보다 훨씬 더 길며 일 년 내내 거래하므로 증권회사의 주요 수익원이 된다.

리버모어는 이 두 부류의 투자자가 사용하는 매매 기법에 대해서도 언급했는데, 순수한 호구들은 매매 원칙 등이 전무한 상태이고, 강세장에서 '묻지마 매수'를 통하여 수익을 올리지만 단 한 번의 주가 하락으로 인해 그동안 벌었던 수익을 모두 반납하게 된다고 말했다. 반면에 준호구들은 주가가 하락할 때 매수하기를 즐기며 또한 주가가 하락하기만을 기다리며 주가가 고점 대비 하락한 폭을 기준으로 '할인'된 가격에 주식을 매수하려는 사람들이다. 그들 스스로는 자신들이 지혜롭다고 여기지만 여전히 자신이 아닌 '타인의 게임'을 하고 있는 사람들이 이들이다.

마지막 부류는 앞의 두 부류와는 차별되며 타인에게 자발적으로 조언하는 법은 없지만 그렇다고 해서 타인의 견해를 무시하지도 않는 사람들이다. 이러한 사람들은 시장에서 오래도록 살아남으며 결코 빈번하게 거래하지도 않는 사람들이다. 이러한 사람들이야 말로 시장을 전체적인 입장에서 바라보기 때문에 기회가 왔을 때 인내심을 가지고 큰돈을 버는 사람들이라고 분류했다.

리버모어의 이러한 분류는 자신의 경험과도 일치하는 것이었다. 당시까지 리버모어는 준호구에 해당하고 있었다. 하지만 리버모어는 지속적인 연구와 경험을 쌓아가고 있었으며, 따라서 유연한 사고로 타인의 말을 따르는 것이 아니라, 자신이 판단을 내리고 자신을 신뢰할 줄 아는 전문가가 되어 가고 있었다.

발전되는
매매 기법

1906년 봄, 리버모어는 휴양도시에서 한가로운 시간을 보내고 있던 중 아주 신비한 경험을 하게 된다. 이때 리버모어는 '쉬는 것도 투자'라는 말을 몸소 실행에 옮기고 있었을 때였다. 이는 과거 항상 시장에 머무르면서 충동적인 매매를 했던 것과는 다른 모습이었다. 리버모어는 20대 중반 이후 자신만의 투자 전략을 만들고 있었다. 여기에는 매매 기법은 물론이거니와 자금 관리 원칙도 포함되어 있었다. 그중 하나가 모든 포지션을 정리하고 나서는 주식시장에서 멀리 떨어진 곳으로 떠나는 것이었다. 이렇게 함으로써 강제적으로 '쉬는 투자'를 할 수 있었다.

당시 친구와 함께 무료한 시간을 보내고 있던 리버모어는 시간을 보내기 위해 가끔 자신이 거래하던 증권회사의 지점에 들르곤 했었다. 그러던 어느 날 무언가 이성적으로는 납득할 수 없는 느낌에 따라 유니언퍼시픽 철도회사의 주식을 공매도하게 되었는데, 며칠 뒤 샌프란시스코 지진의 발생으로 인해 리버모어의 이러한 판단은 적절한 것이었음이 드러나게 된다. 1906년 4월 18일 발생한 이 지진은 진도 8.3의 대규모 지진이었다. 지진에 따른 화재로 사망자가 1,400명에 이르렀고, 이후 미국 지진학회가 탄생되는 계기가 되기도 했다.

하지만 지진이 발생했다는 소식이 전해진 뒤에도 주식시장은 며칠 동안 그다지 민감하게 반응하지 않았다. 이는 강세장이 진행됨에 따라 악재가 무시되고 있었기 때문이었다. 강세장에서는 악재가 무시되고, 약세장에서는 호재가 무시된다는 것을 그는 다시 한 번 직접 체험할 수 있었고, 이 일은 리버모어로 하여금 시장의 국면 파악의 중요성을 다시 일깨운 계기가 되기도 했다. 이 거래를 통해 리버모어는 25만 달러를 벌어들였다. 자신의 예감을 통해 큰돈을 벌어들임으로써 이전보다 더 큰 인내심을 가지고 안정적인 매매를 할 수 있게 되었다.

이 당시 그가 사용했던 매매 기법은 당시의 일반적인 투자 이론과는 상반되는, 시험 전략과 피라미딩 전략Probing and Pyramiding Strategy이었다. 이 두 가지 전략이 리버모어의 매매 전략의 핵심이었다. 이 기법들을 사용함으로써 '손실은 짧게, 수익을 길게' 가져갈 수 있었다. 하지만 아직은 이 전략이 완성되어 있지는 않았다. 다만 리버모어의 거래 경험이 늘어남과 동시에 어렴풋하게 그렇게 매매하는 것이 올바른 방법이라는 것을 알고 있었다. 이후 그의 이러한 매매 기법은 동시대의 다른 투자자들과 리버모어를 차별화시키는 핵심적인 기법으로 발전하게 된다. 이 전략들은 우리가 흔히 알고 있는 분할매수전략과 손절매 원칙을 혼합한 것이라 할 수 있다. 주식시장과 선물시장에서 리버모어의 커다란 성공은 이와 같은 올바른 전략과 매매 원칙이 지니는 중요성에 대해 다시 한번 생각해 볼 수 있게 한다. 누구나 옳다고 여기지만 실제로 행동으로 옮길 수 있는 사람을 찾아보기란 드물며 그 또한 자신의 원칙을 지켰을 때에야 비로소 큰 성공을 거둘 수 있었다.

그러나 이 당시까지도 그는 여전히 '비밀 정보'에 영향을 받고 있었다. 그해 여름 새러토가로 휴가를 떠나 그곳에서 시장을 관찰하고 있었다. 이제 리버모어는 항상 시장에 머무르고 있지는 않았다. 한 발짝 떨어진 곳에서 시장을 바라볼 때 더 잘 보인다는 점을 깨닫고 있었기 때문이다. 하지만 거래를 하지 않고 있다고 해서 시장에 대한 관심을 완전히 버린 것은 아니었다. 리버모어는 포지션을 보유하고 있지 않을 때에도 항상 관조하듯이 시장 전체를 바라보고 있었다.

그러한 그가 업계 권위자인 지인에게서 '비밀 정보'를 받고, 보유하고 있던 주식을 정리하고, 공매도로 포지션을 전환했을 때였다. 결과는 참혹했다. 그다음 날부터 주가가 급등한 것이다. 이런 경우 어떻게 대처해야 할까? 아마도 경험이 없어 당황하거나, 확고한 손절매 원칙을 따르지 않는 투자자라면 제대로 대처하지 못하는 것이 일반적이다. 아마 한두 번은 차익을 실현하거나 손절매한 주식이 얼마 지나지 않아 급등하는 경우를 경험해 본 적이 있을 것이다.

하지만 당시 리버모어가 취했던 조치는 손실을 받아들이고 시장에 순응하는 일이었다. 즉, 자신이 공매도했던 물량을 되사들였을 뿐만 아니라 그 주식을 새로이 매수하기도 했다. 결코 쉽지 않은 일이지만 리버모어는 그렇게 함으로써 공매도로 인한 4만 달러의 손실액을 모두 회복할 수 있었고, 덤으로 1만 5천 달러의 수익까지 올렸다. 리버모어가 이렇게 위험스러운 거래를 성공적으로 마무리할 수 있었던 이유는 무엇이었을까? 그것은 그 주식이 횡보하고 있던 것이 아니라 추세를 형성했기 때문이었다. 트레이더들이 추세가 형성되지 않은 시장에서 성급한 매매로 인해 손실을 입게 되는 것과는 달리 리버모어는 관찰을 통해 스스로 판단하여 추세가 형성되는 시점에 시장에 진입할 수 있었다. 비록 '비밀 정보'로 인해 손실을 입게 되었지만 신속하고 유연한 사고로 손실을 수익으로 만들었던 것이다.

리버모어가 그 거래를 통해 깨닫게 된 것은 단지 '비밀 정보'를 받지 말아야 한다는 것만은 아니었다. 이 일을 계기로 그는 자신을 신뢰할 수 있게 되었고, 마침내 과거의 잘못된 매매습관을 버릴 수 있게 되었다. 이 경험과 깨달음을 통해 드디어 리버모어는 한 단계 더 높은 곳으로 진화할 수 있었고, 월스트리트에 서서히 리버모어의 명성이 알려지게 되었다.

공매도空賣渡란 뜻 그대로 '없는 것을 판다'라는 의미이다. 현물 투자자들의 경우에는 다소 생소한 용어이지만 선물 투자자나 옵션 투자자에게는 그다지 낯설지 않은 말이다. 현물의 경우에는 주식을 매수한 후 매도하여 차익을 실현해야 하지만 파생상품의 경우에는 매도 후 가격이 하락했을 때 차익을 실현할 수도 있다는 점에서 가격이 하락하더라도 수익을 실현시킬 수 있다는 장점이 있다. 하지만 파생상품이 지니는 이와 같은 속성은 '양날의 칼'이 되어 종종 투자자들을 더 급속하고 광범위하게 시장에서 퇴출시키기도 한다. 국내에서는 현물의 공매도 거래는 금지되어 있다. 하지만 현물의 경우에도 최근에는 기관투자자들을 중심으로 한 차익거래펀드나 인덱스펀드에서 선물을 이용한 차익거래를 진행시키는 과정에서 대차거래貸借去來를 하기도 하며, 외국인들 사이에서도 국내 대표 주식을 대상으로 계약이라는 형태로 비교적 활발하게 공매도 거래가 이루어지고 있다. 그리고 개인 투자자들도 일부증권회사에서 제공 하는 신용대주信用貸株 서비스를 통해 제한된 일부 종목의 경우에는 대주거래貸株去來가 가능하다. 그 외에도 국내기업이 해외에서 발행한 예탁증서를 이용한 차익거래의 경우에도 기본적인 속성은 대차거래와 유사한 속성을 지니고 있다.

09

큰손이 되다

1906년 다우지수는 사상 최초로 100포인트를 돌파했고 시장은 강세를 이어갔다. 이제 충분한 자본과 풍부한 경험을 소유했을 뿐만 아니라 자신을 신뢰하고 자신감에 충만해 있던 스물아홉 살 리버모어가 관심을 가지게 된 것은 끊임없이 등락을 거듭하는 주가의 움직임이 아니었다. 리버모어는 관심의 초점을 경제의 전체적인 상황에 맞추고 있었다. 경제의 전체적인 흐름을 관찰하던 리버모어는 세계적인 불경기로 인한 물가의 하락과 이로 인해 영국의 자금 유입 규모가 둔화될 것이라고 판단했다. 또한 미국 내에서는 샌프란시스코 지진의 여파로 당시 큰 비중을 차지하고 있던 철도산업이 커다란 악영향을 받고 있으며, 머지않아 주식시장 또한 고점을 형성할 것이라고 판단했다.

따라서 리버모어는 그해 하반기부터 매도자의 입장으로 주식시장에서 거래했다. 하지만 주식시장의 상승세는 지속되었으므로 여러 차례에 걸쳐 손절매를 해야 했다. 만일 리버모어가 손절매를 하지 않았더라면 또 다시 주식시장에서 이루었던 성과를 물거품으로 만들

었을 것이다. 여러 차례에 걸쳐 매도자의 입장에서 주식시장에 접근
했지만 그때마다 리버모어는 손실을 입었고, 반복적으로 손절매해야
했다. 도대체 어떤 일이 있었던 것일까?

리버모어는 또 다시 실수를 했던 것이다. 리버모어는 다시 자신
의 매매를 되돌아보는 시간을 가졌고, 이를 통해 거래의 방향은 옳았
지만 자신의 방법론이 잘못되었다는 점을 깨달았다. 이번에는 기술
적 분석을 사용하여 매매의 시기를 결정해야 했지만, 시장의 수급상
황은 무시한 채 경제의 전반적인 상황만을 고려했던 것이 문제였다.
그리하여 리버모어는 인내심을 발휘하여 시장이 하락할 수밖에 없을
때까지 기다리기로 결정했다. 바로 이 점이 그가 '시간 요소'의 중요성
에 대해 설명할 때 완벽한 '심리적 시간'이라고 말한 것의 진정한 의미
라고 할 수 있다.

반복적인 손절매로 인해 당시 리버모어는 거의 파산할 뻔 했지
만 자신의 잘못을 교정함으로써 극적으로 위기에서 벗어날 수 있었
다. 이번에는 타인의 '비밀 정보'에 의지하지 않고 자신의 판단을 신
뢰했지만 지나친 자신감으로 인해 위기에 봉착했었던 것이다. 하지만
리버모어는 자신의 투자 원칙과 매매 기법을 충실히 따름으로써 다
시 이전 수준으로 계좌를 회복할 수 있었다. 그 후 주식시장은 본격
적인 약세를 보이기 시작했고, 리버모어는 추세에 따라 매매함으로써
지속적인 수익을 창출할 수 있었다.

1907년 서른 살이 된 리버모어는 시험 전략과 피라미딩 전략을
사용하고 있었다. 이를 통해 약세장에서 추세에 따라 지속적인 공매

도 거래를 통해 월스트리트에서 탁월한 두각을 나타내었다. 그러던 리버모어에게 '월스트리트의 큰 곰'이라는 별명이 붙게 되는 사건이 일어난다.

당시 금융업계에 가장 큰 영향력을 미치고 있던 인물은 J. P. 모건 John Pierpont Morgan이었으며, 리버모어가 가장 존경하는 인물 또한 모건이었다. 당시 사건의 발단은 월스트리트에서 선도적인 지위를 차지하고 있던 니커보커 신탁회사Knickerbocker Trust가 재정적인 어려움에 봉착했다는 루머가 돌아 뉴욕 전역에서 대규모 예금 인출 사태가 발생한 적이 있었다. 주식시장에도 유동성이 고갈되었고 금리는 급등했다. 하지만 그 누구도 신용을 제공하려고 하지 않아 반대매매 물량으로 인해 주가는 급락했다.

이는 1929년 주식시장이 붕괴하기 전까지 가장 큰 규모로 기록된 주식시장의 하락 사건이다. 이 문제를 단 하루 만에 해결했던 것이 모건이었다. 모건은 은행장들로 하여금 준비금을 증시에 투입하게 함으로써 시장을 안정시켰다. 이 당시 모건이 취한 조치는 주식시장에 유동성을 공급하는 것에 그치지 않았다. 유동성의 공급으로 급한 불은 껐지만 그 누구도 주식을 매수하려 들지 않고 있었기 때문이었다. 이때 모건이 친히 사람을 보내어 더는 주식을 공매도하지 말아줄 것을 요청했던 인물이 바로 리버모어였다. 리버모어는 이미 그만큼 주식시장의 큰손이었다. 모건의 요청을 받은 리버모어는 자신의 공매도 물량을 되사들였고, 이때 리버모어는 단 하루 만에 300만 달러의 수익을 올렸으며 시장은 마침내 반등하기 시작했다.

리버모어는 주가가 하락할 때 시장을 급락시키는 추진력은 대중들이 느끼는 공포이며 상승장에서의 원동력은 희망이라고 말한다. 리버모어가 당시 큰 성공을 거둘 수 있었던 것은 대중들과 반대로 행동했기 때문이었다. 시장의 추세를 따르고 바닥에서 매수하려는 탐욕을 버렸기에 리버모어는 300만 달러라는 거금과 함께 자신이 존경해 마지않던 인물에게서 부탁받을 수도 있었던 것이다. 이때 서른 살이었던 리버모어는 '월스트리트의 큰 곰'이라는 별명을 얻으며 큰 손으로 부각되게 되었다.

10

시카고 선물거래소

    국내에서는 선물이라고 하면 주가지수선물을 떠올리지만 미국의 경우에는 시카고 선물거래소가 1848년에 설립되었고, 시카고 상품거래소는 1919년에 설립되었을 정도로 그 역사가 오래되었고 상품 역시 다양하다. 시카고는 5대호를 끼고 있는 지리적 여건으로 인해 중서부 농경지에서 산출되는 곡물의 집산지 역할을 하고 있었다. 곡물 가격은 출하가 집중되는 수확기와 단경기의 가격 차가 극심했다. 이를 해소하기 위해 곡물시장에서 선도 계약先渡 契約 방식에 의한 매매가 성립되었다.

    선도 계약은 선물 계약과는 달리 정형화되어 있지 않았으므로 시카고의 상인들에 의해 차츰 제도화의 과정을 거치게 되었다. 이후 82명의 시카고 상인들이 모여 만든 거래소가 오늘날의 시카고 선물거래소의 시초가 되었다. 지역적 특성으로 인해 초창기에는 밀, 옥수수, 귀리, 대두, 면화 등의 곡물이 주요 거래 대상 상품이었다.

    선물거래가 오늘날과 같이 큰 발전을 하게 된 것은 1970년대의 금리 불안을 겪으면서 효과적인 헤징 수단으로써 금리선물 계약이 도입되었고, 1980년대에는 주가지수선물이 도입되면서부터였다. 리버모어에 대해 이야기할 때 주식 및 상품선물 트레이더였다고 말하기도 하는데, 리버모어는 1907년 이전부터 상품선물을 거래했고, 주식시장이 약세를 보이던 기간 중에도 상품선물을 거래하고 있었다.

리버모어는 바다를 항해하며 낚시하기를 즐겼다. 당시 주식시장에서 커다란 성공을 거두고 있던 그는 직접 요트를 구입했다. 이 당시 리버모어가 거두었던 성공의 규모는 직접 요트를 구입했다는 점을 통해서 간접적으로나마 알 수 있다. 리버모어가 구입한 요트는 측면에 달린 작은 배의 길이만 12미터 이상 되었다. 먼바다로 나가 오랜 기간 동안 머무를 수 있었을 만큼의 큰 규모였다. 지금도 마찬가지이지만 당시에도 요트는 쉽게 구입할 수 있는 물건은 아니었다. 현재도 원양 항해가 가능한 크루저급의 대형 요트의 경우에는 수백억 원을 호가한다. 리버모어는 바다낚시를 통해 아무런 방해도 받지 않고 사고하기를 즐겼으며, 이를 통해 트레이딩에 관한 이론을 정리하고 발전시켰다.

모든 준비를 마치고 항해를 떠나야 할 때였다. 리버모어는 항구에 발이 묶여버렸다. 왜냐하면 리버모어가 매도하고 있던 옥수수선물과 밀선물 때문이다. 당시 선물시장에서 큰손으로 통하던 다른 투자자가 리버모어와 정반대의 포지션을 취하고 있었으므로 리버모어는 궁지에 몰려 있었다. 하지만 다년간에 걸친 경험을 통해 축적되어 있던 짝짓기 매매와 시장에 참여하는 트레이더들의 심리를 이용해 손실을 최소화할 수 있었다.

또 이런 적도 있다. 휴가를 즐기던 리버모어는 면화의 가격이 상
승할 것이라는 판단을 내리고 면화선물을 거래하게 된다. 이후 면화
의 가격이 상승함에 따라 이익의 규모도 증가했지만 시장의 규모에
비해 자신이 지나치게 많은 물량을 보유하고 있다는 점을 깨달았다.
비록 가격이 상승하기는 했으나, 시장에 충격을 주지 않고 차익을 실
현할 수 있는 방법을 찾아야 했다. 만일 리버모어가 그런 방법을 찾
지 못할 경우에는 장부상 이익 중 상당 부분을 시장에 반납해야 했
다. 하지만 우연한 기회가 찾아왔다. 누군가가 리버모어가 면화선물
을 매집했다는 소문을 흘렸고, 그 소식이 언론에 보도됨에 따라 가
격이 급등했던 것이다. 리버모어는 최고가에 매도하려는 것이 얼마나
부질없는 욕심인지 잘 알고 있었으므로 시세가 급등하며 거래가 폭
증할 때 자신이 보유하고 있던 포지션에서 무사히 빠져나오게 된다.
그리고 이 거래를 통해 리버모어는 '면화왕'이라는 별명을 얻게 되기
도 한다.

이때 리버모어는 더욱더 명성을 얻어가고 있었으며, 리버모어의
매매 기법 또한 더욱 세련되어져 갔다. 이미 15년 가까이 투기 거래
를 하고 있었고, 경험을 통해 시세의 최고점과 최저점에서 거래하려
는 것이 무모한 일이라는 점을 깨닫고 실천에 옮기고 있었다. 증시 격
언 중에 '생선의 머리와 꼬리는 고양이에게 주라'는 말이 있다. 리버모
어도 '시세의 처음 또는 마지막 1/8을 잡으려는 시도를 포기하라'는

표현을 남길 만큼 이 점을 강조하고 있다. 리버모어는 단기 매매를 통해 시장의 모든 자잘한 등락을 이용해 수익을 얻으려고 하지 않았고, 타인에게서 '비밀 정보'를 받으려 애쓰지 않을 만큼 자신의 판단을 신뢰하고 자신만의 매매 원칙을 착실히 따름으로써 큰손으로 불릴 정도로 성숙해 있었다.

"시세의 처음 또는 마지막 1/8을 잡으려는 시도를 포기하라."는 리버모어의 말을 가슴에 새겨보자.

11

매력적인
인물의 위험성

　이제 리버모어는 더는 배우지 않아도 완벽해졌을까? 불행히도 이 물음에 대한 답은 '그렇지 않다'이다. 리버모어는 평생 자신을 배우고 있는 '학생'이라고 생각했고, 특히 인간의 심리에 대해 깊이 연구하고자 했다. 인간의 심리가 주가에 영향을 미친다고 생각했던 사람은 당시로써는 매우 드물었지만, 인간의 심리에 대해 배우기 위해 심리학을 수강할 정도로 열심이었다. 이후 리버모어는 주식시장이 수많은 시장 참여자들로 이루어져 있으므로 인간의 심리가 커다란 비중을 차지하며, 주식시장에 과거와 유사한 패턴이 반복적으로 나타나는 이유가 바로 인간의 본성이 잘 바뀌지 않는 데서 비롯된다고 말한 바 있다. 인간의 감정은 주식시장에서 큰 비중을 차지하고 있다. 최근에도 행위금융론Behavioral Finance이라고 하여 인간의 왜곡된 의사결정이 주가에 큰 영향을 미친다는 학문이 연구되고 있을 정도다.

　당시 리버모어는 주식시장에서 큰 역할을 하는 인간의 감정 중에서 탐욕, 공포, 희망 등은 극복할 수 있었지만 매력적인 인물이 지니는 인간적인 영향력에서는 벗어나지 못하고 있었다. 리버모어는 면화선물시장에서 최고의 전문가로 알려져 있던 인물과 함께 일함으로써 혼자서 거래한다는 원칙을 깨뜨리게 되었고, 동시에 큰 성공을 거둘 수 있었던 여러 가지의 투자 원칙을 위반하고 만다. 그 자신이 술회했다시피 원칙을 어기면 돈을 잃는다. 그 결과 그때까지 이루어 놓은 모든 성과를 잃게 된다. 즉, 또 다시 파산을 경험하게 되었다. 그때 리버모어는 한 번의 큰 실패로 인해 성급하게 시장에 참여했으며, 그로 인해 더 큰 실패를 경험하게 된다. 자신이 성공을 거둘 때 보여주었던 태도와는 정반대되는 행동이었다. 이러한 행동은 20대 중반 이후 승승장구하던 모습과는 극명한 대비를 이룬다.

그때가 리버모어에게 세 번째 파산이었으며 이 파산은 그 어느 때보다도 더 끔찍한 경험이었다. 월스트리트에서 큰손으로 알려질 만큼 커다란 성공을 거두었지만 불과 몇 달 만에 자신의 실수로 인해 모든 것을 잃어버렸다. 게다가 10만 달러의 부채를 지게 되었다. 큰 성공 이후 찾아온 실패로 인해 육체적으로도 병마에 시달렸다. 더불어 커다란 정신적 충격으로 무기력감과 죄책감 등에 괴로워했다. 그럼에도 리버모어는 실패의 원인을 분석했고, 그 원인이 자만심 때문이었다는 결론에 도달했다. 겸손함을 잃어버렸을 때 얼마나 큰 대가를 지불해야 하는지 실감한 것이다.

주식시장과 자기 자신에게 염증을 느낀 리버모어는 뉴욕을 떠나기로 결심했다. 그리고 시카고로 옮겨 그곳에서 조그마한 규모로 재기를 도모하게 된다. 그러던 중 가장 신비한 경험이라고 언급했던 일을 경험하면서 뉴욕으로 돌아오기도 하지만 리버모어에게 돌아온 것은 배신감뿐이었다. 뉴욕에 머무르던 기간 동안 기회가 있었지만 또다시 인간적인 감정으로 인해 좌절을 맛보아야 했다. 이후 1910년부터 1914년까지 주식시장은 기나긴 횡보장을 나타냈다. 이 시기에 리버모어는 절치부심切齒腐心 노력했음에도 재기 노력은 모두 허사로 돌아가고 만다. 리버모어의 문제는 부채로 인해 스스로를 신뢰하지 못하고 있었고, 이로 인해 거래하지 말아야 할 시점에서 거래를 했다는 데 있었다. 빚은 점점 늘어 어느덧 100만 달러 이상의 빚을 지게 되었고, 그 빚의 대부분은 평소 자신과 좋은 관계를 유지하고 있던 친구들에게 진 빚이었다. 그야말로 엎친 데 덮친 격이었다. 이 기간 동안 리버모어는 죄책감과 자기 연민의 시간을 보냈고, 이로 인해 상황은 더욱더 악화되었다. 그럼에도 리버모어는 자신의 문제점에 대해 분석했다. 그리고 심리적인 압박을 느끼고 있는 상태에서는 상황이 호전될 수 없다는 것과 이번에는 무언가 커다란 전기가 필요하다는 결론을 내렸다. 리버모어는 문제점을 해결하기 위해 1914년 법원에 공식적으로 파산 신청을 하게 된다.

리버모어가 큰 어려움을 겪고 있던 이 당시 미국의 금융시장에도 몇 가지 중대한 변화가 일어났다. 1911년 사기 행위에 대한 규정과 증권의 판매자에 대한 자격 조항을 담은 블루스카이Blue Sky법이 캔자스주에서 최초로 발효되었다. 투자자 보호를 목적으로 한 이 법은 이후 미국 전역으로 확대 적용되었다. 1913년에는 국가 전체적으로 은행업의 신용을 높이기 위해 연방준비법이 제정되었으며 이에 따라 연방준비제도FRS, Federal Reserve System가 시행되었다. 블루스카이법의 시행으로 인해 주식시장도 점차 제도적인 틀이 현대화되었다.

현재 우리나라에서도 투자자를 보호하기 위한 목적으로 일정한 자격을 지닌 투자상담사나 증권전문인력 등을 소속회사를 통해 등록하도록 의무화하고 있다. 외환 위기 이후 금융업계에서 가장 큰 관심을 끌고 있는 자격증이 CFAChartered Financial Analyst인데 우리말로는 공인재무분석사라고 한다. 하지만 이 자격증은 실제로는 국가기관이 공인하는 것은 아니며 국제 금융시장에서 미국의 막강한 영향력에 따라 다소 과장된 면이 없지 않아 있다. 그리고 미국 이외의 국가에서 기존의 단체들이 상호 인증하는 자격증으로는 CIIACertified International Investment Analysts라 불리는 국제공인투자분석사가 있다. 하지만 이러한 자격을 지니고 있다고 해서 수익을 보장하는 것은 아니고, 또한 그렇게 될 수도 없다는 점은 모든 투자자가 명심하길 바란다.

연방준비제도는 이제 언론을 통해서 빈번하게 접하게 되는 명칭일 것이다. 미국 전역을 12개 연방준비구로 나누고 각 지구마다 연방준비은행을 두고 이 12개 준비은행에 은행권 발행의 독점권, 가맹은행의 법정지급준비금의 집중 보관, 가맹은행에 대한 어음의 재할인, 공개시장 조작 등의 역할을 담당한다. 워싱턴에 있는 연방준비제도이사회는 미국뿐만 아니라 국제금융시장에도 영향력이 커서 연방준비제도이사회의 회의가 열릴 때면 종종 전 세계 금융시장이 회의결과에 주목하고, 경우에 따라 국제금융시장이 요동칠 정도로 국제금융시장에 막강한 영향력을 행사하기도 한다.

12

전쟁과 주식시장

1914년 6월 28일 오스트리아 황태자의 피살 사건을 계기로 유럽에서는 전쟁이 일어났다. 이후 사태는 악화되었으며 제1차 세계 대전으로까지 발전하게 된다. 세계 각국은 주가 급락을 막기 위해 주식시장을 폐쇄했는데 미국도 예외는 아니었다. 뉴욕증권거래소는 7월 31일부터 약 4개월 반 동안 폐쇄되었다. 이 기록은 아직까지도 가장 오랜 기간 거래소가 열리지 않은 기록으로 남아 있다.

1915년 서른여덟의 리버모어는 공식적으로는 빚더미에서 벗어나 있었지만 여전히 파산한 상태였어도 심리적으로는 해방되어 있었다. 리버모어는 주식시장이 상승할 것이라는 점을 알고 있었다. 리버모어는 이전에 큰 배신감을 느끼게 했던 인물을 찾아갔다. 한때 은인이라고 생각했던 그 인물에게서 500주의 주식을 언제든지 그의 증권회사를 통해 매수할 수 있는 허가를 받을 수 있었다. 리버모어에게 주어진 기회는 단 한번 뿐이었으며, 이 기회를 제대로 활용하지 못했을 경우에는 다시는 기회가 주어지지 않을 수도 있었다. 그래서 리버모어는 확실한 경우에만 거래함으로써 자신에게 주어진 기회를 최대한 활용해야 했다. 자신이 지니고 있는 인간적인 약점을 잘 알고 있었기에 언제든지 거래할 수 있는 그 증권회사가 아닌 다른 증권회사의 객장에서 6주간이나 거래를 하지 않고 시장의 움직임을 관찰하고 또 관찰했다. 이때 리버모어가 사용했던 매매 기법은, 어떤 주식의 주가가 특정한 가격 가령 100달러 혹은 200달러 내지 300달러를 최초로 돌파할 때에는, 관성으로 인해 이전보다 훨씬 더 탄력적으로 상승하는 경향이 있다는 것에 착안한 것이었다. 리버모어는 이전에도 이러한 매매 기법을 사용해 왔었으며, 이것은 리버모어가 오랜 관찰과 경험을 통해 발견한 주식의 속성이기도 했다. 원래 리버모어가 매수할 수 있었던 주식의 수량은 500주에 불과했지만 실제로 리버모어가 매수한 주식의 수는 1,000주였고, 이때 시험 전략과 피라미딩 전략을 구사했다. 최초의 500주에서 수익이 나자 리버모어는 망설이지 않고 500주를 추가로 매수했다. 이러한 전략의 핵심은 '손실은 자르고 이익은 키우라'는 투자 원칙과 정확히 일치한다.

며칠 뒤 리버모어는 5만 달러의 차익을 실현하게 되며 이 거래를 통해 자신감을 회복함은 물론이고 종잣돈을 마련할 수 있었다. 이후 주식시장의 강세가 지속됨에 따라 리버모어의 계좌 규모도 급속도로 증가하게 됐다. 하지만 1915년 5월 7일 독일이 아일랜드 남쪽 해상에서 어뢰로 영국의 호화 여객선 루시타니아호Lusitania를 아무런 사전 경고도 없이 격침시키는 사건이 발생한다. 미국은 강경하게 항의하고 국내 여론도 반독일 쪽으로 굳게 된다. 그 뒤 독일과의 잠수함전이 격렬해졌고, 1917년 미국은 독일에 대항하여 참전을 선언함으로써 세계 대전에 참여하게 된다. 이 사건으로 인해 리버모어는 손실을 입었다. 계좌가 한때 50만 달러까지 증가했지만 그해 연말에는 15만 달러로 마감해야 했다. 하지만 불과 얼마 전까지만 하더라도 소규모의 채권자들에게조차 온갖 시달림을 받았던 리버모어가 그해 연말에는 다시 화려하게 부활한 것이다. 리버모어는 자신감을 회복했으며 매매 원칙을 지키면서 시험 전략과 피라미딩 전략이라는 투자 전략을 사용함으로써 강세장에서 수익을 극대화시켰다.

1916년 리버모어는 시장이 상승할 때 가장 탁월한 성과를 나타내는 선도주를 적극적으로 매수함으로써 수익을 올렸다. 선도주의 흐름이 변화되는 것을 감지한 연말부터는 매매 원칙에 따라 서서히 주식을 공매도하기 시작했다. 제1차 세계 대전이 발발하자 중립주의를 내세웠던 우드로 윌슨 대통령은 1916년 당시 대통령 선거에서 미국이 참전하지 않을 것을 약속하고 재선에 성공했다. 따라서 윌슨 대통령은 종전을 위해 독일에 평화조약을 제안하고자 했는데, 그의 이러한 비밀 활동이 사전에 증권가로 '유출'되는 사건이 발생했다. 만일 평화조약이 체결된다면 전쟁으로 인해 유럽으로 군수품을 비롯한 각종 물자를 수출하여 활황을 구가하던 미국의 경제에는 악영향이 미칠 것으로 해석되었으므로 주식시장은 급락했다. 이로 인해 리버모어는 큰 차익을 실현할 수 있었으며, 그와 동시대에 활약하던 바루크 역시 막대한 이익을 얻을 수 있었다. 의회에서는 사건의 진상을 조사하기 위해 위원회가 조직되었는데 리버모어와 바루크는 이 위원회에 소환되기도 했다. 리버모어는 이미 그 일이 발생하기 7일 전부터 공매도를 하고 있었고, 바루크는 비록 강세장이지만 주가가 지나치게 높은 수준에 있었으므로 공매도했다고 증언했다. 하지만 그들이 비록 사전 정보에 의해 비윤리적인 이익을 취하지 않았다는 맹세를 했음에도 이후 뉴욕증권거래소에서는 미공개 정보를 이용한 매매를 규제하게 된다. 1916년 리버모어는 시장이 강세일 때는 주식을 매수하여 수익을 얻었으며, 시장이 약세를 보이자 공매도함으로써 300만 달러의 수익을 얻을 수 있었다. 이때 리버모어는 선도주를 매매했음은 물론이고 선도주의 움직임을 통해 시장의 움직임을 파악할 수 있었다. 이것은 리버모어가 최소 저항선Least Resistance of Line이라 부르는 것에 따라 매매하고 있었다는 것을 의미하며, 이때 리버모어는 천장에서 매도하려는 시도는 현명하지 못한 처사이므로 그런 시도를 하지 말아야 한다고 강변했다.

1917년 리버모어는 불혹不惑의 나이였다. 그때 제1차 세계 대전은 새로운 국면에 진입하게 된다. 독일은 영국의 해상 봉쇄에 맞서 유럽 대륙과 영국 본토 주변 사이의 지정 해역에서의 항해를 금지시켰는데, 교전 당사국의 선박 및 중립국 선박이 이 해역을 통과할 경우 침몰을 각오해야 한다고 선언하고 유럽 각국과 미국의 선박을 무차별적으로 격침시킬 것을 공표한다. 이것이 2월 1일 독일이 일방적으로 선언한 무제한 잠수함전이다. 이로 인해 상선과 여객선이 침몰한 것은 물론이고 항구에 화물이 적체되는 등 상황이 좋지 않았으나 오히려 미국의 국내 여론을 자극하여, 그해 4월 1일 미국은 공식적으로 제1차 세계 대전에 참전하게 된다. 1월 말 리버모어는 팜비치에 있었다. 주식과 밀선물을 공매도해서 수익을 얻었고, 면화선물에서는 손실을 입게 되었지만 결과적으로는 100만 달러를 상회하는 차익을 실현하게 된다. 당시 리버모어는 윌슨 대통령의 노력이 결실을 이룰 것이라고 생각하고 있었다. 시장 또한 리버모어가 생각한 것과 동일한 움직임을 보이고 있었다. 갑작스런 독일의 선포에도 리버모어는 올바른 포지션을 취하고 있었다. 이후 뉴욕으로 돌아온 리버모어는 법적으로 변제할 의무가 없는 100만 달러가 넘는 채무를 모두 변제했다. 비록 법적으로는 상환할 의무가 없었음에도 빚을 갚는다는 것은 커다란 즐거움이었다. 이자도 변상하고 싶어 했지만 '채권자'들은 이자 수령을 거부하기도 했다.

모든 부채를 상환한 리버모어는 신탁 계약을 맺음으로써 비록 주식시장에서 다시 손실을 입더라도 이전과 같이 비참한 파산을 경험하지 않도록 조치를 취하게 된다. 자신의 원칙을 지키지 않았던 대가로 리버모어는 세 번째 파산을 했었다. 세 번째의 파산은 앞서 리버모어가 경험했던 두 번의 파산보다 시기적으로 훨씬 오래 지속되었으며 물질적인 것은 물론이고 정신적으로도 매우 힘든 시기를 보내게 했다.

13

또 하나의 교훈,
정부 정책에 맞서지 말라

1917년 5월 13일 뉴욕타임스는 리버모어와 바루크에 대한 기사를 보도했다. 이 기사에서 그들을 이전에 주식시장에서 활동했던 세력들과는 차별화되는 월스트리트의 큰손으로 소개하면서 주식시장에 영향력을 행사할 수 있을 정도의 성공한 투자자로 소개했다. 이에 따라 리버모어의 명성은 이전보다 훨씬 더 높아졌고, 당연하게도 리버모어에게 적대적인 사람들 또한 늘어났다. 하지만 리버모어는 자신에 대한 과장된 소문에는 침묵으로 일관했다.

1917년 연말부터 리버모어는 뉴욕커피거래소를 통해 커피선물을 매수한다. 리버모어의 입장에서는 투기 거래가 아닌 투자의 목적으로 매수한 것이었다. 당시 모든 상품의 물가가 전쟁이 발생하기 전보다 100%에서 400%까지 상승했지만 커피의 가격만이 전쟁이 발생하기 이전 수준에 머무르고 있다는 데 착안한 거래였다. 그동안 자신이 사용하던 매매 기법이 아니라 커피에 대한 수요와 공급의 측면에서 커피 가격 또한 상승할 것이라고 판단하고 매수했던 것이다. 하지만 당시는 전시였으므로 정부 당국에서는 생필품을 매집하는 행위에 대해 매우 엄격한 입장을 취하고 있었다. 리버모어와는 반대로 커피를 매도한 사람들의 청원으로 인해 리버모어는 전시물가고정위원회에 출석하여 증언을 해야 했다. 결국 그 위원회에서는 커피의 가격 상한선을 고정시킨 후 기존의 모든 포지션을 청산할 기간을 정한 후에 커피거래소의 영업을 상당 기간 정지시키기로 결정했다. 이로 인해 리버모어는 포지션을 강제로 청산해야 했다. 그리하여 자신이 '투자'를 통해 확실히 벌 수 있다고 생각했던 수백만 달러의 수익도 올리지 못하게 된다. 경제의 논리상으로는 옳다고 하더라도 정부의 정책에 반하는 거래는 하지 말았어야 했다.

뉴욕커피거래소는 1882년 설립되었는데 이후 '커피, 설탕, 코코아 거래소'로 명칭이 변경되었다가 현재는 뉴욕상품거래소로 명칭이 바뀌었다. 현재는 기존의 커피, 설탕, 코코아 이외에도 주가지수와 물가지수 등에 대한 선물옵션이 거래되고 있다. 리버모어가 가장 억울하게 생각했던 거래들 중 하나가 이 거래였으며, 이 거래 이외에도 갑작스런 거래소 규정의 변화나 제도의 변경으로 인해 손실을 입어야 했다고 언급하고 있다. 하지만 정부의 정책에 맞서는 것만큼이나 정부의 정책을 따르지 않는 것도 시장에서 수익을 얻는 것에는 보탬이 되지 않는다. 정부의 정책에 맞서기보다는 정책을 적극적으로 활용할 때 수익을 극대화할 수 있다.

제1차 세계 대전이 발발하기 전까지 미국은 채무국이었으나 이 전쟁을 계기로 채권국으로 바뀌었으며 따라서 국제사회에서의 지위도 현격하게 높아졌다. 이를 가장 상징적으로 나타내는 것이 월스트리트의 발전이다. 이전까지 세계 금융시장의 중심은 런던이었지만 제 1차 세계 대전 막바지인 1918년 월스트리트는 런던을 앞서 나가게 되고, 이후 세계 금융시장에서 월스트리트의 위상은 더욱 높아지게 된다. 1930년대 대공황으로 인해 전 세계적으로 10년 이상 만성적인 불경기가 지속되는데 제2차 세계 대전의 발발로 인해 미국은 경기를 회복하여 전쟁 기간 동안 실질 소득은 거의 2배로 증가했다. 경제와 전쟁은 밀접한 관련이 있는 것만은 사실이며, 이 때문에 미국과 세계 곳곳의 전쟁 관련성에 대해 음모론적 시각이 끊이지 않는 것인지도 모른다.

14

주식 투자 이론의
완성기

　1910년대 후반과 1920년대는 리버모어를 위한 시기였다고 말해도 과언이 아니다. 이전의 수많은 시행착오를 통해 트레이더로서 완성되고 있었다. 리버모어는 투자자가 지니는 인간적인 약점에 대해 깊은 성찰을 한다. 자신을 포함해 많은 투자자가 주식시장에서 느끼게 되는 감정적 약점에 대해 연구했다. 리버모어는 투자자가 경계해야 할 감정으로 무지, 공포, 희망 그리고 탐욕을 들었다. 투자자들은 '알지 못하기 때문에 두려워하고, 막연히 기대하기 때문에 탐욕스러워진다'는 것이다. 리버모어는 모든 것을 다 알지는 못한다는 점을 잘 알고 있었기 때문에 자기 자신을 평생 동안 주식시장에 대해 배우는 학생이라 여겼다.

　공포, 희망, 탐욕 등은 주식시장에 대해 언급할 때 우리가 흔히 사용할 정도로 일반적인 단어지만 그 단어의 진정한 의미를 깨닫기는 참으로 어려운 듯하다. 우리는 두려움을 느낄 때 비이성적인 행동을 하게 되어, 시장에서 손실을 입을 경우에는 더욱더 그렇다. 지나고 보면 그 당시가 매도할 시점이 아니었음에도 자신도 모르는 사이에 투매에 동참하는 경험은 거래를 해본 사람이라면 누구나 경험하게 되는 일이다. '희망'이라는 긍정적인 사고로 커다란 진보를 이룰수 있었고, 어려움도 극복할 수 있었지만 주식시장은 객관적인 사실과 숫자로 이루어져 있으며 이를 통해 승패가 좌우되는 곳이다.

주식시장에서의 희망은 다른 감정들과 마찬가지로 이성을 왜곡시키는 역할을 한다. 이성적으로는 손실을 짧게 끊어야 한다는 것을알고 있으면서도 주가가 다시 올라와 주기를 '희망'하며 기다리거나오히려 '물타기'에 나서기도 한다. 탐욕 역시도 누구에게나 존재하는감정인데 주식시장에서 누구나 지나친 욕심으로 인해 곤란한 처지에 빠지게 된다. 거래에 나서지 말아야 함에도 욕심에 눈이 멀어 무리하게 빈번한 거래를 일삼기도 하며, 자신이 감당할 수 없는 위험을지고 거래에 나서기도 한다.

리버모어는 성공적인 투자자가 지니는 네 가지의 정신적인 특성을 관찰력, 기억력, 수학적 계산 능력과 경험으로 규정했다. 성공적인투자자는 시장에서 일어나는 일을 객관적으로 관찰하고 중요한 사건을 기억함으로써 미래에 수익으로 연결시키며, 자신의 경험에서 배움으로써 과거의 잘못을 반복하지 않고 기회가 왔을 때 잡을 수 있다는 것이다. 그리고 수학적 계산 능력이 탁월한 사람이 반드시 주식시장에서 성공하는 것은 아니지만 주식시장에서 성공한 사람들은 뛰어난 계산 능력을 지니고 있는 사람들이었다. 리버모어는 수학적 재능이 탁월했고 비상한 기억력을 소유하고 있었다. 하지만 리버모어도이 두 가지만으로는 성공할 수 없었다. 세심하게 관찰하고 수많은 경험을 거친 후에야 주식시장에서 수익을 얻을 수 있는 방법을 발견하고 큰 성공을 거둘 수 있었다.

이 당시 리버모어는 주식시장에서 선도주를 파악해야 하는 중요성에 대해 배우고 또 실제 매매에서 활용하기도 했다. 리버모어는 매번 주식시장이 새로운 강세장에 진입할 때마다 현재 시장의 활황을 이끄는 선도주는 과거의 선도주와 다르다는 점을 발견했다. 그래서 주식시장에서 선도주들이 다른 주식과 차별적인 움직임을 보이는 이유와 원인에 대해 연구했다. 그리고 그 이유를 '해당 주식이 벌어들이게 될 향후 수익에 대한 기대감' 때문이라는 결론에 도달했다. 그리고 이를 통해 경제의 기본적 상황이 전체 주식시장과 개별 주식에 미치는 영향력과 중요성을 깨달았다.

우리는 과거 한국 증시가 상승할 때 그 시기마다 경제 상황이 달랐다는 점을 알고 있다. 시장의 상황에 따라 한국 증시에서 선도주들은 대중주, 자산주, 저PER주, 성장주, 인터넷주, 기술주, 턴어라운드주, 소재주, 저PBR주 등의 이름으로 불렸으며, 선도주 자리는 순환되고 있지만 그 바탕에는 경제 상황의 변화에 따른 이익 증가의 기대감이 있었기 때문이라는 점을 알고 있다. 이 때문에 주식시장은 미래를 할인하여 현재의 시점에서 거래하는 것이라 불리며, 미래의 예측은 그 누구도 정확히 할 수 없기 때문에 주식 투자가 어려운 것이다.

수익의 극대화 이외에 선도주를 매매해야 하는 또 하나의 이유는 투자 종목을 작은 수로 제한할 수 있기 때문이다. 주식시장에서 모든 종목의 주가가 추세적으로 상승세를 타는 경우는 거의 없다. 선도주의 수는 항상 제한적이기 마련이며, 따라서 선도주를 파악하고자 노력할 때 선택과 집중이 가능해진다. 주식 투자의 이론에서는 포트폴리오를 통해 위험을 분산시켜야 한다고 한다. 이론적으로는 분산 투자를 통해 개별 주식의 위험을 배제하고 시장의 상승과 함께 수익을 얻고자 하는 것이다. 하지만 시장에서 개별 주식의 위험을 온전히 제거하기 위해서는 최소한 20~30종목에 분산 투자를 해야 한다. 개인 투자자들의 경우에는 제한된 자금으로 투자해야 하므로 분산 투자를 하기 위해서는 펀드를 통한 간접 투자의 방식을 선택할 수밖에 없다.

반면에 리버모어는 소수의 종목에 집중해야 한다고 말한다. 가치 투자에 대해 관심이 있는 독자들에게는 익숙한 이야기일 것이다. 바로 버핏이 말한 '자신이 잘 알고 있는 소수의 회사에 집중해서 투자'하는 것과도 그 맥이 통하는 말이다. 두 매매의 스타일이라는 측면에서는 거의 정반대라고 할 수 있지만, 주식시장에서 큰돈을 번 두 사람이 유사한 말을 한다. 그렇다면 분산 투자보다는 소수의 종목에 집중해야 하는 것이 아닌가? 하지만 여기에는 중요한 전제 조건이 있다. 첫째는 자신이 잘 알고 있어야 한다. 열다섯 살부터 주식을 거래하기 시작한 리버모어는 평생을 주식시장에 몸담고 있었다. 주식시장과 선물시장에서 투자자로서 활동한 것 이외에는 다른 직업을 가져본 적조차 없었다. 둘째는 소수의 종목이라는 점이다. 이는 개인 투자자가 저지르기 쉬운 '몰빵'과는 엄연히 다른 말이다. 물론 리버모어도 젊은 시절 부족한 자본과 경험, 그리고 무지 때문에 고생했다. 여기서 리버모어가 강조하고자 했던 소수의 주식은 주식시장의 소수의 선도주를 의미하며 이 말은 오직 '승자'만을 고집하라는 말이라고 봐도 된다.

리버모어가 이 시기에 관찰할 수 있었던 또 한 가지는 동일한 산업 내에 속한 주식이 유사한 패턴을 나타낸다는 것이었다. 리버모어는 그 이유를 해당 산업의 미래 실적에 영향을 미칠 수 있는 기본적이고도 경제적인 이유에서 설명하고자 했다. 만일 동일 산업에 속한 주식이 동일한 움직임을 보인다면 그 이유는 해당 업종에 대한 경제적 환경이 변화되었거나 변화에 대한 기대감 때문이며 주가는 이를 반영하고 있다는 것이다. 리버모어는 또한 동일 산업에 속한 주식 중에서도 산업 전체의 움직임을 따라가지 못하는 주식을 거래하는 것의 위험성에 대해서 경고하기도 했다. 해당 업종에 속한 주식 전체가 상승하고 있는데 특정한 주식만 하락하거나 뒤처진다면 그것은 개별 주식에 문제가 있는 것이며 비록 대외적으로는 알려지지 않고 있다 하더라도 회사의 내부자 등은 그 점을 잘 알고 있기 때문이라는 것이다. 주식시장에서는 항상 주가의 움직임을 '설명'하려 하지만 그 설명의 시기가 실제로 투자에 도움이 되는 경우는 거의 없다. 아니 오히려 그 설명을 모르는 것이 나은 경우도 빈번하다. 만일 주가가 하락했다면, 그에 대한 '이유' 혹은 '설명'은 오늘 장을 마친 후에 나올 수도 있고, 며칠 뒤 혹은 몇 달 뒤에 밝혀질 수도 있다. 하지만 우리가 투자와 관련된 결정을 내리는 것은 현재의 시점이다. 따라서 '비밀 정보'를 바탕으로 수익을 얻으려는 시도만큼이나 주가의 움직임을 '설명'하려는 시도는 실제 투자에서 아무런 도움이 되지 않는 경우가 많으며 오히려 그 '설명'에 얽매여 자승자박自繩自縛의 처지가 되기 십상이다. 현실을 있는 그대로 바라볼 수 있는 능력은 주식 투자에서도 매우 중요하다.

리버모어의 동일 산업 내의 주식을 연관시키는 매매 기법은 오늘날 주식시장에서도 짝짓기 매매라는 이름으로 널리 사용되고 있다. 리버모어가 이러한 짝짓기 매매 기법을 1920년대에 처음으로 사용했던 것은 아니었다. 리버모어는 이미 1907년 상품선물시장에서 위기에 처했을 때도 선물시장에서 활동하는 트레이더들의 심리를 이용해 옥수수선물과 귀리선물의 짝짓기 매매로 성공적인 거래를 할 수 있었다. 하지만 1910년대 후반과 1920년대를 거치면서 더욱더 경험을 쌓은 리버모어는 주식시장에서 유사한 사업을 영위하는 회사들의 주가가 나타내는 비슷한 움직임에 대해 연구했고, 이를 발전시켜 '리버모어의 시장 핵심'이라는 기법을 직접 개발하고 투자에 활용했다.

15

요트를 타고
출퇴근하다

　주식시장에서 큰 성공을 거둔 리버모어는 이미 유명인사였다. 1919년에는 롱아일랜드 지역으로 이사했는데 부지는 1만 6,000평이었고, 건축한 지 100년 이상 지난 낡은 대저택이었다. 이 대저택은 약 2년간에 걸쳐 수리를 한 뒤 '에버모어'라고 불렸다. 이 대저택에는 방 29개와 욕실 12개가 갖추어져 있었다. 식당에는 48명이 한 번에 식사할 수 있는 테이블이 놓여 있었으며 4명의 요리사가 상주하고 있었다. 지하층에는 리버모어만을 위한 이발사가 상주했고, 2명의 집사를 포함한 하인들이 있었다. 바다낚시를 광적으로 좋아했던 리버모어는 승무원 14명이 탑승할 수 있는 길이가 91미터에 달하는 요트를 소유하고 있었다. 리버모어의 집과 인접한 이웃들 또한 그와 유사한 요트를 소유하고 있는 사람들이었다. 친하게 지냈던 인물들로는 크라이슬러자동차의 월터 크라이슬러Walter Chrysler, 유나이티드프루트United Fruit Company의 로비스트 에드 켈리Ed Kelly, T. 콜맨 듀퐁Thomas Coleman du Pont 등이 있었다. 리버모어는 대저택의 커다란 정원에 딸린 호수에 요트를 정박시켜놓고 요트를 이용해 월스트리트로 출퇴근했다고 한다.

1923년 주식시장은 새로운 강세장으로 들어섰다. 1929년 10월 24일 '검은 목요일'이라 불리는 주식시의 붕괴 시점까지 그 상승세를 이어갔다. 1923년 10월 리버모어는 헥셔빌딩Heckscher Building의 팬트하우스로 개인 사무실을 이전한다. 리버모어가 월스트리트에서 떨어진 곳으로 사무실을 옮겼던 것은 주식시장에 난무하는 소위 '비밀 정보'에서 멀어지기 위한 목적이었으며, 동시에 자신의 매매를 타인이 모르게 싫었기 때문이었다. 리버모어는 이미 증권가에서 큰손으로 알려져 있었으므로 누구나 그의 매매에 대해 궁금해했다. 자신의 매매에 대한 보안을 유지하기 위해 노력했고, 여러 증권회사를 통해 가명으로 주문을 내기까지 했다. 이러한 비밀스러움은 리버모어에게 '월스트리트의 늑대'라는 별명이 붙게 했다.

리버모어는 주식시장에서 벌어들인 돈을 쓰는 데 인색하지 않았고, 일과 개인적인 생활을 엄격히 분리시켰다. 그 당시 리버모어가 스스로를 단련시킨 엄격한 자기 관리 방법은 오늘날에도 많은 트레이더들의 귀감이 되고 있다. 리버모어는 항상 10시 이전에는 잠자리에 들었으며 늦어도 아침 6시 이전에는 자리에서 일어나 혼자서 하루를 계획했다. 뉴욕의 사무실로 출근하는 동안 그 누구의 방해도 받지 않기 위해 노력했고, 리버모어의 이러한 노력은 주식시장이 열리고 있는 시간 동안에는 사무실에서도 이어졌다.

헥셔빌딩에는 최고층에 위치한 리버모어의 사무실로 통하는 전용 엘리베이터가 설치되어 있었고, 건물의 한 층 전부를 사용했다. 사무실 내부로 들어가기 위해서는 비서이자 사무장 해리 다치Harry

Datch를 통과해야 했다. 사무실의 출입구에는 어떠한 표시도 되어 있지 않았기 때문에 불청객이 리버모어를 만나기란 불가능했다. 사무실에는 4명에서 6명의 직원을 고용했는데 장이 열리는 중에는 일체의 대화가 금지되었다. 직원들은 각자 한쪽 벽면을 차지하고 있는 커다란 칠판에 주식이나 선물의 호가를 기록했으며 사전에 리버모어와 약속된 암호를 통해 시세를 기록했다. 그래서 칠판은 암호로 가득한 난수표 같았다고 전해진다. 이것이 바로 '리버모어의 시장 핵심'이기도 했다.

리버모어가 평소 생활을 엄격하게 관리했던 것은 자기 단련 목적이었다. 여러 번의 파산을 경험하는 동안 주식 투자에서 감정을 통제한다는 것이 얼마나 중요한지 몸소 체험했기 때문에 감정을 조절하기 위해서라면 어떠한 수고로움도 기꺼이 감수하려 했다. 주식시장이 열려 있는 동안 가능한 자리에서 일어나 있으려고 했고, 책상은 항상 정리되어 있었다. 사무실에서 일하던 직원들은 헤드폰을 착용하고 담당하는 종목의 호가를 신속하게 파악할 수 있도록 거래소와 연결되어 있었다. 그리고 리버모어의 책상에는 세 대의 전화기가 있었는데 런던과 파리, 그리고 시카고 선물거래소와 연결되는 직통전화였다. 신속하게 가격 정보를 얻고 싶어 했던 것이다. 그리고 옆에는 항상 증권시세표시기가 있었는데, 휴가를 떠났을 때에도 마찬가지였다. 자신 소유의 별장은 물론이고 휴양지의 호텔방에도 증권시세표시기를 설치함으로써 항상 시장의 움직임을 관찰하려 했다.

오늘날에도 주식 투자에서 감정에 사로잡히게 되는 위험을 방지하기 위한 여러 가지 방법들이 고안되고 있다. 이들 중에는 리버모어가 사용했던 방법이 많이 응용되고 있다. 거래 경험이 어느 정도 있는 투자자들은 주식 투자에서 가장 큰 적은 자기 자신이라고들 말한다. 이는 감정의 통제가 주식 투자에서 가장 어렵다는 말과도 일치하며 리버모어 또한 이 점을 잘 알고 있었다. 리버모어가 이 문제를 해결하기 위한 방안으로 선택했던 것이 스스로를 엄격하게 훈련시키는 것이었다. 리버모어는 열넷의 어린아이였을 때부터 직접 시세를 기록하고 스스로 자기 자신과 시장에 대해 연구했고 자신의 판단에 따라 행동하고자 했었다. 그리고 그 행동에 따른 결과는 온전히 자신의 책임이라는 점도 잘 알고 있었다. 자신을 단련시킴으로써 주식시장이라는 '퍼즐'을 풀기 위한 투자 원칙과 매매 기법을 개발했다. 시간 요소를 설명하면서 '정직과 성실로 자신의 매매 일지를 작성하며, 노력을 기울여 스스로의 사고를 통해 자신만의 결론에 도달하는 것'과 투자자가 거둘 수 있는 성공은 정비례한다고 강조했다.

16

시장의 정점에 서서

1923년 시작된 강세장은 그 후 6년 동안 이어졌다. 경제적으로는 조립 라인 혁명, 전기, 전화, 자동차, 라디오 등의 혁신적인 발전이 있었다. 따라서 주식시장도 끊임없이 상승세를 이어갔다. 이 기간 동안 주식시장에는 제도적 보완이 이루어졌다. 1926년과 1927년에는 상장 요건 강화와 위임장 권유에 대한 최초의 제도적 제한 장치가 만들어지기도 했었다. 문제는 주식시장의 상승세가 너무 오랜 기간 동안 이어졌다는 데 있었다. 한번 불붙은 주식시장의 상승세는 쉽사리 꺾이지 않았고 주가의 상승폭 또한 지나치게 커졌다. 하지만 시장을 세밀하게 관찰하던 투자자라면 주식시장이 붕괴되기 한 달여 전부터 나타나기 시작했던 여러 가지 징후를 포착할 수 있었을 것이다. 다우지수는 이미 1929년 9월 3일 381.17로 고점을 형성하고 있었으며, 그동안 시장의 상승세를 이끌던 선도주들의 주가는 더 이상 신고가를 경신하지 못한 채 정체된 움직임을 보이고 있었다.

이미 모든 사람들이 주식을 매수한 상태였고, 심지어 누구든지 자신이 전문가라도 된 것처럼 행동하고 있었다. 이와 관련된 유명한 일화가 있는데, 존 F. 케네디 미국 전 대통령의 부친 조지프 케네디 Joseph Kennedy와 관련된 이야기이다. 그는 아일랜드계 이민자의 아들이 었으며 은행장을 거쳐 주식시장과 영화업계에서 큰돈을 벌었고, 나 중에는 영국 대사로 부임하기도 한 인물이었다. 어느 날 구두닦이 소 년이 전문가라도 되는 양 돈을 벌려면 주식을 매수하라고 말하는 것 을 듣고 황급히 자신이 보유하고 있던 주식을 전부 처분했다고 한다. 그리고 그 후 주식시장이 급락했다는 이야기가 전해진다.

당시 대부분의 사람들이 주식을 매수하고 있었다. 그것도 '10% 의 증거금'만으로 주식을 매수하고 있었던 것이다. 따라서 이미 시중 에는 주식을 매수할 수 있는 자금이 사라진 상태였다. 게다가 정보에 밝은 '스마트 머니'들은 이미 시장을 떠나고 있었다. 이윽고 '검은 목 요일'이라 불리는 1929년 10월 24일 약 1,300만 주라는 사상 최대의 거래량을 기록하며 주식시장은 폭락하게 된다. 평소에는 800~900 만 주가 거래되었다. 하지만 재앙은 여기에서 그치지 않고 5일 뒤인 10월 29일에는 '검은 화요일'이라 불리는 주식시장의 붕괴가 나타난 다. 당시 거래량은 약 1,600만 주로 또 다시 거래량 최고치를 경신했 으며 지수는 11%나 하락했다. 이때의 거래량은 이후 39년이 지나서 야 경신되며 다우지수는 3년 뒤인 1932년 7월에 가서야 1929년의 고 점 대비 89% 하락한 수준에서 바닥을 확인했다. 하지만 문제는 주식 시장에 국한되지 않았다. 1929년 10월 24일의 주가 대폭락을 기점으 로 대공황이라 불리는 전형적인 세계 공황으로 이어졌다. 1933년 연 말까지 거의 모든 자본주의 국가가 공황에 빠졌고, 그 폐해는 1939

년까지 이어졌던 것이다.

리버모어는 이미 1920년대에 전체 주식시장과 현재의 주도업종 내부 흐름과의 관계를 관찰함으로써 향후 전체 주식시장의 방향을 가늠하는 방법을 배울 수 있었다. 1928년 겨울부터 1929년 봄까지 주식시장은 여전히 활황세를 지속하고 있었다. 하지만 주가가 상승하는 동안 보유 중인 물량을 처분하는 것을 선호했던 리버모어는 상당한 차익을 실현하며 보유하고 있던 주식을 처분했다. 매매 규모가 컸기 때문에 주식시장이 상승하며 거래가 활발할 때 시장에 충격을 주지 않고 물량을 처분하고자 했다. 이것은 공매도를 했을 때도 동일하게 적용된 원칙이었다. 탐욕에 눈이 먼 사람들에게는 자신이 보유하고 있던 물량을 기꺼이 넘겨주었고, 공포로 인해 이성을 상실한 사람들이 투매할 때 그 물량을 받으려 했던 것이다. 역설적이지만 이런 매매를 할 수 있었던 것은 시세의 천장과 바닥을 알 수 없다는 점을 너무나도 잘 알고 있었기 때문이었다.

리버모어는 '월스트리트의 큰 곰'이라는 별명을 얻게 되었던 '1907년의 패닉'이 있기 전 해인 1906년 하반기에 지나치게 경제적인 상황을 고려하지 않고 부적절한 시기에 부적절한 방법으로 공매도를 했었기 때문에 시장이 본격적으로 하락하기 전에 거의 파산 직전까지 내몰렸던 경험이 있었다. 그 후로도 주식시장에서 수많은 일들을 경험하면서 '시험 전략과 피라미딩 전략'이라는 자신의 매매 기법을 발전시켰고, 1920년대에는 전체 시장과 선도주들의 내부적인 흐름과 그 관계에 대해서 깊이 연구했다. 따라서 1929년 쉰둘이 된 리버모어는 1906년 스물아홉 때의 리버모어와는 다른 인물이었다. 앞서 이야기한 것과 같이 리버모어는 시장이 지속적인 상승세를 나타내고 있던 시기에 자신이 보유하고 있던 주식을 처분하기 시작하여, 1929년 초여름까지 시장에 충격을 주지 않으면서도 모든 주식을 무사히 처분할 수 있었다.

당시 리버모어는 자신의 정체를 드러내지 않기 위해 가명을 사용해 공매도 주문을 냈고, 이 주문들은 증권회사 지점 수십 곳에서 증권회사 직원 수백 명을 통해 거래소에서 체결되었다. 리버모어는 주식시장 내부에서 변화의 조짐을 찾으려 했고, 그의 시험 전략과 피라미딩 전략은 효력을 발휘하기 시작했다. 알다시피 1929년 주식시장은 붕괴되기 전에 이미 여러 차례에 걸쳐 경고 신호를 보내고 있었다. 선도주들이 신고가를 경신하지 못하고 있다거나 모든 사람이 '주식시장의 전문가'처럼 행동하고 있다는 점이 좋은 예였다. 리버모어는 이미 수개월에 걸쳐 100만 주를 공매도했다.

그리고 그렇게 주식시장은 10월 24일 '검은 목요일'이라 불리는 급락을 연출했다. 당시 주당 1달러의 주가 변동은 리버모어에게는 100만 달러의 변동을 의미했다. 리버모어는 자신의 인간적인 약점을 알고 있었으므로 항상 '비밀 정보'나 타인에게서 영향을 받게 되는 것을 피하려 했고, 그러기 위해서라면 어떠한 일도 마다하지 않았다. 그렇기 때문에 심리적 균형과 평정심을 유지하기 위해 충분한 휴식과 함께 자신을 단련시켰다. 자신이 시세의 고점을 알지 못하는 것처럼 시세의 저점도 알지 못한다는 점도 알고 있었다. 그렇기 때문에

'검은 목요일'에 시장이 폭락했을 때 자신의 포지션을 성급하게 정리하지 않을 수 있었다. 이미 1907년 주식시장이 급락했을 때에도 주식시장에서 300만 달러라는 큰돈을 벌 수 있었고, 자신이 존경하던 모건에게서 '부탁'을 받기도 했었다. 하지만 그런 것은 1929년에 리버모어가 주식시장에서 거둔 성과와는 비교할 수 없었다. 1907년의 리버모어는 유명세를 떨치기는 했지만 여전히 '그들 중의 한 명'에 지나지 않았던 반면, 1929년에는 그야말로 주식시장 전체가 리버모어의 발아래 놓여 있었다. 주가가 폭락한 며칠 뒤 리버모어는 1억 달러라는 천문학적인 돈을 현금화시켰다. 지금 가치로 약 2조원 가까이 되는 돈이었다.

1929년의 시장 상황은 한마디로 '버블'이었다. 그러나 대부분의 사람에게는 그것이 지나고 나서야 버블이었음을 알게 된다. 역사적으로 대표적인 버블의 예로 언급되고 있는 것들이 17세기 네덜란드의 튤립 투기, 19세기 초반 식민지의 금광 개발권을 가진 기업에 대한 투기, 19세기 중반 미국 주식에서의 주가 조작을 통한 철도 주식 버블, 1929년의 대공황, 일본의 1980년대 말부터 시작된 일본의 증시 붕괴와 1990년대 부동산 버블 붕괴, 그리고 2000년 닷컴 버블 붕괴 등이 있다. 닷컴 버블이 붕괴된 이후에는 전 세계적으로 부동산 가격이 급등하여 버블의 우려를 낳고 있으며, 우리나라에서는 2002년 신용카드 사태로 대변되는 소비 버블이 붕괴되는 경험을 하기도 했다. 이와 같은 버블의 공통적인 특징은 부채를 이용한 '차입'으로 인해 그 피해 규모가 더욱 커졌다는 점이다. 우리의 경험에 따르면 버블은 다음과 같은 모습으로 나타난다.

직장에서 '누구누구가 뭘 해서 얼마를 벌었다'는 소리가 들리고, 불과 얼마 전까지 자신과 별반 차이가 없던 사람이 어느새 근사한 대형차를 새로 뽑는다. 그뿐인가. 모임에서도 자신들의 '멋진 투자 경험담'을 자랑하는 사람들이 끊이지 않는다. 본인이 보기에 그들보다 자신이 뒤쳐질 이유는 하나도 보이지 않는다. 게다가 나는 '투기'가 아니라 '투자'를 계획하고 있는 것이다. 아주 저렴한 비용으로 자금을 차입하여 상대적으로 높은 수익을 올릴 수 있는 이런 기회는 일생에 몇 번 오지 않을 것이라는 생각이 들어 투자에 나선다.

사람들은 자신들이 보유하고 있는 돈만으로 투자 혹은 투기를 할 때에는 아직 이성의 지배를 받고 있는 단계라 할 수 있다. 하지만 일단 신용으로 '부채'를 일으키고 이를 통해 단기간에 자신이 예상했던 것보다 훨씬 더 큰 수익을 얻게 되면 이미 자신을 통제하고 있던 이성은 흔적도 없이 사라져버린다. 운 좋게 몇 번의 수익을 얻는다 하더라도 추세가 바뀌면 단 한 번의 실패로 인해 그동안 모아 두었던 수익은 물론이고 원금마저도 손실을 입게 된다. 물론 여기에서 그치면 그마저도 다행이다. 앞서 수익을 얻을 때 지렛대로 작용했던 부채는 어느새 자신을 끝없는 구렁텅이로 몰아넣는 함정으로 변해있는 것이다. 과거의 역사는 우리에게 교훈을 주며, 그 교훈을 제대로 배우게 될 때 우리는 자신의 실수를 앞으로는 반복하지 않을 수 있다.

17

월스트리트의
지식이 되다

1929년 주식시장이 붕괴된 후 주식시장에는 제도적 개선이 이루어진다. 1933년에 최초의 증권거래법이 제정되고 1934년에는 증권거래법의 개정과 함께 증권관리위원회가 설립된다. 1933년에는 '뉴딜' 정책을 공약으로 프랭클린 루즈벨트가 미국의 32대 대통령으로 당선되는데, 주식시장에서 온갖 수단으로 큰돈을 번 조지프 케네디에게 증권거래법을 만들도록 지시한다. 마치 요즘 해커를 잡기 위해 전직 해커가 활약하는 것과도 같은 이치이다. 루즈벨트도 케네디가 주식시장에서 정당하지 못한 방법으로 돈을 벌었다는 것을 잘 알고 있었다. 이렇게 해서 만들어진 1933년의 증권거래법은 신주를 발행할 당시 등록과 공시를 의무화하는 내용을 담고 있었다. 1934년에는 완전 공시와 사기 등에 의한 증권 판매를 금지하는 내용으로 증권거래법이 개정되었고, 이 법을 바탕으로 증권관리위원회가 설립되었다. 1933년과 1934년의 증권거래법 및 제도의 개선은 미국뿐만 아니라 해외에도 많은 영향을 미쳤다. 우리나라에서도 유가증권의 발행, 관리, 공정한 거래와 증권 관련기관의 감독에 관하여 증권거래법이 정하는 사항을 심의·의결하던 증권감독원 소속의 합의제 기관으로 증권관리위원회가 있었으나 1999년 1월 은행감독원·증권감독원·보험감독원·신용관리기금 등이 금융감독원으로 통합되면서 폐지되었다.

1929년 주식시장이 붕괴되었을 때 리버모어는 시장의 정점에 서 있었다. 주식시장이 붕괴된 직후부터 언론에서는 리버모어에 대한 추측성 보도를 실었고, 때문에 리버모어는 협박을 받았다. 협박은 갖가지 형태였다. 전화는 물론이고 전보나 편지 등 가능한 모든 수단으로 행해졌다. 비난은 물론이고 살해나 유괴를 공공연히 언급하는 내용이었다. 따라서 이 무렵 리버모어는 엄청나게 돈을 벌기는 했지만 그만큼 행복한 시간을 보낼 수는 없었다. 게다가 심각한 우울증을 앓고 있었다. 1920년대나 1930년대에는 의료계에서도 우울증에 대해서는 그다지 알려진 바가 없었고, 그 치료법 또한 명확치 않았다. 가정생활 또한 원만하지는 못했다. 돈과 명성이 있었던 유명인으로, 산업계와 연예계의 인물들과 잦은 교류를 가지면서 항상 이성과의 염문이 끊이지 않았다. 결혼을 세 번 했는데 그중 행복했던 시기는 극히 짧은 기간에 불과했다고 한다. 두 번째 부인과의 사이에서 아들 둘이 있었지만 그의 외도와 부인의 지나친 음주로 인해 초창기의 단란한 생활은 그리 오래 지속되지 못했다. 리버모어가 주식시장에서 이룬 성공과 인간적 행복은 결코 비례하지 않는가 보다.

리버모어가 주식시장에서 적극적으로 거래했던 것은 1932년까지이다. 그 이후 거래에서 그는 개인적 불행의 영향으로 매매에 난조를 보이다가 결국 1934년에 또 다시 파산한다. 1929년에 이룬 큰 성공이 불과 5년 만에 모두 사라져버린 것이다. 이때 두 번째 부인과 이혼하고 세 번째 부인과 살고 있었다. 1917년 다시는 자신이 파산하지 않도록 마련해 두었던 신탁 계약을 이용함으로써 물질적으로는 과거처럼 비참한 삶을 살지는 않아도 됐다. 1933년경부터 더욱 악화되었던 우울증에는 차도가 없었다. 그리고 개인적인 생활 역시 인간적인 행복과는 거리가 먼 나날이었다. 1939년 하반기 리버모어의 큰 아들 제시 주니어는 리버모어에게 주식시장에 대한 책을 저술해 볼 것을 권유했고, 그는 그 제안을 받아들였다. 1940년 3월 이 책 1장에 실린《주식 매매하는 법》이 출판되었지만 당시는 대공황의 여파로 일반인이 주식에 대해 관심을 가질 여력이 없었기 때문에 그다지 많이 판매되지는 않았다. 이후 리버모어의 우울증은 더욱 악화되었으며, 1940년 11월 28일 뉴욕의 셰리-네덜란드The Sherry-Netherland 호텔 지하에서 스스로 목숨을 끊었다.

리버모어는 한 시대를 풍미한 투기계의 거인이자 주식시장에 대한 많은 가르침을 남긴 위대한 트레이더였지만 개인적인 불행을 비껴가지는 못했다. 리버모어는 그렇게 역사의 뒤안길로 사라졌지만, 지금도 그의 삶과 투자에 대한 다양한 책들이 출간되고 성공적인 투자자들도 그의 이름을 입에 올리는 만큼 리버모어의 영향력은 사그라들지 않고 있다.

3장

제시 리버모어의
투자 전략

매매법

리버모어보다 앞선 세대의 투기꾼 중에서 그들에 대한 상세한 자료나 매매 기법 등이 남아 있는 인물은 거의 없었다. 그만큼 리버모어는 주식 매매를 위해 직접 수많은 시행착오를 겪었다. 그리고 이론을 완성해 나가는 과정에서 자신이 저지른 실수를 통해 배워야 했다. 리버모어는 자신의 과오가 발견되면 그것을 인정했고 그 결과에 대한 책임을 지려고 노력했다. 이러한 태도 덕분에 지금까지도 주식시장에서 실제로 수익을 발생시키는 매매 기법을 탄생시킬 수 있었다. 리버모어의 이러한 기법은 주식시장에 참여하는 인간의 본성이 변하지 않는 한 앞으로도 유용할 것으로 보인다.

리버모어에 관한 가장 흔한 오해들 중 하나가 그를 기술적 분석가로 단정하는 것이다. 오히려 리버모어는 기술적 분석가들이 시장에서 실패하는 이유에 대해 '융통성'의 부족을 들고 있으며, 지나치게 차트에만 집착한다면 매우 비싼 대가를 지불해야 한다고 경고했다. 투기라는 게임은 그것을 규제하는 룰이 아무리 엄격하다 할지라도 수학적 계산이나 정해진 규칙만으로는 모든 것을 설명할 수 없다는 것이다. 리버모어는 주가테이프를 통해 주가의 움직임을 읽었다. 주가테이프를 읽는다는 것은 마치 HTS를 통해 틱차트를 보는 것과도 같다. 장중에 집중해서 주가테이프를 읽는다는 것은 감정에 사로잡히게 될 위험이 매우 크다.

오늘날에도 틱차트 혹은 분봉 등과 같이 단기적인 차트에 각종 보조지표를 설정해 두고 동시에 봄으로써 감정을 배제하려는 시도를 하지만 눈앞에서 끊임없이 등락하는 주가에 현혹되지 않기란 결코 쉬운 일이 아니다. 따라서 주가 움직임에 휘둘리지 않기 위해서는 헤아릴 수 없을 정도의 반복적 훈련과 자신의 원칙을 엄격하게 지킬 수 있어야 한다.

또한 리버모어는 주가가 신고가를 기록할 때 매수한 인물로 유명하다. 리버모어는 주가가 상승하면서 거래량이 수반되는 것을 긍정적으로 해석했으며, 이러한 주가의 움직임은 해당 주식에 대한 수요가 견고하다는 점을 나타내기 때문이라고 보았다. 개별 주식의 거래량이 변화하는 것을 앞으로 어떤 일이 벌어질 '주의 신호'로 간주했으며, 실제로 이런 신호가 포착되면 적극적으로 활용했다.

리버모어는 주식의 움직임을 다양한 방법을 통해 해석하고자 노력했는데 그 결과 그의 투자 기법은 입체적인 성격을 지니게 되었다.

리버모어는 경험을 쌓으면서 진화했지만 결코 자신이 완성되었다고 생각한 인물은 아니었다. 거래의 기준 시점으로 잡았던 전환점에 대해 설명하면서 리버모어는 자신이 발견한 것 말고도 '누군가가 새로운 아이디어를 개발하고 또 발전시키려는 목적을 충족시키는 데 자기의 기본적인 기법이 보탬'이 된다면 자신은 결코 질투하지 않는다는 입장을 밝히기도 했다.

최상의 무기,
인내심

일본에는 유명한 '울지 않는 새'에 관한 이야기가 있다. 일본 전국 시대의 유명한 무장, 오다 노부나가, 도요토미 히데요시, 도쿠가와 이에야스가 새장 속의 울지 않는 새는 "어떻게 해야 하는가?"라는 질문에 답한 내용이다. 그들은 각각 "베어야 한다", "울게 만들어야 한다", 그리고 "울 때까지 기다려야 한다"라고 말했다. 일본을 통일하고 막부시대를 연 인물은 마지막으로 기다려야 한다고 말한 도쿠가와 이에야스였다. 인내심은 어떤 분야에서나 성공하기 위한 가장 중요한 미덕들 중에 하나다.

주식 매매를 하다 보면 흔히들 "그때 매수하지 말았어야 했어." 라고 말한다. 부적절한 시기에 매수함으로써 공연한 손실을 입게 되는 것은 물론이고 그 종목에 묶여 기회가 왔을 때 신속하게 대처하지 못하기 때문이다. 그리고 내가 팔고 나면 이후 급등하거나 지속적으로 상승했던 경험을 떠올리면서 더욱 후회하면서 하는 말이 "그때 매도하지 말았어야 했어."이다. 그래서 우스갯소리로라도 '내가 사면 꼭지, 팔면 바닥'이라는 말을 한두 번쯤은 해봤을 것이다.

리버모어에게 인내심은 두 가지 종류의 인내심을 의미했다. 첫 번째 인내심은 리버모어가 초창기에 깨달은 것으로 자신이 매매 기준으로 삼은 시점까지 매매에 나서지 않는 것이었다. 사설 증권회사에서 거래할 당시 한때 1만 달러까지 계좌의 규모가 증가했는데 자신이 원하는 시점에서 거래했을 경우에 승률이 70~80%에 달했다고 한다. 하지만 그 뒤 잦은 매매와 몇 가지 사건들로 인해 리버모어가 뉴욕에 갔을 당시에는 2,500달러로 시작해야 했다. 비록 당시 그가 완전히 인내심의 중요성을 파악하고 있었던 것은 아니었지만 어렴풋하게나마 인내심의 중요성을 느끼고 있었다. 물론 당시는 자신감에 차 있었으며 아직 20대 초반이었으므로 그 점에 대해 깊이 생각해 보지는 않았다. 리버모어가 알고 있는 주식 투자란 단기적인 등락을 이용해 차익을 실현하기만 하면 되는 '간단한 게임'에 불과했기 때문이었다.

두 번째 인내심은 강세장에서 특히 필요한 것이다. 리버모어는 자신의 매매를 살펴본 결과 자신이 당연히 벌 수 있었고 또 벌어야 했던 수익이 상대적으로 미미했다는 점을 깨닫게 된다. 강세장이었음에도 단기간의 차익을 실현함으로써 결과적으로는 큰돈을 벌지 못했고, '푼돈'을 번 것이었다. 주식을 매수하는 시점이 아무리 훌륭하다고 하더라도 성급하게 매도할 경우에는 큰 수익으로 연결되지 않는다. 누구나 경험하듯이 강세장에서는 차익을 실현한 후 '기다리는 조정'은 결코 오지 않으며 오히려 주가가 더욱 급등하는 경우가 빈번하다. 마침내 리버모어가 주식시장에서 큰돈을 벌 수 있었던 것은 단기적인 차익을 실현하려는 욕구를 억누르고 주식시장의 대세 상승기에 '자신의 자리에 꾹 눌러앉아' 있었을 때였다.

리버모어는 시장이 진정으로 추세를 형성한다면 이것은 단기간에 사라지지 않으며, 따라서 인내심을 가지고 추세가 전환될 때까지, 추세의 흐름이 바뀔 때까지 기다릴 수 있는 인내심이 필요함을 강조했다. 주식시장이 추세를 형성하며 상승하더라도 사이사이에 쉬어가기 마련인데 이때 심리적으로 흔들리거나 단기적인 수익에 연연하게 되면 큰 흐름을 놓치게 된다는 것이다. 주식시장이 추세를 형성할 때 시장에 동참하여 온전한 수익을 얻기 위해서는 시장의 전체적인 흐름을 파악하고 현재의 시장 국면을 파악하는 것이 중요하다. 리버모어가 전체 시장의 규모를 파악하는 것이 중요하다는 것을 배울 수 있었던 시기는, 두 번째로 파산한 후에 종잣돈을 마련하여 다시 주식시장에 복귀했을 때다. 이때 증권회사의 객장에서 아주 오랜 기간 동안 주식시장에서 투자했던 노련한 노인 투자자를 관찰하면서 깨닫게 된 것이었다.

지금부터 이야기할 현명한 투자자, 패트리지 씨의 일화는 에드윈 르페브르의 《어느 주식 투자자의 회상》에도 소개되는 내용이다.

플라톤 씨의 사무실에는 일반 군중이 거래하고 있었다. 그곳에서는 다양한 종류의 사람들을 볼 수 있었다. 그러나 오직 한 사람이 달라 보였다. 우선 그는 매우 나이가 많았으며, 결코 자발적으로 다른 사람들에게 조언하지 않으며 자신의 승리를 뽐내는 법도 없다. 그는 매우 익숙하게 다른 사람들이 하는 말을 매우 집중해서 들었다. 하지만 결코 상대방에게 그들이 들은 것이나 알고 있는 것에 대해 묻지 않았다. 그렇게 비밀 정보를 얻기 위해 열중하는 것처럼 보이지 않았지만, 누군가가 정보를 주는 경우에는 매우 정중하게 고맙다고 인사했다. 가끔 그 정보가 옳은 것으로 판명될 경우에는 또 한 번 정보 제공자에게 감사의 인사를 했다. 하지만 설령 다른 사람들이 자신에게 말해준 비밀 정보가 틀렸다고 하더라도 그는 푸념 따위를 하지는 않았다. 그래서 그 사무실에 있는 그 누구도 그가 비밀 정보를 이용해서 주식을 매매했는지, 아니면 그냥 흘려버렸는지 알지 못했다.

그 노인은 많은 돈을 가지고 있었으며, 또한 대규모로도 거래할 수 있다는 말이 사무실에서는 전설같이 떠돌고 있었다. 하지만 그는 증권회사에 수수료를 많이 지불하고 싶어 하지 않아 보였다. 왜냐하면 그 누구도 그가 빈번하게 거래하는 것을 볼 수 없었기 때문이다. 그의 이름은 패트리지였다. 그는 가슴이 매우 넓었으며 걸을 때는 습관적으로 턱을 가슴 쪽으로 당긴 채 어깨를 으쓱이며 돌아다녔기 때문에 사람들은 뒤에서 그를 '칠면조'라고 불렀다.

사람들은 패트리지 씨에게 다가가 친구의 친구가 다니는 어떤 회사의 내부자가 말한 이른바 '특정 주식의 비밀 정보'에 대해 이야기하곤 했다. 사람들은 패트리지 씨에게 조언을 구했다.

"제가 어떻게 하면 될까요?"

패트리지 씨는 머리를 한쪽으로 비스듬히 돌리며 아버지 같은 인자한 미소를 머금으며 상대를 조용히 쳐다본 후 매우 인상적인 말투로 이렇게 말했다.

"자네도 알다시피 지금은 강세장이라네!"

여러 차례에 걸쳐, "그래, 지금은 강세장이지. 자네도 알고 있잖나!"라고 말하는 것을 들을 수 있었다. 그 말을 할 때 패트리지 씨는 마치 귀중한 부적과 100만 달러짜리 상해보험증서를 함께 포장해서 상대방에게 주는 것처럼 말했다.

그러던 어느 날 엘머 하우드라는 이름의 젊은이가 사무실로 급히 뛰어 들어와서는 서둘러 주문전표를 작성한 후 증권회사 종업원에게 넘겨준 후 패트리지 씨에게 급히 달려갔다. 당시 패트리지 씨는 과거에 존 패닝이 말하는 것을 듣고 있었다. 최소한 네 번 이상 들었던 이야기임에도 마치 처음으로 듣는 이야기처럼 패닝을 바라보는 패트리지 씨 얼굴에는 연민의 정이 가득했다. 하우드는 패트리지 씨에게 다가가 패닝에게는 사과의 말도 없이 말했다.

"패트리지 씨, 방금 제가 가지고 있던 클라이맥스 모터스 주식을 매도했습니다. 제게 정보를 준 친구가 곧 조정이 있을 것이며 저가에 재매수할 수 있을 거라고 하더군요. 그래서 드리는 말씀인데, 아직도 그 회사 주식을 보유하고 있으시다면 일단 매도하는 것이 좋을 것 같습니다."

하우드는 말을 마치고 패트리지 씨를 다소 걱정스럽게 바라보았다.

"그렇소, 하우드 군. 나는 여전히 그 주식을 보유하고 있네. 물론이고말고!"

매우 고마워하며 패트리지 씨가 말했다. 하우드는 참으로 노인에게 잘된 일이라고 생각하며 말했다.

"잘됐네요. 지금 차익을 실현한 후 단기 바닥에서 재매수하시죠. 전 방금 제가 가지고 있던 주식을 모두 처분했어요!"

하우드의 목소리와 태도를 보아 그가 보유하고 있던 수량을 추정하자면, 아무리 보수적으로 추정하더라도 1만 주는 족히 될 것 같았다. 그건 그렇고 패트리지 씨는 유감스러운 듯이 머리를 흔들며 푸념하듯 말했다.

"아니지! 안 돼! 난 그 주식을 팔 수 없다네!"

"뭐라구요?"

하우드가 외쳤다.

"나는 매도할 수 없다네!"

"제가 선생님에게 그 주식을 매수하라는 비밀 정보를 드렸죠?"

"자네가 그랬지. 그 점에 대해서는 하우드 군, 자네에게 매우 고마워하고 있다네. 진심이라네. 하지만 ……."

"잠깐만요! 그 회사의 주가는 열흘 만에 7달러나 상승했어요. 그렇지 않나요?"

"물론이지, 그래서 나는 자네에게 매우 고마워하고 있다네, 젊은이. 하지만 그 주식을 매도한다는 건 생각조차 할 수 없는 일이라네."

"매도할 수 없다니요?"

하우드는 되물었고 점차 이상하게 생각하기 시작했으며 그런 버릇은 대부분의 정보 제공자가 정보 수령자에게 가지는 경향이기도 하다.

"그렇다네. 나는 매도할 수 없다네."

"왜죠?"

하우드는 가까이 다가서며 말했다.

"왜냐하면, 지금은 강세장이기 때문이지!"

노인은 마치 길고 상세한 설명을 하듯이 말했다.

"그렇군요."

하우드는 실망감 때문에 화가 난 듯이 보였지만 말을 이어갔다.

"지금 주식시장이 강세장이라는 것 정도는 저도 알아요. 보유하고 있는 주식을 지금 매도한 후 주가가 조정받을 때 재매수하시죠. 그렇게 하는 것이 비용을 줄일 수 있는 방법이기도 해요."

"젊은이, 친애하는 젊은이. 만일 내가 지금 그 주식을 매도한다면 나는 내 포지션 잃어버리게 되네. 그러면 나는 어디에 있는지 알 수 없게 된다네."

노인은 매우 곤란한 듯이 말했다. 하우드는 손을 들어 올리면서 머리를 흔들고는 내가 있는 곳으로 걸어와 마치 나의 동정심을 얻으려는 듯이 말했다.

"패트리지 씨가 하는 말이 무슨 뜻인지 알아듣겠나?"

하우드는 내게 속삭이듯이 물었다. 하지만 나는 아무 말도 하지 않았다.

"내가 묻고 있잖아! 이봐! 나는 클라이맥스 모터스에 관한 비밀 정보를 패트리지 씨에게 말해 줬어. 패트리지 씨는 5백 주를 매수했고, 현재 주당 7달러의 장부상 이익을 보고 있단 말이야. 그래서 지금 나는 차익을 실현한 후 저가에 재매수하라고 조언했다네. 지금 그 주식은 과열 상태란 말이야. 그런데 패트리지 씨가 뭐라고 했는지 아나? 만일 지금 그 주식을 매도한다면 직업을 잃게 된다는군. 이 점에 대해서 뭐 좀 아는 바가 없나?"

"실례지만 하우드 군, 나는 내 직업을 잃게 된다고는 말하지 않았다네."

패트리지 씨가 끼어들었다.

"나는 내 포지션을 잃게 된다고 말했지. 만일 자네가 나처럼 나이를 먹고 몇 번의 활황장과 공황 같은 하락장을 경험해 봤다면 자신의 포지션을 잃어버린다는 것은 누구도 감당할 수 없는 일이라는 점을 알 수 있을 걸세. 그것은 설사 록펠러라 할지라도 감당할 수 없는 일이라네. 나는 그 주식이 조정을 받아서 자네가 원래 보유했던 수량을 자네가 매도한 가격보다 상당한 저가에 재매수할 수 있기를 바라네. 하지만 나는 거래할 때 오랜 기간 동안의 내 자신의 경험을 따라야 한다네. 나는 매우 값비싼 대가를 지불했으며 두 번씩이나 수업료를 내다 버리고 싶은 생각은 전혀 없네. 하지만 지금 나는 마치 은행에 돈을 예금해 둔 것처럼 자네에게 고마워하고 있네. 지금은 강세장이라네. 자네도 알다시피 말이야."

패트리지 씨는 으쓱거리며 사라졌고, 하우드는 멍하니 그를 쳐다보고만 있었다.

리버모어는 그 노인이 반복해서 말하던 "지금은 강세장이라네!"의 진정한 의미를 깨닫고 나서는 커다란 배움을 얻었다고 털어놓았다. 이는 리버모어가 '거래하는 방법을 모르는 상태에서 수백 달러를 버는 것보다 거래하는 방법을 깨우친 뒤에 수백만 달러를 버는 것이 훨씬 쉽다'는 말에 적극적으로 동의하는 계기가 되었다.

03

피라미딩 전략

    리버모어는 매번 거래할 때마다 계좌의 한도까지 한 종목에 전액을 투자하고 주가의 단기적인 등락에서 모든 수익을 챙기려는 것을 도박이라고 생각했다. 어떤 사람이 매번 한꺼번에 자신의 한도까지 거래한다고 가정해 보자. 그에게는 어떤 일이 벌어지게 될까? 아마도 극도로 긴장하게 될 것이고 주가의 단기적인 등락에도 심한 고뇌와 갈등을 느끼게 될 것이다. 평소에는 전혀 느껴보지 못한 심한 스트레스를 느끼게 될 것이다. 스트레스는 인간의 두뇌에 직접적인 영향을 미치게 되며, 이성적인 사고는 물론 기억력과 판단력이 현저하게 저하된다. 그러다가 어떻게 운이 좋아 단기적으로 몇 번의 높은 수익을 얻었다면 과연 매매를 멈출 수 있을까? 아마도 그렇지 못할 것이다. 손쉽게 돈을 벌 수 있는 비법을 발견한 것처럼 느끼게 될 것이고, 단기적인 수익에 '중독'될 것이다. 그래서 더욱 빈번하게 매매하게 될 것이며, 그 결과는 필연적으로 손실로 이어질 것이다. 이 세상에 그 누구도 항상 올바른 판단만을 할 수는 없다. 스트레스가 증가되었을 때는 더더욱 그렇다. 최초의 손실을 입는 순간부터 조급한 마

음에 스트레스는 더욱더 증가하게 된다. 이때부터 악순환이 가속화
되는 것이다.

그렇다면 매매할 때 스트레스를 줄이면서 수익을 얻을 수 있는
방법이란 없는 걸까? 답은 의외로 간단할 수도 있다. 하지만 그것은
인간의 본성에 반하기 때문에 결코 쉽지는 않다. 리버모어가 사용했
던 투자 전략은 당시 주식시장에서는 낯선 것이었으며 지금도 마찬
가지이다. 피라미딩 전략은 우리가 흔히 말하는 분할 매수와 외견상
닮아 있다. 하지만 본질적으로는 엄청난 차이가 존재할 수도 있다. 분
할 매수를 이야기할 때 어떤 투자자들은 소위 '눌림목'을 형성할 때
분할 매수에 나서야 한다고들 말한다. 즉, 주가가 하락할 때 매수 단
가를 낮추라는 이야기이다. 저가 분할 매수의 맹점은 '물타기'에 있다.
투자자 자신은 더 낮은 가격에 매수함으로써 매입 단가를 낮추었기
때문에 시장이 반등할 경우에는 수익이 커진다고 말한다. 하지만 시
장이 지속적으로 하락할 경우 손실액은 급격하게 늘어나며 어느 순
간에는 자신은 투기가 아니라 투자를 했기 때문에 관계없다고 생각
하게 되고, 또한 손절매란 투기하는 사람들에게나 필요한 것이지 자
신에게는 해당되지 않는다고 생각하게 된다. 하지만 대부분의 이러한
'비자발적 투자자'들은 시장에서 사라져버린다.

리버모어는 '비자발적 투자자'는 결코 되지 말라고 말한다. 리버모
어의 피라미딩 전략은 항상 돈을 버는 방향으로 자신의 포지션 규모
를 증가시키는 방법이다. 즉, 주식을 매수하는 경우에는 항상 더 높
은 가격에서 매수하고, 공매도할 경우에는 항상 직전에 매도했던 가

격보다 더 낮은 가격으로 체결되어야 했다. 만일 시장 혹은 종목에 추세가 형성되어 있어서 추세적인 움직임을 나타낸다면 매수의 경우에는 항상 더 높은 가격이 될 수밖에 없으며, 매도의 경우에는 더 낮은 가격이 될 수밖에 없다.

성공적인 거래의 상당 부분은 정확한 시기에 거래를 시작하는 것에서 시작되며, 그것은 사전 계획에 따라 이루어지게 된다. 피라미딩 전략을 사용할 경우에는 사전에 자신이 매수할 금액 혹은 수량을 정해 놓아야 하며, 이 계획에 따라 자신의 매매 규모를 조절하게 된다. 또한 피라미딩 전략을 따르게 되면 항상 수익이 난 상태가 유지되며, 그렇지 않다면 피라미딩 전략이라고 할 수 없다.

리버모어가 사용한 피라미딩 전략은 자신이 매수할 총수량을 결정하는 것에서부터 시작되며, 총 네 단계로 이루어져 있다. 만일 최종적으로 자신이 매수하기로 한 주식의 수가 1,000주라면 처음에 200주를 매수하고 주가가 상승한 경우에만 200주를 추가로 매수한다. 만일 이때 주가가 하락하거나 지지부진한 흐름을 보일 경우에는 작은 규모의 손절매를 하게 된다. 절대로 주가가 하락할 때 추가 매수를 해서는 안 된다. 추가적인 매수는 항상 더 높은 가격에 이루어져야만 하며 이렇게 할 때에만 항상 계좌의 잔고에는 수익이 나고 있는 종목들만 남아 있게 된다. 만일 두 번째 200주를 매수했다면, 그것은 시장의 방향에 따라 거래한 것이므로 자신의 감정과 다투는 일도 배제할 수 있게 된다. 후에도 주가가 상승할 경우에만 세 번째 200주를 매수하며 이로써 계획한 수량의 60%를 확보하게 된다. 리버모어는 이 시점에서는 추격 매수하지 말고 잠시 기다리면서 또 한 번의 결정을 내려야 한다고 말한다. 시장을 관찰한 후 주가의 움직임에 따라 결정을 내리는 것이다. 주식은 비록 추세적으로 상승하더라도 일시적인 조정이 나타날 수 있고, 반대로 지금까지의 상승이 일시적인 단기 반등에 그치고 마는 경우도 있다. 이 시점이 주가가 통상적인 조정을 보일 수 있는 시점이며 이 조정으로 인해 가장 최근에 매수한 물량의 매입 단가까지 하락할 수도 있다. 하지만 주가가 다시 상승세를 지속하고 이때 대량 거래를 수반한다면, 직전 고점을 돌파하는 시점에서 나머지 400주를 매수하게 되고 이로써 자신이 원래 계획했던 1,000주를 모두 확보하게 된다. 정리하면 다음의 도표와 같다.

:: **리버모어의 매매 계획표** ::

	비율	수량	단가	금액	날짜
목표 수량 1,000주	20%	200			
	20%	200			
	20%	200			
	40%	400			
계	100%	1,000			

리버모어는 피라미딩 전략을 사용하면서 금액보다는 수량을 기준으로 삼았다. 이렇게 할 경우 주가가 상승할 때 더 많은 금액을 매수하게 된다. 물론 리버모어는 이 비율이 절대적인 것은 아니며 투자

자 각자가 이 기법을 사용하다보면 자신에게 적합한 비율을 찾을 수 있으리라 생각했다. 또한 마지막 매수의 규모가 가장 큰 전략을 사용했는데, 이는 그만큼 추세가 강화되고 있다는 의미이기도 하다. 세 번째 매수 이후 잠시 기다리면서 상황을 재점검하는 이유도 전체적인 흐름을 살피기 위함이었으며, 이렇게 함으로써 충동적인 매매를 방지하면서 가격과 함께 거래량을 고려함으로써 진정한 추세에 편승할 수 있었던 것이다. 리버모어는 이러한 피라미딩 전략을 사용해 큰돈을 벌 수 있었다고 밝혔다.

큰돈을 운용하는 사람이 아니라도 피라미딩 전략을 사용해야 하는 이유는 분명하다. 이 전략을 사용함으로써 무모하게 한 번에 매수하는 것이 아니라 자금을 나누어 매수함으로써 '도박'같은 매매를 하지 않을 수 있기 때문이다. 매번 자신이 매수 가능한 모든 수량을 한 번에 매수하는 것은 어리석은 일이며 결코 성공할 수 없는 방법이다. 리버모어의 피라미딩 전략은 매매 기법이면서 동시에 자금 관리 원칙과 연계되어 있다. 이 때문에 항상 시험 전략과 함께 사용된다.

시장이 우선이다

리버모어는 전체로써의 주식시장의 움직임을 개별 종목의 움직임보다 더 중요시했다. 왜냐하면 시장에 대항해서는 살아남을 수 없기 때문이다. 비록 주식시장이 하락할 때에도 개별 주식 중에서 급등하는 주식이 탄생하기는 하지만 그것은 예외적인 경우이고, 개별 주식의 급등 뒤에는 심각한 후유증이 수반되는 경우가 많다.

주식시장에서는 전체 시장이 강세를 나타낼 때는 악재가 무시되고, 전체 시장이 약세를 나타낼 때는 호재에 둔감하다. 증시가 활황일 때는 어지간한 악재는 장중에 잠시 조정받고 곧바로 상승세로 돌아서기 쉬우며 설령 조정을 받는다고 하더라도 단시일 내에 직전 고점을 돌파하기도 한다. 반면에 약세장일 때는 정부의 증시 부양책이나 호재성 재료가 시장을 반전시키기는커녕 오히려 매물을 불러오기도 한다.

반대로 노련한 투자자의 경우 비록 주식시장이 온갖 호재로 들떠 있더라도 시장 자체의 움직임에서 이상 징후를 발견하기도 하고, 약세장의 막바지에서는 조그마한 악재로 시장이 급락할 때를 절호의 매수기회로 활용하기도 한다. 하지만 리버모어는 천장에서 팔려거나 바닥에서 사려는 시도는 무모한 것임을 경고하고 있다. 현재의 시장을 직시하고 상황을 파악함으로써 현 장세의 국면을 판단하라고 말한다. 이렇게 함으로써 시장이 말하고자 하는 것을 들을 수 있었으며, 시장이 상승 추세를 형성하고 있을 때는 매수자의 입장에서 거래했고, 시장이 하향 추세일 때는 매도자의 입장에서 거래했다. 이렇게 시장의 방향에 따라 시세에 순응하며 자신의 포지션을 늘려갔다. 전체 시장의 폭을 나타내는 지표는 몇 가지가 있지만 일반적으로 많이 사용되는 것이 등락주선Advance Decline Line, 등락비율Advance Decline Ratio 그리고 52주 신고가를 기록한 종목 수에서 신저가를 기록한 종목 수를 차감하여 그 추이를 살펴보는 방법 등이 있다.

다음 페이지의 그림은 시장이 새롭게 추세를 형성하기 시작한 2003년 3월부터 2005년 3월까지의 종합주가 지수를 표시한 것이다. 등락주선은 전체적인 시장의 강도를 살펴볼 때 도움이 된다. 항상 0에서 시작되므로 수치는 그다지 중요하지 않고, 중요한 것은 등락주선의 기울기와 패턴이다.

등락주선의 추세를 연구함으로써 시장의 추세와 그 추세의 견고함, 그리고 현재의 흐름이 지속된 정도를 알 수 있다. 그래서 다수의 시장 참여자들은 지수의 흐름만을 참고하는 것보다 등락주선이 시장의 강도를 훨씬 더 잘 나타낸다고 생각해서 함께 참고하는 경향이 높다.

등락주선의 또 다른 용도는 지수와의 다이버전스Divergence 발생 여부를 관찰하는 것이다. 강세장의 막바지에서는 종종 비록 지수는 상승하더라도 등락주선은 상승하지 않는 모습을 보이고, 실제로 다이버전스가 발생할 경우 지수는 조정을 받고 등락주선이 움직이는 방향으로 따라간다.

아래 그림에서는 2003년 7월 이후 지수는 상승하는 모습이지만 등락주선은 하락하는 모습을 보이고 있다. 이는 당시 지수에 영향력이 큰 대형주들 위주로 시장이 상승했다는 것을 뜻한다. 2004년 8월 이후에는 지수의 상승과 상승 종목들의 숫자가 증가한 것을, 지수와 함께 상승하는 등락주선의 모습으로 알 수 있으며 이전과는 달리 활발한 종목 장세가 전개되고 있는 모습이다.

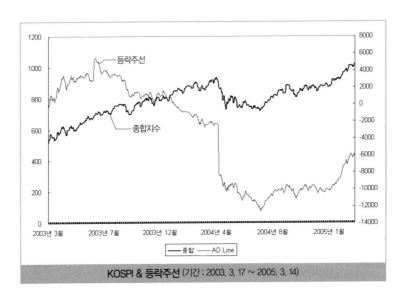

KOSPI & 등락주선 (기간 : 2003. 3. 17 ~ 2005. 3. 14)

짝짓기 매매와
시장 선도주의 순환

주식시장과 경제와의 관계를 개에게 목줄을 채워 산책을 나간 주인으로 비유하기도 한다. 여기에서 주인은 경제 상황이고 개는 주식시장이다. 줄의 길이에 따라 차이는 있지만 개는 주인의 주변을 맴돌며 주인이 이끄는 방향으로 나아간다는 것이다. 그리고 대부분의 경우 주식시장은 현실 경제보다 앞서 움직이며 이는 미래의 경제 상황에 대한 시장 참여자들의 기대가 반영된다. 이 때문에 주식시장은 미래를 현재로 할인하여 거래하는 것이고, 미래의 불확실성으로 인해 내일의 주가는 귀신도 모르고 오직 시장만이 알고 있다고들 말한다.

주식시장에서는 하루에도 무수히 많은 분석 자료가 쏟아져 나온다. 주식시장에 대한 기본적 분석을 바탕으로 한 향후 시장 전망은 여러 가지 변수를 감안하기는 하지만 기본적인 분석의 틀은 향후 수익에 대한 전망을 바탕으로 하고 있다. 그리고 산업 혹은 종목 분석 자료의 대부분은 해당 업종에 대한 향후 전망과 함께 해당 산업 내의 우량한 종목을 발굴하고자 한다. 지금도 주식시장에서는 철강업종, 배터리업종, 자동차업종, 통신업종, 금융업종, 바이오업종, 반도체업종 등으로 분류하면서 향후의 주도업종을 찾으려는 노력이 계속되고 있다. 이러한 시도의 밑바탕에는 업황의 호조나 개별 주식의 향후 실적에 대한 긍정적인 기대감이 자리하고 있다.

리버모어는 강세장에서 시장을 선도하는 업종과 그 업종의 대표적인 선도 주식을 파악하는 것이 가장 중요하다는 점을 강조했다. 그리고 선도 업종 내의 소수의 선도주들에 관심을 집중해야 한다고 말했다. 그렇게 함으로써 투자자들은 자신이 투자하는 종목의 수를 제한할 수 있다는 것이다. 특히 초보자들의 경우에는 관심 종목의 수를 제한하여 선택하고 집중해야 하며, 주식시장에서 경험을 쌓고 자신이 연구한 후에 관심 종목을 확대하는 것이 좋다. 리버모어는 주식시장을 이끄는 선도 업종과 해당 업종의 강세를 이끄는 대표 주식의 움직임을 관찰함으로써 이 주식의 주가가 유사한 움직임을 보인다는 것을 발견했고, 이러한 현상을 '명백한 집단화 경향'이라 불렀다. 이 주식이 유사한 움직임을 보이는 원인을 해당 산업의 업황이나 향후 전망이 산업 전체에 영향을 미치기 때문이라고 설명했는데, 그의 기본적 분석과도 그 맥을 함께한다.

만일 해당 업종에 대한 향후 수익 전망이 긍정적이라면 그로 인해 수혜를 입는 것은 해당 산업에 속하는 모든 주식일 것이고, 따라서 주가가 함께 상승하는 것은 당연한 일이다. 하지만 만일 선도 업종에 속하는 주식이지만 주가의 움직임이 지지부진하다면 어떻게 해석하는 것이 좋을까? 이 경우 비록 시장에 알려지지는 않았지만 해당 주식에 문제가 있을 확률이 높다. 그 이유는 내일 당장 밝혀질 수

도 있고, 몇 주 후, 몇 달 후 혹은 아주 오랜 시간이 지난 후에 밝혀
질 수도 있다. 더 명백한 것은 현재 주식시장이 강세 흐름을 나타내
고 있음에도 주도업종에 해당하는 산업의 주식이 그 흐름에 동참하
고 있지 못하다는 점이다. 리버모어에게는 이것만으로도 해당 주식
을 매수하지 않을 이유가 충분했다. 바로 이 점이 리버모어가 저가주
를 피한 이유이기도 했다.

리버모어는 선도 업종의 선도 주식의 흐름을 연구함으로써 전체
주식시장의 상황을 분석하고 평가했다. 만일 전체 주식시장이 더 상
승하지 못하고 지금까지 시장을 이끌던 선도주들이 더 이상 신고가
를 경신하지 못한 채 지지부진한 흐름을 나타낸다면 이때는 조심해
야 한다. 1907년의 경험을 통해 이 점을 확연하게 깨달을 수 있었다.
1929년 주식시장이 급락했을 때도 시장이 정점을 형성했던 것은 주
가가 폭락하기 한 달 전이었다. 리버모어는 자신이 시장의 핵심Market
Key이라 부른 독특한 분석법을 사용했는데, 이는 선도 업종에 속한
대표적인 두 종목의 주가를 연관시켜 분석하고 해당 주식의 진정한
추세 형성의 여부를 판단함으로써 매매에 적용하고자 한 기법이었다.

주식시장에서는 같은 산업에 속하지는 않지만 일부 주식이 테마
주로 불리며 함께 움직이는 경우도 많이 있다. 특히 전체 시장이 불
안정한 움직임을 나타낼 때는 온갖 테마주가 유행하며 그중 일부 주
식은 급등하기도 한다. 하지만 이러한 테마주들의 강세는 오래 지속
되지 못하고 단기적으로 급등한 후에는 급락하기 쉽다. 그러므로 시
장의 선도주를 매매할 때보다는 훨씬 더 세심한 주의를 기울여야 한

다. 물론 상당한 경험이 필요하기도 하다. 운이 좋아 테마주에서 단기간에 높은 수익을 올릴 수 있었더라도 그 누구도 항상 올바른 결정을 내릴 수는 없다. 따라서 자신만의 원칙이 없다면 낭패를 당하기 쉬운 것이 테마주 매매이다. 게다가 지나치게 테마주에만 주의를 기울이다 보면 전체 시장의 움직임을 놓치기 쉽다. 명심하자. 큰돈을 버는 것은 전체 시장과 함께할 때만이 가능한 것이다.

주식시장에서 산업에 대해 연구하는 것은 또 다른 이점이 있다. 그것은 매번 주식시장이 새로운 강세장으로 진입할 때 시장을 이끄는 선도주들이 있기 마련인데 이 선도주들이 속한 산업은 바로 직전 강세장에서의 선도 업종이 아닌 경우가 많았다. 이것은 경제도 살아 있는 생명체처럼 순환하기 때문이며 경제가 성장하는 동력 또한 순환되기 때문이다. 따라서 리버모어는 주도업종을 연구함으로써 강세장에서 선도주에 집중하여 투자할 수 있었고, 그것이 상상하기 어려울 정도로 높은 수익을 올릴 수 있었던 이유이기도 하다.

오른쪽 위 그림은 2003년 3월부터 2005년 3월까지 지수 대비 성과가 좋았던 시장 선도 업종들이다. 이 기간 동안 운수창고업종이 시장을 선도하는 업종으로 나타났으며, 건설업종과 화학업종의 상승폭도 큰 모습이다. 지수의 지속적인 상승에도 상승폭이 가장 컸던 운수창고업종의 상승세는 지수보다 앞서 둔화되는 모습을 보였다. 이는 시장을 전체적으로 보는 것의 중요성과 선도 업종들 중 한 업종이 고점을 형성했다고 하더라도 시장의 상승세가 급격하게 꺾이지는 않는

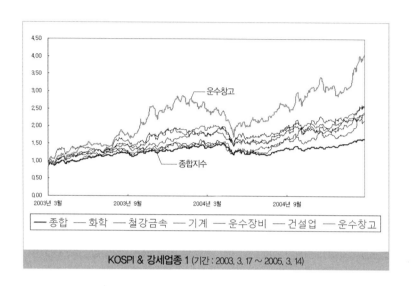

KOSPI & 강세업종 1 (기간 : 2003. 3. 17 ~ 2005. 3. 14)

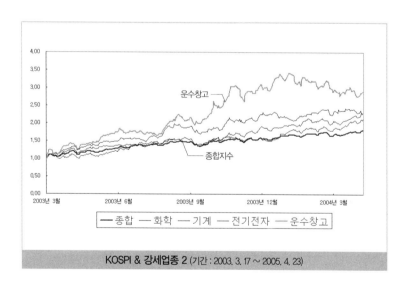

KOSPI & 강세업종 2 (기간 : 2003. 3. 17 ~ 2005. 4. 23)

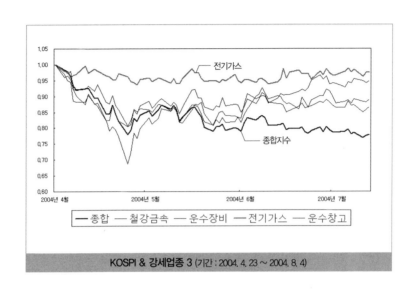

KOSPI & 강세업종 3 (기간 : 2004. 4. 23 ~ 2004. 8. 4)

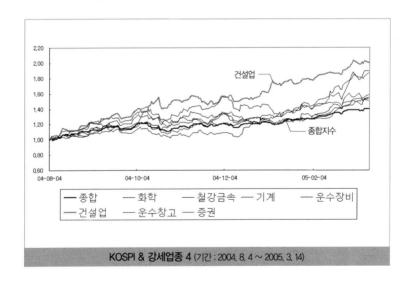

KOSPI & 강세업종 4 (기간 : 2004. 8. 4 ~ 2005. 3. 14)

다는 점을 보여주고 있다.

그 아래 그림은 2003년 3월부터 2004년 4월까지 지수가 1차 상승했을 때 강세를 나타낸 업종들이며, 이 기간 동안에는 업황 호전에 따른 기대감으로 운수창고, 기계, 화학 및 전기전자업종의 상승세가 두드러졌다 .

그리고 왼쪽 위 그림은 시장이 조정을 보이던 2004년 4월부터 2004년 8월까지 시장 대비 우수한 성과를 나타낸 업종들이다. 비록 시장 대비 업종지수의 하락폭은 작았다고는 하지만 하락세를 피할 수는 없었다. 특징적으로 전기가스업종의 경기가 꾸준한 흐름을 보여주었다는 점이다.

그 아래 그림은 2004년 8월부터 2005년 3월까지의 기간을 표시한 것으로써 건설업종의 상승폭이 가장 컸으며, 그 뒤를 증권업종과 운수창고업종이 잇고 있다. 1차 상승기에 가장 상승폭이 컸던 운수창고업종과 기계업종도 지수 대비 높은 성과를 올렸지만 시장을 선도하는 업종은 순환되는 모습을 보여주고 있다.

앞서 살펴보았듯이 이 기간 동안에는 시장의 상승과 함께 상승하는 종목의 수가 증가했으며 정부의 부동산 정책에 대한 기대감과 거래 대금의 증가로 건설업종과 증권업종의 상승폭이 큰 모습이다.

06

투자 요소로서의
시간

　리버모어는 시간 요소에서 자신의 투자 전략이 도출되었다고 밝히고 있다. 시간 요소란 거래의 시기를 의미하며 적절한 시기에 시장에 진입하거나 빠져나와야 한다는 것을 의미한다. 여러 번 말했지만 리버모어는 인내심을 갖고 주식이나 선물의 움직임을 관찰해서 특정한 가격 패턴이 나타나는 것을 발견했다. 그러한 패턴이 나타나는 시점의 가격을 전환점이라 부르고 그 전환점에서 매매하고자 했다. 주가가 어떤 특정한 패턴을 나타내기 위해서는 반드시 거쳐야 하는 진행 과정이 있고, 가격이 패턴을 형성하기 위해서는 충족되어야만 하는 조건이 있다. 그 조건이 충족될 경우에만 패턴이 완성되므로 해당 시점에서 그 조건이 만족되어야 한다고 리버모어는 생각했다.

　리버모어는 시장에 처음 진입하는 순간부터 수익이 났던 거래에서 큰돈을 벌 수 있었다고 이야기한다. 주가가 그렇게 움직인 이유는 해당 주식이나 상품선물이 움직이는 힘이 너무나도 강해서 그러한 움직임을 지속할 수밖에 없었기 때문이라고 판단했다. 그렇게 움직이는 시기를 '심리적 시간'이라는 용어로 설명하고 있다. 이것이 바로 추세 형성의 근원적인 힘이고, 추세의 하부 구조라고 하겠다. 그렇게 주식시장과 상품선물시장에서의 성공적인 거래는 인내심을 지니고 자신이 원하는 시점, 즉 투자 원칙에 따라 거래할 때 가능하다고 리버모어는 역설한다.

07

전환점의 활용

　전환점은 리버모어가 매매의 시점으로 잡기 위해 사용했던 신호로 주가의 특징적인 움직임을 표현하는 말이다. 시장의 속성 중에서 반전과 지속이라는 두 가지의 속성을 이용해 매매의 시기를 결정할 수 있다. 리버모어가 말한 전환점은 기술적 분석에 관한 책을 한두 권이라도 접해 본 사람들이라면 익히 접해 본 내용이지만 그 진정한 활용법에 대해 깊이 생각해 본 사람들은 그리 많지 않을 것이다. 리버모어는 기술적 분석가들이 시장에서 실패하는 이유를 유연한 사고의 부족으로 지적한 바 있다. 리버모어는 항상 전환점이 발생할 때 거래에 참여하고자 했는데 전환점을 이미 넘어선 경우에는 추격 매수가 되므로 그다지 좋은 성과를 기록할 수 없다고 말한다. 추세에 따라 매매를 해야지 무모하게 추격 매매하지 말라는 뜻이다.

　리버모어는 자신이 매매에 활용해서 훌륭한 성과를 거둘 수 있었던 기법이 다른 사람에게는 아무런 효력도 없을 수 있다고 말한 적도 있는데, 그 이유로 어떤 기법도 100% 옳을 수 없기 때문이다. 리버모어는 주가가 자신이 생각했던 것과 다른 움직임을 보인다면 아직 '시간'이 무르익지 않았기 때문이라고 판단하고, 포지션을 정리했다. 이 점은 '예상'보다는 '대응'이라는 말과도 일치한다. 아무리 뛰어난 예측 능력을 가지고 있고 시장을 철저히 분석했더라도 항상 시장의 움직임을 맞힐 수는 없다.

기술적 분석에 대한 부정적인 시각도 많은데, 그 이유는 기술적 분석 도구에 따라 매매했는데 손실이 발생하는 경우가 있기 때문이다. 하지만 컴퓨터를 사용해 기술적 지표를 구성하고 있는 변수들을 최적화시킨다 하더라도 그 최적값을 구하기 위해 사용한 과거 분석의 시기별로 최적값은 달라질 수 있고, 앞으로의 시장 움직임에 따라 달라지도 한다. 100% 수익이 나는 마법 같은 매매 기법은 존재하지 않으며, 시장에 진입하기 전에는 항상 손절 수준을 정해 두어야 한다. 손절은 금액이 될 수도 있고 리버모어처럼 자신이 생각했던 것과는 다른 움직임을 보일 때 바로 포지션을 정리하는 것일 수도 있다. 중요한 것은 거래에 임하기 전에 정해진 매매 계획을 준수하는 것이며, 결코 막연한 '희망' 때문에 비자발적 투자자가 되어서는 안 된다는 점이다.

다음으로 몇 가지 패턴 분석을 리버모어가 전환점을 포착했던 방법으로 살펴보겠다.

1. 이중바닥

패턴 분석에서는 주가의 움직임을 지속형과 반전형으로 구분할 수 있으며, 이 중 매수 관점에서 접근할 수 있는 대표적인 형태가 이

중바닥_{Double Bottom}형과 역헤드앤드숄더_{Reverse Head and Shoulder}형이다. 리버모어가 매수의 시점으로 적절하다고 판단한 모습은 이중바닥형이며 알파벳 'W'모양을 하고 있다. 대부분의 경우 두 번째 저점이 첫 번째 저점보다 높은 모습을 나타내는데, 간혹 두 번째 저점이 첫 번째 저점을 하회하기도 한다. 하지만 이 경우에는 극히 짧은 기간 내에 상승 전환에 성공해야 한다.

아래 차트는 동국제강의 일봉차트에서 나타난 이중바닥형 모습이다. 2004년 4월말부터 거래량이 증가하는 모습을 보인 뒤 주가는 5월초 A와 B지점에서 'W'자 모양의 이중바닥을 형성했으며 이후 기간 조정을 보이면서 재차 하락했지만 이전의 저점을 지키며 C지점에서 상승 전환에 성공하는 모습이다. 이후 주가가 상승하면서 거래량도 증가하는 모습을 보이다가 9월 중순까지 별다른 조정을 받지 않

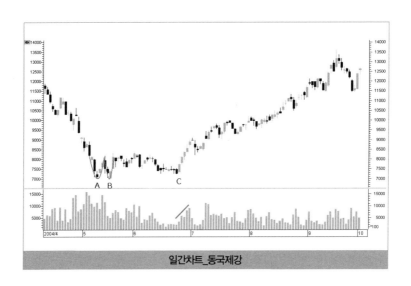

일간차트_동국제강

224

고 지속적으로 상승하고 있다. B지점에서 A지점의 저점을 하회하지
않고 곧바로 상승하고 있지만 이중바닥 모형에서는 단기적으로 A지
점을 하회할 수도 있다. 그러나 1~2일 내에 곧바로 이전 저점을 강하
게 돌파해 주어야 한다는 것이 이중바닥 모형이 성립하기 위한 조건
이다.

2. 박스권 돌파

리버모어의 매매 중 상품선물을 거래할 당시 자주 언급되는 패턴
으로 장기간에 걸친 횡보 후 기존의 박스권을 이탈하는 경우를 말한
다. 일정한 박스권 내에서 장기간에 걸친 횡보를 마치고 새로운 추세
가 형성되는 경우이므로 추세가 바뀌면서 상당기간 새로운 추세가
지속되고 있는 것을 볼 수 있다.

주간차트_한국타이어

앞 페이지 한국타이어의 주봉 차트를 살펴보자. 1999년 하반기부터 계속되던 하락세가 일단락된 후 그해 연말부터 2003년 초까지 3년 이상 지루한 박스권을 형성하는 모습을 보였다. 2003년 주식시장이 상승세로 전환되자 주가는 거래량을 동반하며 A와 B를 연결하는 박스권을 돌파한 후 지속적인 상승세를 이어가는 모습이다. 화학업종은 2003년과 2004년 주식시장이 상승하는 동안 주도업종 중 하나였으며 한국타이어도 이러한 흐름에 동참하는 모습을 보였다.

3. 수렴 후 돌파

시세를 분출한 후 휴식 기간을 거친 주가가 기존의 추세를 강화하는 과정을 의미한다. 리버모어는 자신이 가격의 천장과 바닥에서 거래할 수 없다는 점을 잘 알고 있었다. 그렇기 때문에 상당한 수익

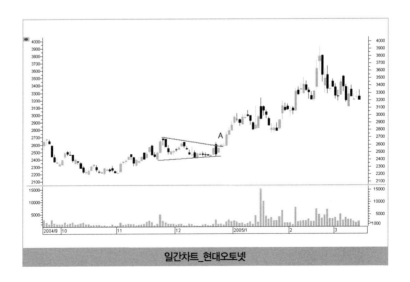

일간차트_현대오토넷

을 확보한 후에는 시장에 충격을 주지 않으면서 포지션을 정리하곤 했다. 현금을 확보한 다음 인내심을 가지고 시장을 관찰하면서 거래할 시기를 찾고자 했다. 이렇게 하는 것이 매번 시장에 참여하려는 자신을 효과적으로 억제하는 방법이기도 했다.

왼쪽 차트는 현대모비스로 흡수·합병되기 전 현대오토넷의 일봉이다. 주가는 2004년 11월 하순부터 근 한 달간의 기간 조정을 받으며 수렴하는 모습을 보였다. 12월 하순 수렴 구간을 상향 돌파한 후에는 두 달간 지속적인 상승세를 이어갔다. 리버모어는 차익을 실현한 후 수렴 구간이 발생할 경우 주가가 이탈하는 방향으로 거래하고자 했는데, 이는 기술적 분석에서 제시하는 매매 방법과 일치하는 매매법이었다.

4. 특정 가격대 돌파

리버모어는 주가가 특정한 가격 예를 들어 100달러, 200달러, 300달러와 같이 하나의 심리적 저항 가격을 돌파할 때 단기간에 주가가 급등하는 현상을 사설 증권회사에서 거래할 당시부터 목격했다. 이러한 현상을 적극적으로 매매에 이용했으며 이후에도 상당한 성과를 거둘 수 있었다. 하지만 만일 주가가 이 가격대 근처에서 저항을 받거나 돌파한 직후에도 가격이 적절한 움직임, 즉 단기간에 상승하지 않을 경우에는 곧바로 소규모의 손절매를 기록해야 했다. 이렇게 시장이 자신이 생각한 움직임과 다른 움직임을 보일 때는 신속하게 자신의 견해를 수정하고 모종의 조치를 취했다. 이 경우 리버모

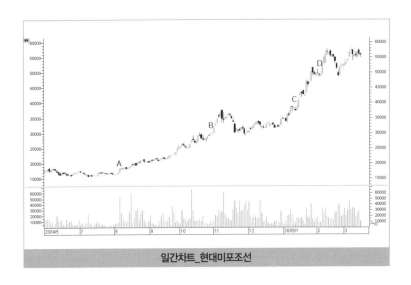

일간차트_현대미포조선

어가 취할 수 있는 조치는 손실을 받아들이는 것이었고 이것이 시장에 순응하는 방법이기도 했다.

위 차트는 운수장비업종의 현대미포조선의 일간 차트이다. 현대미포조선의 주가는 지속적인 상승 흐름을 이어가면서도 주가가 A, B, C, D에서 보는 것과 같이 만 원 단위를 돌파할 경우 단기적으로 탄력이 강화되는 모습을 보였다. 리버모어는 이러한 주가의 특정 흐름을 이용해 단기 매매에 활용하곤 했다.

5. 손잡이 달린 컵

과거 국내의 기술적 분석 서적에서는 손잡이 달린 컵Cup with Handle 패턴 자체가 시세의 '완료형'으로 여겨졌지만 오닐의 책을 통해 아주 강력한 '진행형'인 점이 알려지게 되었다. 오닐은 잭 드레퓌스Jack Dreyfus가

종목을 선정한 기준을 연구하다 드레퓌스가 신고가를 돌파하는 종목을 매수함으로써 탁월한 성과를 올렸다는 점을 발견하고 조사와 연구를 계속했다. 그리고 결국 오닐은 'CAN SLIM 기법'을 통한 종목의 선정과 함께 손잡이 달린 컵 패턴을 이용한 매매함으로써 커다란 성과를 올릴 수 있었다. 오닐은 하버드대학의 경영대학원에서 공부할 당시 리버모어의 책을 접했고, 이후 리버모어의 매매 기법에 대해 연구하고 실증적인 분석을 통해 주식이 신고가를 기록할 때 매수하는 것이 안전한 매매 방법이라는 점을 밝히기도 했다.

리버모어를 추세 매매자로 불리게 하는 가장 대표적인 매매 기법이 피라미딩 전략과 결합된 '신고가 매매' 기법이다. 그는 '손잡이 달린 컵'을 이용해 매매했다. 지속적인 주가의 상승으로 인해 1차 고점을 형성한 후 주가가 얕은 조정을 보이는 손잡이 부분에서 반등에 성공하여 직전 고점을 돌파하는 시점을 전환점으로 삼았다. 이 경우 직전 고점을 '최소 저항선'이라 불렀다. 이 최소 저항선이 리버모어가 피라미딩 전략을 사용할 때 마지막 40%의 물량을 확보하는 시점이었으며, 향후 주가가 지속적으로 상승하기 위해서는 대량 거래를 수반하면서 반드시 돌파해야 하는 가격이기도 했다.

다음 쪽에 나오는 차트는 2014년 3월 상장 폐지된 기륭전자의 주봉 모습으로 A에서 B까지의 '컵' 모양과 B와 C까지의 '손잡이' 모양으로 구성되어 있다. 주가는 장기간에 걸친 바닥 형성 과정을 거친 후 고점 부근인 B에서 조정을 받았고, C지점에서 대량의 거래량을 동반하며 돌파에 성공함으로써 추세적으로 상승세를 이어가는 모습

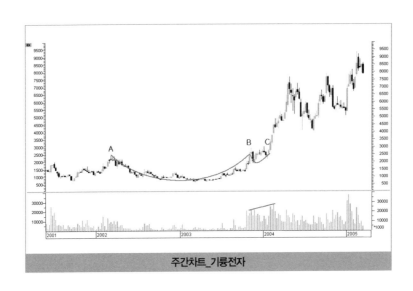

주간차트_기룡전자

을 보였다. 이 모형에서 가장 중요한 것은 '손잡이' 부분에서의 주가 하락이 크지 않아야 한다는 것과 조정 기간이 비교적 짧은 기간 내에 이루어져야 한다는 점이다. 또한 돌파와 함께 거래량의 증가가 수반되어야 한다. 리버모어는 항상 주가의 움직임과 함께 거래량을 중요시했다. 이 패턴에서는 주가가 신고가를 돌파하고 난 이후에는 매물대의 공백으로 인해 거래량 줄어들면서 급등하는 현상을 목격할 수 있다.

6. 차익의 실현과 매도를 할 때 유의점

리버모어는 주식이나 상품선물을 매도하는 시점은 자신이 원하는 가격이 아니라, 매도할 수 있는 가격에 이루어져야 한다고 말했다. 리버모어는 투자 규모가 컸으므로 시장에 충격을 주지 않으면서 보유 물량을 처분하고자 했다. 따라서 거래가 급증하고 다른 트레이더들이 탐욕적으로 매수할 때 보유하고 있는 물량을 처분했다. 그렇게 리버모어의 물량은 시장에 자연스럽게 흡수되었을 뿐만 아니라 상당히 빈번하게 최고가 부근에서 매도할 수 있었다. 결과적으로 욕심을 줄임으로써 최고의 매도 시점에서 매도할 수 있었던 것이다.

리버모어는 항상 시장을 유심히 관찰하며 시장의 입장에서 거래 시기를 조절하려 했다. 시장에서 특징적인 움직임이 나타날 경우에는 위험 신호로 받아들이고 적극적으로 보유 물량을 축소했다. 리버모어는 '위험 신호'를 가격의 움직임과 거래량과의 관계 등에서 찾으려 했는데, 이 중 가장 주의를 기울인 것이 '하락반전형 일봉'이라 불리는 가격 패턴이었다. 이 패턴은 전일 주가가 급등하며 장대양봉을 형성한 후 당일 대량 거래를 수반하며 장중에는 전일보다도 급등하지만 장을 마칠 무렵에는 상승폭의 상당 부분을 반납하는 모습을 나타낸다. 익일에는 장 초반 약세를 보이던 주가가 상승 반전에 성공하기도 하나 그다음 날부터 주가의 하락세가 이어지게 된다. 이러한 주가의 패턴은 이전과는 상당히 다른 모습으로 단 하루 만에 대량 거래를 수반하며 주가의 흐름이 기존의 흐름과 다른 모습을 보인다는 점에서 위험 신호로 받아들였다. 리버모어가 위험 신호로 인식하기 전까지 주가 흐름은 주가가 상승할 때는 거래량이 증가하고, 통상적인 조정의 국면에서는 거래량이 감소하는 모습을 보였다. 하지만 이 경우에는 주가가 단기간에 급락할 때 거래량이 증가하는 모습을 나타냈으며 따라서 이것을 위험 신호라고 해석한 것이다.

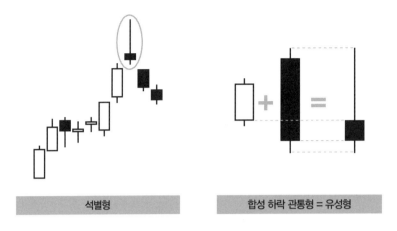

| 석별형 | 합성 하락 관통형 = 유성형 |

전체적 패턴은 우리가 알고 있는 기술적 분석의 하락 반전 신호 중 석별형Evening Star Pattern과 유사한 모습이며, 둘째 날은 고점 영역에서 장대양봉의 출현 후 갭 상승을 했으나 장 후반 매물의 출회로 인해 윗꼬리수염의 길이가 몸통의 두 배 이상인 유성형Shooting Star이 이에 해당한다.

리버모어가 위험 신호로 인식한 또 다른 패턴이 하락 장악형Bearish Engulfing Pattern이다. 이 패턴은 전일 고가보다 금일 고가가 높았지만 종가는 더 낮은 수준에서 마감한 경우를 말하는데, 대량 거래를 수반할 경우 그 신뢰도는 더욱 높아진다. 이 패턴 역시 주가가 상승 추세를 나타낼 때는 출현하지 않는 모습으로 이러한 주가의 '이상 변화'를 리버모어는 위험 신호로 받아들였다.

위험 신호가 출현했다고 해서 시장의 상승 추세가 하락 추세로 전환됐다고 단언하기는 힘들지만 리버모어에게 고점에서의 이러한 패턴은 새로운 최소 저항선의 출현을 의미했다. 주가가 지속적으로 상승하기 위해서는 거래량의 증가가 수반된 최소 저항선의 돌파가 필요했다. 우리에게는 친숙한 봉차트가 미국 투자자에게 본격적으로 소개된 것은 1990년대 초반 이후이므로 리버모어가 이와 같은 위험 신호들을 발견한 것은 오로지 주가의 흐름을 유심히 관찰함으로써 가능했던 것이다.

리버모어는 시세의 상승과 하락 양방향 모두 거래했다. 무모한 약세론자는 아니었으므로 '위험 신호'가 출현했다고 해서 바로 공매도 거래에 나서지는 않았다. 리버모어는 공매도 거래를 할 경우에도 지금까지 위에서 설명된 전환점을 이용해서 자신의 포지션을 설정했다. 주가의 상승 배경에는 '희망'이 자리 잡고 있고, 하락의 추진력은 사람들의 '공포'이므로 상승장에서의 공매도 거래는 매우 위험하다. 즉, 주가가 상승할 때는 천정부지天井不知로 치솟지만 하락하더라도 '0' 이하로는 빠지지 않는다. 그래서 공매도 거래를 할 경우에는 매우 신속하게 대응할 수 있는 능력이 필요했으므로 결코 쉬운 거래 방법은 아니었다. 따라서 최소한 10% 이상의 목표 수익을 기대할 수 없을 경우에는 공매도 거래에 나서지 않았다. 이는 잦은 거래로 인한 손실을 막아주는 효과도 있었다.

다음 쪽에 나오는 차트는 삼성SDI의 일봉차트이며 주가가 본격적으로 하락한 2004년 4월 이전에 고점을 형성하며 위험 신호를 알리고 있다. 주가의 지속적인 상승으로 인해 차익 실현에 나서는 모양을 고점 부근에서 관찰할 수 있다. 첫 번째 '위험 신호'가 나타난 2004년

일간차트_삼성 SDI

1월 이후 시장 전체가 급락한 2004년 4월 이전까지 주가는 박스권의 흐름을 보였고, 시장의 하락과 함께 하락 관통형이 나타나며 급락하고 있다. 당시 전기전자업종도 시장의 상승세를 이끌던 업종 중 하나로, 삼성SDI의 예를 통해 선도 업종에 속하는 선도 주식의 흐름을 관찰하는 것의 중요성을 다시 한번 확인할 수 있다.

4장

제시 리버모어의
자금 관리 원칙

01

완벽한 것은 없다

　육십여 년 전 미국과 베트남은 전쟁을 벌였다. 미국의 군사 전문가들은 베트남군의 화력으로는 미군의 전투기를 떨어뜨릴 수 없다고 자신했고, 전투기를 이용한 공습 전략을 적극적으로 활용했다. 하지만 실제 전쟁 중에 미군의 전투기는 격추되었다. 당혹한 미군의 전문가들은 전투기를 격추시킨 상대의 무기를 조사하기에 이르렀다. 그런데 미국은 막상 상대의 그 무시무시한 무기의 정체를 알고는 경악을 금치 못했다. 미군의 최신형 전투기를 파괴시킨 것은 어처구니없게도 소련제 구식 소총이었다.

　전쟁터에서는 과학으로 설명할 수 없는 일들이 왕왕 벌어지는 법인데 그것은 주식시장에서도 마찬가지이다. 아무리 컴퓨터를 이용한 최첨단 트레이딩 시스템을 갖추었다거나 100%에 가까운 승률을 자랑하는 매매 지표를 발견했다 하더라도 실제 시장에서 절대적인 수익을 보장하지는 못한다. 시장은 유기적인 생명체이고, 설명이 어려운 일들이 일어나는 곳이기 때문이다.

　따라서 주식시장에서 오래도록 살아남기 위해서는 자신만의 매매 기법과 함께 건전한 자금 관리 원칙이 반드시 필요하다. 물론 매매 전략이 훌륭하지 않다면 극히 운이 좋은 경우를 제외하면 수익을 얻기란 거의 불가능하고, 또 주식시장에서 요행수로 지속적인 수익을 얻는 것도 가능하지 않다. 수익을 얻기 위해서는 매매 기법이 매우 중요하지만 아무리 훌륭한 매매 기법을 사용한다 하더라도 그것이 지속적인 수익과 주식시장에서의 '생존'을 보장하는 것은 아니다. 간혹 승률이 90%를 웃도는 사람들을 볼 수도 있고, 수십 번을 매매하면서 단 한 번도 손실을 입지 않는 사람도 볼 수 있다. 하지만 건전한 자금 관리 원칙을 따르지 않는다면 단 한 번의 실수로 모든 것을 잃을 수도 있는 것이 주식시장이다.

이 둘은 시험 전략과 피라미딩 전략의 관계처럼 동시에 고려되어야 하며 리버모어는 이 두 전략을 함께 사용함으로써 입체적인 투자를 할 수 있었다. 리버모어도 이 점에 대해 잘 알고 있었으므로 이에 따라 자신의 매매 기법과 자금 관리 원칙을 발전시켜 나갔다.

02

쉬는 것도 투자다

주식시장은 상승하는 기간이 1/3, 하락하는 기간이 1/3, 그리고 횡보하는 기간이 1/3이라는 말이 있다. 시장이란 항상 추세를 형성하는 것은 아니며 추세를 형성하기 위해서는 시장 역시 쉬는 시간이 필요하다.

리버모어는 사설 증권회사에서 거래할 당시의 매매 내역을 분석하면서 지나치게 잦은 매매는 손실로 이어진다는 점을 알게 되었다. 누구도 시장의 흐름을 완벽하게 예측할 수는 없고, 또 자잘한 모든 등락을 수익으로 연결시킬 수는 없다. 리버모어 역시 예외는 아니었다. 리버모어는 점차 시간이 지날수록 추세의 중요성을 인식했고 시장이 추세가 형성될 때만 매매해야 한다는 점을 깨닫게 되었다.

리버모어는 평생 동안 주식시장에서 투자자로 살았기에, 포지션을 모두 정리한 시점이 곧 휴가를 의미했다. 휴가 기간에는 주식시장에서 멀리 떨어진 휴양지로 여행을 떠나 바다낚시를 즐겼다. 때때로 아예 월스트리트에서 멀어지기 위해 유럽으로 여행을 떠나기도 했다. 지금과 달리 항공산업이 발달하지 않았을 때였으므로 유럽으로 가기 위해서는 배를 이용해야 했기에 휴가 기간은 길어질 수밖에 없었다. 그리고 그만큼 시장에서 자연스럽게 멀어질 수 있었다.

리버모어에게 휴가란 시장에서 멀어짐으로써 강제적으로 인내심을 행사할 수 있는 방법이었으며, 사색의 시간이기도 했다. 리버모어가 주식시장과 주식 투자에 대해 언급했던 수많은 금언들과 투자 철학, 매매 기법은 휴가 기간 동안의 자성의 시간과 무관하지는 않다. 휴가는 단순히 즐기는 시간이 아니라 또 하나의 투자 전략이었다. 휴가를 통하여 훨씬 더 전략적인 관점에서 시장에 접근할 수 있는 기회를 발견할 수 있었다. 리버모어는 시장에서 한발 멀어져 있을 때 시장의 흐름을 객관적으로 살펴볼 수 있었고, 시장의 추세를 더욱더 명확하게 읽을 수 있었던 것이다.

03

현금이 생명선이다

주식 투자를 군사 작전에 비유하는 경우가 많다. 시장의 속성상 내가 살기 위해서는 상대를 공격해야 하는 것이 전쟁터와 유사하기 때문인지도 모른다. 그리고 계좌의 자금 관리 원칙의 중요성을 용병술의 예로 자주 드는데, 투자자 자신은 장군이고 투자자가 보유한 현금 자산은 병사로 비유해서 설명하기도 한다. 병사들이 아무리 많아도 장수가 무능하면 전쟁에서 사상자만 늘어나듯, 투자자가 투자할 수 있는 금액이 아무리 크더라도 올바른 자금 관리 원칙이 없다면 투자자가 주식시장에서 거둔 초기의 작은 승리는 결국 더 큰 실패를 가져오기 마련이다.

리버모어는 주식 투자를 사업의 관점에서 접근했다. 주식 투자자에게 현금은 사업가의 재고 자산과도 같다고 생각했다. 기업가의 경우 항상 재고 자산을 확보하고 있어야 매출을 일으킬 수 있듯이 투자자는 현금을 보유하고 있어야만 필요한 시점에 거래에 나설 수 있기 때문이다.

몇 번의 파산을 경험했던 리버모어는 모든 포지션을 정리하여 현금화시켰을 때는 계좌에 있는 모든 돈을 인출해서 돈에 대한 인식을 새롭게 하곤 했다. 주식 투자를 하다보면 돈은 단지 숫자에 지나지 않는 것처럼 느껴질 때가 있다. 그렇게 되면 거래에 중독되기 쉽다. 리버모어는 실제 직접 돈을 만져 봄으로써 현금이 의미하는 것을 몸으로 느끼고자 했다. 리버모어는 주식 계좌에 남아 있는 돈은 자신의 돈이 아니라고 생각했고, 계좌에서 완전히 인출했을 때야 비로소 온전히 자신의 돈이 된 것이라고 생각했다.

주식시장에는 거래를 멈추면 안 된다고 생각하는 사람들이 있다. 하지만 항상 거래한다고 해서 그것이 수익을 보장하지는 않는다. 오히려 손실을 키우는 경우가 훨씬 더 많다. 계좌에서 돈을 완전히 인출한다는 것은 실제로 그 돈을 완전히 자신의 것으로 느낄 수 있는 심리적 효과뿐만 아니라 거래의 규모를 조절할 수 있게 만든다.

주식 투자를 사업의 관점에서 생각했던 리버모어는 항상 모든 돈을 투자할 필요는 없으며, 그렇게 할 이유도 없다고 생각했다. 기업가도 경기가 좋지 않을 때는 설비 투자를 하지 않고 최대한 현금을 확보해 둔다. 그리고 경기가 호전될 것이라는 판단이 들었을 때는 현금을 풀어 향후 집중적으로 투자에 나서게 된다. 주식 투자도 이와 마찬가지이다. 항상 모든 자금을 계좌에 투입하는 것은 무모하며 오히려 긴장감을 떨어뜨릴 수 있다.

투자의 규모를 조절할 수 있는 가장 좋은 방법은 계좌에서 모든 돈을 인출하는 것이다. 그럼으로써 투자자들은 자금을 적절히 배분하는 이치를 깨닫게 될 수 있다.

04

손실은 짧게,
수익은 길게, 시험 전략

주식시장은 실패한 90%와 본전을 면하지 못하는 5%, 그리고 수익을 얻는 5%의 투자자들로 이루어져 있다고들 한다. 손실을 입고 있거나 주식 투자로 큰 낭패를 본 사람들의 실패담을 들어보면 대부분이 손절매 원칙을 지키지 못했기 때문이다. 반면에 주변에서 주식 고수라는 사람들의 이야기를 들어보면 손절매를 잘하기 시작했을 때부터 계좌에 수익이 나기 시작했다고들 말한다. 그렇다면 손절매는 어떻게 해야 하는 것일까?

우리는 알 수 없는 미래에 대해 불안감을 느끼며 리스크를 감소시키기 위해 보험에 가입한다. 보험이란 미래의 불확실성에 대한 안전장치다. 주식 투자에서도 보험은 존재하는데 이것이 바로 손절매다. 비록 현실의 보험은 만기가 되거나 불행한 일이 발생했을 때 효력을 발휘하지만 주식시장에서의 보험은 투자자에게 불행한 큰 사고가 발생하지 않도록 막아주는 방패와 같다.

시험 전략은 리버모어가 자신의 판단이 적절한 것이었는지를 검증하는 일종의 보험이었다. 이러한 검증은 리스크를 줄인 상태에서 시험했다. 소규모 금액으로 판단이 옳았는지를 시험했으며, 그렇게 하기 위해서 거래를 시작하기 전에 먼저 거래에 대한 계획을 철저하게 세웠다. 판단이 옳았을 때는 계획을 실천하고, 손실을 입었을 때는 겸허하게 그 손실을 받아들였다. 그래야만 기회가 왔을 때 확실한 수익을 얻을 수 있고, 또한 그 수익을 길게 키워 나갈 수 있다.

리버모어의 이런 전략들은 사전 계획과 그 계획에 따른 분할 매수로 요약될 수 있다. 이는 투자 자금 관리와도 관련되어 있다. 바루크는 "만일 틀린 결정을 내린 모험에서 재빨리 손실을 끊을 수 있는 감각만 가지고 있다면, 설사 올바른 결정을 내리는 비중이 열 번 중에서 서너 번밖에 안 되더라도 큰돈을 벌 수 있다."라고 말했을 정도로 손절매의 중요성을 강조했다. 그리고 그렇게 되기 위해서는 손실을 작은 금액으로 끊을 필요성이 있다.

리버모어는 초기 사설 증권회사에서의 '10% 증거금규칙' 때문에 10% 손절매 원칙을 사용했다. 경험과 지식을 쌓은 후 전환점에 따라 거래하면서부터는 진입 후 자신의 판단과 일치하지 않는 흐름을 보일 때에 포지션을 바로 정리하는 방법을 사용했다. 상당한 확신을 가지고 거래했을 때에도 10% 손절매 원칙을 지켰다. 그리고 이 손절매 원칙을 어겼을 때에는 막대한 손실을 입어야 했다. 따라서 10% 손절매 원칙은 리버모어가 절대적으로 지켰던 자금 관리 원칙이었다.

리버모어에게 시험 전략과 피라미딩 전략은 불가분의 관련이 있지만 이 두 전략을 사용함으로써 얻을 수 있는 진정한 효과는 자신이 매수할 종목을 한 번에 모두 매수하지 않는 것이라고 말했다. 그렇게 함으로써 손실은 짧게 그리고 수익은 길게 가져갈 수 있었으며 충동적 매매도 자제할 수 있었던 것이다. 따라서 리버모어의 이 전략은 일석삼조_石三鳥의 효과를 얻을 수 있다는 것이 큰 매력이다.

분산 투자

리버모어는 소수의 시장 선도주를 선택하고 이 종목에 집중적으로 투자하라고 말한다. 그렇게 1940년 전체 주식시장을 이끌어 나가는 산업을 철강, 자동차, 항공 및 통신판매의 네 개 산업으로 분류했다. 그리고 해당 산업 내의 두 종목의 움직임을 함께 분석함으로써 진정한 추세 형성 유무를 분석하려 했다. 주식시장이 강세를 보일 때 시장의 상승세를 이끄는 산업의 수는 제한되어 있으며, 시장의 국면에 따라 선도 업종이 순환되는 모습을 보이기도 한다. 분산 투자를 해야 하는 진정한 이유는 개별 종목의 위험에서 자신을 보호하는 것 외에도, 시장 선도주에 분산 투자함으로써 전체 주식시장의 상승을 고스라니 얻을 수 있다는 장점 때문이다. 이렇게 함으로써 잦은 매매를 피하고 동시에 효과적으로 주식을 관리할 수 있다는 장점도 있다.

비록 리버모어와는 종목의 선정 기준이나 매매 기법이 상극을 이룬다고 볼 수도 있는, 가치 투자자도 종목을 다양하게 분산시키기보다는 자신이 잘 알고 있으며 저평가되어 있는 소수의 종목에 집중적으로 투자하고 있다. 역설적이기는 하지만 이렇게 하는 것이 오히려 위험을 더 잘 관리할 수 있다고 말한다.

그렇다면 어느 정도의 종목에 분산 투자하는 것이 좋을까? 해답은 각자의 투자 원칙과 위험을 부담할 수 있는 정도에 따라 달라진다. 투자 기간이 짧을수록 위험을 부담할 수 있는 정도도 짧아지며, 장기 투자의 경우는 그만큼 길어진다고 할 수 있다. 따라서 장중에 수익이나 손실을 실현해야 하는 데이 트레이더Day Trader와 일정 기간 이상 투자하는 트레이더의 손절매 기준도 달라진다.

수익률 대회에 참가하여 상위권에 입상하는 단기 트레이더의 경우에는 시황에 적합한 종목 선정과 함께 1~2%의 손절매 원칙을 확실하게 지켰다는 점을 강조한다. 데이 트레이더의 경우에는 그 특성상 미수를 이용한 차입거래레버리지를 상대적으로 빈번하게 하는 편이며, 따라서 수익과 손실이 계좌의 규모에 비해 크다는 특성이 있다. 반면에 투자 기간이 길어질수록 상대적으로 손절매의 폭을 늘릴 수도 있기 때문에 견디는 힘이 강하고 작은 등락에 연연하지 않는 안정된 투자를 할 수 있다는 특성이 있다. 손절매의 폭을 지나치게 좁게 가져갈 경우 통상적인 조정에도 손절매하는 잘못된 판단을 내릴수 있기 때문이다. 따라서 손절매의 폭은 투자자 자신의 개인적인 투자 성향에 따라 적절한 수준을 선택해야 한다.

과학적 분석을 통한 연구에 따르면 한 번의 거래에 노출시킬 수 있는 위험 금액, 즉 손절매의 기준은 전체 자산의 2% 정도가 적당한 것으로 평가되고 있다. 이 비율은 일류 트레이더들의 손절매 기준과도 비슷하다. 하지만 2%는 최대로 허용할 수 있는 한도인 경우가 많고, 매매에 따른 수수료와 세금을 감안할 경우 실제로는 더 낮은 수치를 기준으로 손절매 원칙을 따르고 있는 것으로 알려져 있다.

:: 투자 종목수와 손절매 비율 ::

(단위 : 만 원)

종목수	투자 금액	손절매 비율					
		5%	6%	7%	8%	9%	10%
1	3,000	150.5	180.0	210.0	240.0	270.0	300.0
2	1,500	75.0	90.0	105.0	120.0	135.0	150.0
3	1,000	50.0	60.0	70.0	80.0	90.0	100.0
4	750	37.5	45.0	52.5	60.0	67.5	75.0
5	600	30.0	36.0	42.0	48.0	54.0	60.0
10	300	15.0	18.0	21.0	24.0	27.0	30.0

위의 표에는 총자산 규모가 3,000만 원인 가상 투자자의 투자 종목 수와 손절매 비율에 따른 손실액이 표시되어 있다. 만약 이 투자자가 한 번의 거래에서 입을 수 있는 손실 한도를 총자산의 2% 즉 60만 원 이내로 제한하고 싶다고 가정한다면, 세 종목에 분산 투자할 경우에는 6%, 네 종목의 경우에는 8%, 다섯 종목의 경우에는 10%의 손절매 원칙을 따르면 될 것이다.

자신이 매번 거래에서 입을 수 있는 최대 손실액을 미리 정하고 투자할 경우에는 투자 규모를 탄력적으로 조정할 수도 있다. 즉, 만일 위의 투자자가 한 번에 800만 원을 투자했다고 가정할 경우 이 투자자가 잃을 수 있는 손실액은 60만 원이므로 주가가 7.5%60만 원/800만 원 하락할 경우 손절매를 행하면 된다.

차익의 관리

저금리 기조는 자금을 주식시장으로 급격하게 유입한다. 예를 들어, 은행권의 정기예금 특판 금리가 4%대 초반이라고 생각해 보자. 정확하지는 않지만 수익률을 복리로 재투자할 경우 투자 원금이 2배로 증가하게 되는 기간을 간략하게 구할 수 있는 방법이 있다. 이를 '72의 법칙'이라 부르며, 오른쪽 표에서 보듯 수익률에 따라 변화되는 기간을 표시하고 있다.

표를 보면, 4%의 금리라면 향후 18년이 지난 뒤에야 투자 원금은 두 배로 증가하게 된다. 하지만 이자 수익에 대한 세금을 감안할 경우, 복리로 재투자된다고 하더라도 그 기간은 더욱 늘어나게 된다. 향후 금리가 6%까지 상승하더라고 최소한 12년은 지나야 원금이 두 배로 불어나게 되는 것이다.

리버모어가 말년에 후회했던 것들 중 하나가 수익을 얻었을 경우 계좌에서 수익금의 일부를 인출하는 방법을 초창기부터 사용하지 않았던 것이다. 만일 초창기부터 수익금의 일부를 인출하는 원칙을 지니고 있었다면 파산이라는 비참한 경험을 하지 않아도 되었다. 경험과 지식이 쌓이면서 리버모어는 시장의 상승세가 지속되더라도 자신의 계좌 규모가 투자 원금의 2배가 되면 수익금 중 절반을 계좌에서 인출했는데, 이러한 원칙을 사용할 것을 적극적으로 권하고 있다.

:: **72의 법칙** ::

수익률	4%	6%	8%	10%	12%	14%	16%
거래 기간	18.0	12.0	9.0	7.2	6.0	5.1	4.5

만일 어떤 투자자가 연간 목표 수익률을 은행 금리의 4배인 24%로 잡는다면 그 투자자는 3년 뒤에 투자 원금의 2배로 계좌의 규모를 키울 수가 있을 것이다. 24%의 연간 수익률은 지나치게 낮은 수준이라고 생각할 수도 있다. 하지만 대다수의 투자자는 누적적으로 손실을 입고 있다는 점을 상기해야 한다. 한국 증시의 대표 주식이자 세계적으로도 초우량 기업으로 분류되는 삼성전자와 포스코의 2022년 영업이익률은 각각 14.4%와 23%를 기록했다. 일확천금을 꿈꾸는 사람들에게는 낮은 수치로 보일지도 모르지만 사업과 투자의 관점에서 연간 24%의 수익률은 매력적인 수준이며 꾸준하게 이러한 목표 수익률을 올리기란 결코 이루기 쉬운 일이 아니다.

전설적 투자자 린치, 버핏과 소로스의 투자 수익률도 각각 연평균 29.2%, 24.7% 그리고 34%였다. 이들 중 소로스만이 30% 이상의 수익률을 올렸다. 하지만 많은 사람들이 주식시장에서 100%의 수익률을 얻기를 희망한다. 만에 하나 100%의 수익을 올렸다고 하더라도 리버모어처럼 수익을 얻을 때마다 차익을 인출하는 것도 쉽지 않다. 우선 100%의 수익을 얻는다는 것부터 쉽지 않으며, 설사 수익을 얻는다고 하더라도 욕심을 줄이고 자금을 인출하기란 더더욱 쉽지 않은 일이다. 주식 투자를 사업의 관점에서 바라본다면 수익의 전부를 재투자하는 것은 결코 바람직한 일이 금세 알 게 될 것이다. 진정한 돈은 주식 계좌에서 인출한 돈이라는 점을 명심하자. 주식시장에 남아 있는 돈은 결코 자신이 벌어들인 수익이 아니다.

5장

제시 리버모어의
감정 통제

01

인간 본성에 대한 탐구

여러 번 말했지만 리버모어는 바다낚시를 광적으로 좋아했다. 비록 소유했던 요트가 거대하기는 했지만 망망대해로 나서면 마치 일엽편주—葉片舟에 몸을 싣고 있는 것과도 같았다. 바다는 시장처럼 항상 변화하고 있었다. 미풍조차 없는 고요한 날이 있는가 하면 거대한 파도가 이는 날도 있었다. 어떤 일이 벌어질지 아무도 알 수 없었으며 역풍에 맞서서도 안 되었다. 하지만 바다는 인간을 위협하기 위해 폭풍을 일으키거나 해류를 바꾸지는 않는다. 시장도 바다와 마찬가지로 투자자들을 위기로 몰아넣기 위해 폭락하거나 투자자들을 돌보기 위해 인위적으로 움직이지는 않는다. 바다에서 살아남기 위해서는 순응해야 하듯이 주식시장에서도 마찬가지다.

주식 투자의 경험이 어느 정도 있고, 비록 자신이 고안하지는 않았지만 투자 전략에 따라 사용하는 매매 기법이 있으며, 나름대로의 손절매 원칙을 지니고 있지만 여전히 성공을 거두지 못하고 있는 투자자들의 대부분은 자신들의 실패 원인을 감정 조절을 하지 못했기 때문이었다고 말한다. 자신의 감정을 조절하지 못할 경우 자신이 거래해야 하는 시점에서 거래하지 못하고, 지나치게 자주 거래하게 되므로 필연적으로 손실로 이어지게 되는 것이다. 하지만 이것은 인간이기에 지닐 수밖에 없는 약점이다.

따라서 우리는 우리 자신이 지니고 있는 인간적인 약점에 대해 살펴보고 알 필요가 있다. 리버모어는 1929년 자신이 주식시장에서 대성공을 거두기 전까지 3번에 걸쳐 커다란 실패를 경험해야 했다. 그리고 1934년에는 또 한 번 파산하기도 한다. 이러한 파산의 경험은 그에게 물질적인 어려움뿐만 아니라 정신적으로도 커다란 타격을 입혔으며, 우울증을 앓게 만들었다. 세 번째 파산을 경험하고 나서 큰 성공을 거두었을 때도 그는 축하를 받기보다는 주변에서 들려오는 욕설과 협박, 위협 등으로 인해 개인적으로 무장 경호원을 고용해야 했다. 주식시장에서의 실패만큼이나 그의 개인적인 삶도 순탄하지 못했다. 자신의 두 번째 아내이자 두 아들의 친모이기도 했던 도로시가 아들 중 한 명에게 총격을 가하는 충격적인 일을 겪기도 했다.

리버모어는 개인적인 불행, 주식시장에서의 성공과 실패를 거울 삼아 주식시장 참여자들의 인간적 본성에 대해 연구했다. 그 결과 그는 주식시장을 움직이는 인간의 감정을 무지, 희망, 탐욕 그리고 공포라는 네 가지 감정으로 분류했다. 이는 투자자들의 가장 큰 적이므로 이 감정들에 대해 알고 이해하고 있어야 한다고 말했다. 그리고 성공적인 투자자가 되기 위해서는 관찰력, 수학적 계산 능력, 경험, 기억력, 이 네 가지 특성을 지니고 있어야 한다고 말했다.

네 가지 감정

무지

리버모어는 자신을 평생 주식시장에 대해 배워가는 학생이라 불렀을 정도로 배우는 데 열성적이었다. 그리고 투자자들은 주식시장과 시장의 속성에 대해 배워야 한다고 생각했다. 주식 투자는 멍청이나 정신적으로 게으른 사람들을 위한 게임이 아니라는 것이 그의 지론이었다.

희망

희망은 인간이 생존하는 데서 가장 큰 원동력이지만 주식시장에서는 손실을 낳는 가장 큰 원인이 되기도 한다. 투자자들은 희망이 있기 때문에 손절매를 하지 못하게 되며 종종 '비자발적 투자자'가 되어 커다란 고통을 당하게 된다.

탐욕

주가는 누구도 알 수 없는 것이다. 하지만 탐욕으로 인해 천장에서 팔고 바닥에서 매수하려 하며, 이로 인해 투자자가 지불하는 대가는 금액으로 환산할 수 없을 정도이다.

공포

인간은 미래에 대해 알지 못할 때 두려움을 느낀다. 주가가 상승할 때는 악재로 작용하지 않던 소식도 시장 참여자들이 불안감을 느끼게 되면 커다란 악재로 받아들여 주가는 종종 폭락하게 된다.

시장에서 이 네 가지 감정에 굴복해 비참한 결과를 맞이한 인물이 있다. 바로 영국의 투자은행 베어링Barings Bank을 단돈 1파운드에 매각하도록 만들었던 닉 리슨Nick Leeson이다.

닉은 '무지'했으므로 자신이 시장을 이길 수 있다고 생각했으며, 실수로 손실을 입게 되자 언젠가 실수를 회복할 수 있으리라는 '희망'으로 88888이라는 계좌를 만들어 손실을 처리함으로써 눈가림하려 했었다. 그리고 '탐욕'에 눈이 먼 닉은 계좌의 손실액이 자신이 감당할 수 없을 정도로 확대될 때까지 거래를 멈추지 않았다. 게다가 고베 지진으로 손실이 확대되자 '공포'를 이기려고 물타기를 함으로써 자신이 빠진 함정에서 벗어나고자 했었다. 하지만 시장은 반대로 움직였으며 닉은 자신의 거래에 대해 책임을 지기보다는 도망치는 모습까지 보였다.

이 희대의 금융 사건은 나중에 자서전과 이완 맥그리거_{Ewan McGregor} 주연의 〈겜블_{Rouge Trader}〉이라는 영화로 만들기도 했다. 트레이딩에서 감정의 통제가 얼마나 중요한지 단적으로 보여주는 예이기도 하다.

성공적인 투자자의
정신적 특성

리버모어는 시장에서 성공하기 위해서는 다음 관찰력, 수학적 계산 능력, 경험, 기억력, 이 네 가지 특성을 가지고 있어야 한다고 이야기했다.

관찰력

시장의 움직임과 객관적 사실들을 감정을 개입시키지 않고 정확하게 살필 수 있어야 한다.

수학적 계산 능력

항상 확률적으로 발생 가능성이 높은 쪽으로 투자해야 하며, 막연한 기대감에 의존한 요행수를 바라지 말아야 한다. 비록 시장에서는 확률적으로 일어날 가능성이 낮은 일들이 벌어지기는 하지만 그것은 예외적인 경우이므로 실제로 발생했을 때는 신속하게 대처할 수 있어야 한다.

경험

비록 관찰력과 수학적 계산 능력이 뛰어나더라도 투자자는 반드시 경험을 쌓아야 한다. 리버모어도 관찰력과 수학적 계산 능력이 뛰어났었지만 경험을 통해 완전히 자신의 것으로 만들기 전까지는 실패를 거듭했다.

기억력

자신이 관찰했던 일을 기억할 수 있어야만 유사한 사건이 발생했을 때 자신의 경험을 통해 수익을 올릴 수 있다.

리버모어는 거래를 시작하기 전부터 수첩에 주가의 움직임을 기록하며 연구했다. 이러한 습관은 거래를 시작한 후에는 주식시장과 경제적 상황에 대한 연구와 시장에서 저지른 실수에 대한 반성으로 이어졌다.

리버모어는 실수를 통해 배워 나갔다. 자신과 시장 및 시장 참여자들의 행동에 대한 세심한 '관찰'을 통해 확률적으로 높은 곳을 항상 선택하고자 했다. 확률적으로 낮은 일이 발생하기를 기대하고 무모한 거래를 일삼는 것은 그가 생각한 '투기꾼'의 정의에도 일치하지 않는 것이다. 리버모어는 주식 투자를 할 때도 차트보다는 자신의 수학적 계산 능력을 이용하는 방법을 사용했다.

경험에 대한 리버모어의 생각은 주식 투자자를 의사에 비유한 것에서 잘 나타난다. 비록 다양한 지식을 습득하고 장기간에 걸친 교육을 받는다고 하더라도 의사는 실제로 환자를 진찰하고 치료하는 경험을 통해 자신의 기술을 숙달시켜야 하며, 이러한 훈련을 반복적으로 행함으로써 의사는 환자의 진찰부터 치료에 이르는 모든 단계를 '본능'이라 불릴 정도로 자동적으로 해야 한다고 생각했다. 또한 지식은 책이나 기록을 통해 전달될 수 있지만 자신의 '경험'을 통해 '기억'하고 자신의 것으로 만들기 전까지는 '본능'이 될 수 없다고 생각했다.

주식시장에서 급등과 폭락이 반복되는 현상을 두고 '금융시장의 기억력은 30년'이라는 말이 있다. 한 세대가 지나면 과거의 일이라고 치부해 버리고, 과거의 사람들이 저지른 잘못된 오류에 빠지지 않을 것이라고 생각하기 때문에, 비록 똑같은 모습은 아니더라도 과거와 비슷한 일들이 유사한 패턴으로 주식시장에서는 반복적으로 일어나곤 한다.

리버모어는 시장에 대해 이야기하면서 "오늘 일어났던 일은 과거에 일어났던 일이며, 미래에 일어날 일이기도 하다."라는 말을 남겼다. 이 말은 주식시장에서 기억력과 경험이 가지는 중요성에 대해 다시 한번 생각하게 한다.

04

감정으로부터의 독립과
훈련의 중요성

'발 없는 말이 천리 간다'는 말은 주식시장에 잘 들어맞는 속담이라고 생각한다. 예전에 재료 매매로 유명한 고수의 투자 설명회에 참석했을 때 일이다. 그 고수는 메신저를 적극적으로 활용한 사례를 통해 증권가에 소문이 얼마나 빨리 도는지 자신의 경험을 이야기했다. 여러 종류의 메신저를 사용하면서 자신이 최초로 퍼뜨린 소문이 전국을 한 바퀴 돌아서 다시 자신에게 돌아오기까지 채 3분도 걸리지 않았으며, 내용 또한 많이 부풀려져 있었다고 이야기했다. 증권가에서는 출처도 명확하지 않은 말이 부풀려지고 때로는 원래의 의도와는 전혀 상관없는 방향으로 재가공되기도 한다.

소위 '비밀 정보'는 그 시기를 막론하고 언제나 주식시장에 있다. 이 점은 리버모어가 활동했던 당시에도 예외는 아니었다. 리버모어는 월스트리트의 큰손으로 그 누구보다 루머나 소문을 빨리 접할 수 있는 위치에 있었기 때문에 그에게 비밀 정보를 직·간접적인 형태로 전하려는 사람들이 끊이지 않았다. 하지만 리버모어는 자신의 경험을 통해 그런 비밀 정보는 극히 위험하며 주식시장에서 손실을 입게 만드는 가장 큰 이유들 중 하나라는 점을 잘 알고 있었다. 비밀 정보에 대한 그의 생각은 "가치를 창출할 수 있는 정보는 자신들이 매수 가능한 모든 물량을 매집하기 전까지는 일반인들에게 알려지지 않는다."라고 했던 그의 말을 통해서 잘 알 수 있다.

리버모어는 자신이 시장에 대해 많은 것을 알고 있다고 생각했을 때 제르시 토마스라는 '면화왕'을 만남으로써 재정적으로나 심리적으로 가장 비참했으며 우울증에 시달리게 만들었던 세 번째 파산을 당했다. 리버모어는 그의 잘못된 정보에 의해 돌이킬 수 없는 피해를 당했던 것이다. 그 뒤 리버모어는 그 누구보다 비밀 정보에 대해 부정적인 입장이었으며, 그것이 투자자에게 미치는 금전적 피해, 심리적 폐단에 대해 더욱 잘 알게 되었다.

인간이 지니는 이러한 감정적 약점을 보완하기 위해서 리버모어가 취한 조치는 실패의 원인을 타인에게 돌리지 않고 자기 자신에게서 찾는 것이었다. 끊임없는 반복적 연습을 통해 주식시장에서 자신의 행동을 사전에 분석하고 계획했고, 그렇게 준비 과정을 거친 판단을 신뢰했다. 또 전략을 실행에 옮기고 주가의 추이에 따라 대응하는 모든 과정을 거의 본능적으로 할 수 있도록 자신을 단련시키고자 했다.

또한 생활 패턴을 철저하게 관리했다. 친구들과 아무리 즐거운 만남이 있더라도 저녁 10시 이전에 잠자리에 들었으며, 오전 6시 이전에 기상한 후 맑은 정신 상태에서 1~2시간 동안 혼자서 밤사이 일어난 일들을 분석하고 매매 전략을 계획했다. 또한 매일 일정한 시간에 사무실로 출근했고, 그 누구에게서도 간섭받지 않고자 했다. 리버모어는 자신에게 비밀 정보를 전하기 위해 필사적인 사람들에게서 벗어나기 위해 사무실을 이전했다. 사무실 내에서도 주식시장이 열려 있는 동안에는 그의 직원들은 일체의 말을 해서는 안 됐다. 주식시장이 열리는 시간 동안에는 외부 인사는 그를 만날 수 없었다. 그리고 리버모어는 항상 바른 자세를 유지하고 혈액 순환을 위해 가능한 한 자리에서 일어나 있었다. 평생 동안 거의 체형이 변하지 않았는데 이것은 엄격한 자기 관리를 통해서만 가능한 일이기도 했다.

리버모어에게 주식 투자란 시장이 열려 있는 시간에만 이루어지는 것이 아니었다. 모든 일상이 시장에서 최고의 성과를 거둘 수 있는 훈련의 과정이었다. 그렇게 자신의 생활을 엄격히 관리함으로써 감정을 다스리려 노력을 했다. 매일 자신이 직접 시세를 기록하고 분석하면서 시장의 움직임을 점검하는 것도 같은 맥락이었다.

오늘날에도 많은 투자 전문가들은 트레이더들이 감정적 위험에 빠지지 않기 위해서는 올바른 생활 습관을 가지는 것이 중요하다고 말한다. 매일 일정한 운동을 하거나 심리적 안정을 위해 명상을 하는 것을 권유하기도 하다. 또 지루하고 힘들지만 자신의 매매를 기록하고 평가하는 과정을 매일 반복해야 한다고 말한다. 가장 기초가 되는 것이 매매 일지를 작성하는 것이다. 일지의 내용에는 자신이 거래에 진입할 당시의 주식 차트와 그 이유 등이 반드시 기록되어야 한다. 거래를 마친 후에도 차트와 함께 거래를 청산한 이유를 기록해 둠으로 나중에 분석을 통해 실수를 교정하라고 권한다.

매매 일지의 작성을 통해 얻을 수 있는 이점은 자신을 객관적으로 분석할 수 있다는 점이다. 리버모어는 자신의 매매 기록을 바탕으로 자신의 강점과 약점을 분석했고 거래로 인해 얻은 이익과 손실을 기록했다. 그렇게 함으로써 시장에서 효과가 있는 매매 기법이 무엇인지 발견해 낼 수 있었으며, 자신을 지속적으로 관리해 나갈 수 있었다.

위대한 스승
제시 리버모어

01

끝없는 탐구

리버모어가 현재 가장 높이 평가받고 있는 부분은 그가 주식시장에서 관찰하고 남긴 기록이나 언행이 시장 참여자들에게 많은 공감을 얻고 있기 때문이다. 현재의 우리는 리버모어가 저지른 수많은 실수와 실패에서 시장과 매매를 배우고 발전시킬 수 있었다. 리버모어는 평생을 전업 투자자로 살았기 때문에 주식시장이 직장이자 사업체였다. 그렇기 때문에 단순히 흥미나 자기만족 혹은 별다른 노력도 하지 않고 주식 투자로 짧은 기간 내에 큰돈을 벌 수 있으리라 생각하는 시장 참여자들에게 주식 투자도 사업의 관점에서 접근해야 한다고 말한다.

리버모어는 또한 투자의 정석이 무엇인지에 대해서도 많은 교훈을 남겼다. 열다섯에 리버모어가 처음으로 거래를 시작했을 당시 현대의 초단기 매매자를 일컫는 스켈퍼Scalper 혹은 데이 트레이더로 활동했다. 하지만 단기 매매의 폐해를 그 누구보다 실감하면서 점차 주식시장과 주식에 대해 분석하고 연구하는 과정을 밟게 된다. 그 과정에서 리버모어는 그 무엇보다도 자신을 분석함으로써 오류를 시정하는 것이 중요하다는 점을 발견한다. 오닐을 비롯한 수많은 투자의 명인들은 주식시장에서 돈을 벌 수 있으므로 절대로 포기하지 말라고 말한다. 오닐 자신도 시장에서 초기에는 실패를 경험해야 했다. 그러나 오닐이 좌절에서 벗어날 수 있었던 것은 리버모어를 비롯한 성공한 투자자들에 대해 연구하고 자신의 이론을 발전시켜 나갈 수 있었기 때문이었다.

리버모어는 자신의 경험이 쌓여감에 따라 전체를 보는 안목의 중요성과 추세의 중요성을 일깨운 인물이기도 하다. 단기 매매로 성공하는 트레이더들도 있지만 주식시장에서의 성공은 단기 매매보다는 자신만의 전략과 원칙을 지니고 추세에 순응할 때만이 가능하다. 그렇게 하기 위해서는 인내심이 필요하며, 인내심이라는 덕목은 추세 매매자들부터 가치 투자자들에 이르기까지 매매 스타일과는 상관없이 모든 성공한 투자자가 공통적으로 지적하는 성공의 요소이기도 하다.

투자자들은 리버모어의 인생을 통해 돈이 인생의 전부가 아님을 느끼기도 한다. 리버모어는 자신의 분야에서 최정상에 도달했을 때에도 결코 인생에서 가장 행복한 시기였다고 불릴 수는 없었다. 게다가 자신의 개인적인 문제와 원만하지 못했던 가족 관계 등으로 인해 결국에는 비극의 주인공이 되었다. 오늘날 그의 삶을 생각해 보면 비록 금전적 부가 중요한 것이기는 하지만 그것이 행복의 절대적인 기준은 될 수 없으며 인생에는 주식시장보다 더 소중한 것이 있음을 생각해 보게 된다.

기술적 분석을 하는 사람들은 리버모어의 매매 기법을 통해 추세 매매나 자금 관리 기법을 배우고 더욱 발전시키고 싶어 한다. 일각에서는 컴퓨터를 사용해 리버모어의 매매 기법을 현실의 투자에 응용하려고 시도하기도 한다. 리버모어는 기술적 분석을 이용한 매매 타이밍을 잡는 것뿐만 아니라 전체를 보는 안목과 선도주 파악의 중요성에 대해서도 역설했는데, 리버모어의 이러한 이론은 오늘날에도 수많은 투자자들에 의해 주식 투자의 정석으로 받아들여지고 있다. 비록 리버모어는 자신을 영원한 학생으로 생각했지만 오히려 수많은 사람들이 리버모어를 스승으로 생각하고 주식 투자와 시장에 대해 배우고 있다.

주식 투자는 사업

기업 경영이란 항상 여러 가지 변수를 생각해야 한다. 국내 경기는 물론이고 해외 경기를 살펴야 하며 환율과 유가는 물론이고 금리까지도 감안해서 사업 계획을 세우고 대처해야 한다. 여기에서 그치는 것이 아니다. 기업의 활동은 기업과 관련되어 있는 여러 이해당사자들과도 밀접하게 연결되어 있다. 회사 외부적으로는 자신의 회사에 납품하는 하청회사, 고객, 동일한 사업을 하는 경쟁 업체의 동태를 살펴야 한다. 내부적으로는 인사관리, 재무관리, 회계, 연구개발, 제조와 판매, 광고 등 신경써야 할 부분이 한두 가지가 아니다. 게다가 경제는 살아 있는 유기체와 같아서 항상 변화하므로 계획을 계속해서 수정하고 피드백 과정을 거쳐야 한다.

리버모어는 주식 투자를 이러한 사업에 비유했다. 투자 전략을 세울 때 단지 주가의 단기적인 등락이 아니라 시장 전체를 보고 해당 국면을 이해하고 대책을 세워야 한다. 투자 자금도 기업의 활동과 마찬가지로 적재적소에 분배하고 관리해야 좋은 성과를 얻을 수 있다고 보았다. 투자자에게 현금은 기업의 재고와 같아서 항상 확보해 두어야 실질적인 수익으로 연결시킬 수 있음은 물론이고 기업의 활동도 원활하게 할 수 있다고 강조했다.

기업을 하면서 시장 상황을 연구하지 않고 다른 사람의 말만 듣고 무턱대고 사업을 시작하는 사람은 없다. 또 회사의 경영과 관련된 결정도 비록 직원들이나 외부 컨설팅 업체의 의견을 수렴하기는 하지만 결정을 내리는 것은 항상 최고경영자이다. 마찬가지로 주식 투자자는 항상 자신이 결정을 내리고 그 결과에 대한 책임도 자신이 져야 한다. 그리고 기업의 경영자는 자신의 회사가 영위하는 사업 분야에 대해 정통해야 하며 이는 주식 투자자 역시 마찬가지라고 보았다. 주식 투자자가 시장에서 수익을 얻기 위해서 주식시장과 그 작동 원리에 대해 정통해야 하는 것은 너무나도 자명하다.

03

해답은
내 안에 있다

대부분의 투자자에게서 공통적으로 관찰할 수 있는 현상이 주식 투자로 인해 손실을 입게 될 경우 그 책임을 자신이 아닌 타인에게 전가시키려는 태도이다. 하지만 그러한 책임 회피는 아무런 발전도 가져오지 못한다. 책임 회피로 얻을 수 있는 것은 자신은 잘못되지 않았으며 다만 시장이 그때 급락하는 바람에 손실을 입었다거나 아니면 그때 그 종목을 사라고 누군가가 자신에게 말하지만 않았더라면 손실을 입지 않았을 것이므로 책임은 그 사람에게 있다고 하는 감정적 안도감 이외에는 아무것도 없다.

반면에 리버모어는 자신이 저지른 실수에 대해 모든 책임을 자신이 지려는 태도를 보여주었다. 동시에 거래에 성공하기 위해서는 자신감을 가져야 한다는 점을 알고 있었다. 자신감은 흔히 몇 번의 연속적인 수익으로 인해 느끼게 되는 허영심이나 거만함과는 다른 것이다. 시장에서 손실을 입는 것은 피할 수 없는 일이지만 자신의 원칙과 전략을 따를 경우에는 돈을 벌 수 있다는 점을 잘 알고 있었기에 자신을 신뢰했고 따라서 불확실한 시장 환경 속에서도 자신감을 가지고 원칙을 고수할 수 있었다.

리버모어는 시장을 분석했을 뿐만 아니라 자신을 분석했다. 또한 시장의 본질에 대한 깊은 이해는 시장에서 나타나는 인간 심리를 분석하는 것으로 이어졌다. 이를 통해 리버모어는 시장에서 반복적인 패턴이 나타나는 것만큼이나 자기 자신도 반복적으로 실수를 거듭하는데 이 점은 다른 투자자들 또한 마찬가지라는 점을 발견할 수 있었다. 그리하여 인간이기에 가질 수밖에 없는 약점과 시장에서 저지를 수밖에 없었던 실수들에 대해 고민했다. 오늘날에도 주식시장에서 나타나는 인간의 비이성적 행동에 대해 행위금융론 등의 분야에서 연구가 지속되고 있는데, 이것은 리버모어가 생각했던 것처럼 주식시장은 자로 잰 듯한 과학적 이론이 들어맞는 곳이 아니며 인간의 심리에 의해 커다란 영향을 받고 있다는 점을 잘 반증하고 있는 예이다.

리버모어가 인간의 감정을 중요하게 여겼다고 해서 주식시장에 대한 과학적 접근을 부인한 것은 아니었다. 그보다는 오히려 과학적 사실을 더욱 중요하게 생각했다고 봐야 할 것이다. 그는 항상 주식시장에서는 확률이 높은 곳에 투자해야 한다고 강조했고, 그렇게 함으로써 돈을 벌 수 있다는 점을 실증해 보이기도 했다.

04
추세 매매 vs 가치 투자

그 어느 때보다 가치 투자라는 말이 유행하고 있다. 스스로 자신은 가치 투자자라고 생각하지만 기본적 분석에 따라 단지 밸류에이션이 매력적인 기업에 투자한다고 해서 가치 투자자라고 불릴 수는 없다. 이러한 오류는 마치 기술적 분석을 통해 투자한다고 해서 모두가 추세 매매자라고 생각하는 것만큼이나 큰 오류를 범할 가능성이 있다.

리버모어는 투자라는 개념보다는 트레이딩이라는 개념에 더 어울리는 인물이다. 그는 최고의 투자자라 불리기보다는 최고의 트레이더 혹은 최고의 투기꾼이라고 불리기에 더 적합한 인물이다. 리버모어가 활발하게 활동했던 당시 1920년대에는 가치 투자라는 말이 존재하지 않았다. 가치 투자의 대부로 불리는 벤저민 그레이엄Benjamin Graham도 1929년과 1930년의 증시 폭락으로 막대한 손실을 입어야만 했다. 그레이엄이 가치 투자의 고전으로 불리는 《증권분석Security Analysis》을 집필하여 증권 분석의 기반을 마련한 것도 1934년이었다.

:: 추세 매매자들의 수익률 ::

	시작	종료	평가액	수익률	S&P 500	수익률
빌 던	1984.11	2003.11	26,097	18.7%	6,370	10.2%
존 W. 헨리	1984.11	2003.11	136,656	29.5%	6,369	10.2%
게이스 캠프벨	1983.04	2003.11	18,820	16.1%	6,915	10.3%
제리 파커	1988.02	2003.11	12,633	17.4%	4,114	9.3%
살렘 아브라함	1988.01	2003.11	34,051	24.8%	4,280	9.6%

리버모어는 완전히 기술적 분석에 의존해 투자했다고 말하기는 어려우며, 경제의 기본적 분석을 참조하기는 했지만 실제 시장의 움직임을 더욱 중요시했다고 보는 것이 옳을 것이다. 오늘날 상당한 추세 매매자들이 리버모어를 추세 매매자로 여기는 이유는 그가 신고가를 돌파하는 종목을 매수하는 기법을 실질적으로 사용했던 최초의 인물들 중 하나였기 때문이다.

위의 표는 추세 매매자들로 불리는 인물들의 과거 실적을 평가한 자료다. 이 자료에서 보듯이 그들도 가치 투자자들과 마찬가지로 지난 수십 년간 지수를 훨씬 상회하는 실적을 올렸으며, 표에는 없지만 세이코타 같은 인물은 1990년부터 2000년까지 연평균 수익률이 거의 60%에 육박했다. 세이코타는 선물 투자를 통해 5,000달러짜리 계좌를 12년 만에 1,500만 달러로 키워 놓았으며 이러한 실적은 소로스나 버핏을 훨씬 능가하는 실적이기도 하다.

중요한 것은 추세 매매자 혹은 가치 투자자라는 투자 기법상의 분류가 아니라 자신의 원칙을 세우고 그 원칙을 실제로 행동으로 옮길 수 있느냐의 문제이다. 투자의 명인들이라 불리는 인물들은 실제로 아는 것에서 그치지 않고 실행에 옮긴 인물들이었으며, 리버모어 또한 자신의 이론을 실행에 옮겼던 투자 명인이었다.

05

학생에서 스승으로

리버모어는 초등학교도 제대로 마치지 못했다. 그래서인지 배움에 대한 목마름은 그 누구보다 컸다고 볼 수 있다. 배움에 대한 리버모어의 갈증은 일에 대한 열정으로 나타났다. 누구를 가르치려고 하기보다 항상 배우겠다는 자세로 임했다. 하지만 우리는 주변에서 자신이 알고 있는 조그마한 지식을 마치 진리인 것처럼 과장해서 이야기하는 사람들을 자주 접해볼 수 있다. 그리고 주식시장에서는 자신의 이익을 부풀리고 손실을 숨기려는 사람들을 너무나도 많이 찾아볼 수 있다. 그런 사람들의 공통적인 특징들 중 하나는 겸손하지 못하다는 것이다. 대부분의 투자 명인들은 시장 앞에서 겸손하라고 말하듯 리버모어도 겸손했다. 명인이라 불리는 사람들 또한 초창기에는 모두가 실패를 경험했던 사람들이며, 자신들이 언제든지 손실을 입을 수 있다는 점을 잘 알고 있다. 그들은 남다른 호기심과 열정을 가지고 항상 배우려는 자세가 되어 있는 인물들이다. 또한 항상 열심히 공부한다. 하지만 주식시장이라는 곳이 모든 투자자가 성공할 수 있을 만큼 만만한 곳은 절대 아니다. 상장기업 분석을 외우고, 주식시장의 일정과 주요 경제지표의 발표 일정은 물론이고 그 내용이 시장에 미칠 영향까지 나름대로 분석하여 타인에게 자랑스럽게 이야기하기도 한다. 물론 그러한 분석이 들어맞아 수익을 올릴 수 있다면 본인과 본인의 이야기에 귀를 기울이고 따라했던 사람들에게 보탬이 될 것이다. 하지만 대부분의 경우 주식시장은 시장 참여자들의 예상을 벗어난 움직임을 보이며 따라서 예상은 맞을 때보다 맞지 않을 때가 더 많다.

몇 번의 손실을 입은 뒤에는 투자 초기에 운 좋게 거둔 성공이 자신의 능력이 아니었음을 깨닫고 시장의 논리에 맞게 자신을 변화시키는 사람들이 있는가 하면 아예 주식시장을 노름판으로 비하시켜 버리기도 한다. 이 둘 사이의 차이는 점점 더 벌어지고 안타까운 일이지만 나중에는 도저히 그 간격을 메울 수 없을 정도가 되기도 한다.

리버모어는 몇 번의 실패를 겪으면서도 계속해서 자신을 진화시켜 나갔다. 자신의 이론을 완성하고 큰 성공을 이루었을 때도 항상 배운다는 자세로 시장을 연구하고 분석했다. 이러한 그의 자세가 많은 정상급 트레이더들이 그를 역사상 최고의 트레이더로 손꼽는 이유들 중 하나이며, 오늘날에도 많은 투자자가 그의 투자 기법이나 자금 관리 원칙 그리고 감정을 조절하기 위해 그가 취했던 조치들에 대해 분석하고 자신들에게 맞게 수정하여 사용하는 이유일 것이다. 또한 다수의 책들이 그에 대해 직·간접적으로 다루면서 다양한 분석을 제기하기도 한다.

'답설야중거 불수호란행 踏雪野中去 不須胡亂行 금일아행적 수작후인정 今日 我行跡 遂作後人程, 눈 내린 들판을 걸어갈 때는 모름지기 어지러이 걷지 마라. 오늘 내가 남긴 발자국이 뒷사람의 이정표가 되리니.'라는 서산대사의 시가 있다. 리버모어도 이 시처럼 자신의 글에서 "내가 해줄 수 있는 일은 단지 도로에 빛을 비춰주는 것이며 만일 나의 이러한 안내를 사용함으로써 당신이 주식시장에서 자신이 투입한 돈보다 더 많은 돈을 벌 수 있다면 나는 매우 행복할 것이다."라고 말하고 있다. 오늘날 수많은 투자자들은 리버모어가 주식시장에서 보여준 엄격한 직업 윤리와 비극적인 삶에서 많은 것을 생각하고 또 배우고 있다. 리버모어는 항상 자신을 주식시장의 학생이라 여겼지만 많은 사람들은 리버모어를 주식시장의 영원한 스승이라고 받들고 있다.

뉴욕증권거래소 주요 사건 연대기

○─ **1693년 | 맨해튼에 나무 방책 설치**
맨해튼 하층 지역 강과 강 사이에 네덜란드계 정착민을 인디언과 영국인의
공격에서 보호하기 위해 나무로 만든 방책이 설치됨.

○─ **1685년 | 월스트리트의 윤곽이 잡힘**
측량 기사들이 방책의 윤곽을 측정함.

○─ **1790년 | 미국 투자시장의 탄생**
연방정부는 독립전쟁으로 인해 주정부와 연방정부가 진 부채를 8,000만
달러의 채권 발행을 통해 정리함. 이것이 최초로 일반에게 거래된 증권이며
이를 통해 미국 투자시장이 탄생하게 됨.

○─ **1792년 | 5종목 거래**
뉴욕시에서 총 다섯 종목이 거래되기 시작했으며, 이들 중 세 종목은 정부
채권이었으며 나머지 두 종목은 은행주임.
버튼우드 협약
24명의 증권 중개인과 상인들이 월스트리트에 모여 버튼우드 협약을 작성.
이 협약에 따라 증권을 매매할 때 수수료가 부과되었으며 뉴욕증권거래소
의 기원은 이 역사적 협정에서 찾을 수 있음.

○─ **1815년 | 증권시장의 발달**
1812년 전쟁이 끝난 후 뉴욕의 증권시장은 성장하기 시작함. 정부 채권과
함께 은행주 및 보험주가 거래되고 있었음.

○─ **1817년 | 규정과 구성**
사업에 관한 규정 등이 채택되었으며, 이후 뉴욕 브로커들은 공식 기구를
만들고 월스트리트에서 방을 임차하여 뉴욕증권거래위원회를 설립함.
단기자금시장의 절차
주식은 '단기자금시장'에서 거래되었으며, 시장에서는 브로커들이 차례대
로 주식을 거래함에 따라 주식 목록을 큰 소리로 읽어 내려감. 거래는 오전
과 오후 하루 두 차례에 걸쳐 나누어 성립됨.

1824년 | 거래량 정점

뉴욕증권거래위원회의 연간 거래량은 1824년 38만 주로 정점을 형성했으며, 이후 1829년에는 이 수치의 15% 수준까지 하락했고, 거래량의 감소세는 1831년까지 이어졌음.

1825년 | 이리 운하 개통

이리 운하의 개통으로 뉴욕은 오대호 지역과 해안선을 잇는 출입구 역할을 하게 되었으며, 운하 건설의 자금 조달을 위해 뉴욕주정부가 발행한 채권은 거래소에서 활발하게 거래됨.

1830년 | 철도 주식의 시대

최초의 철도 관련 주식 모헉 앤드 허드슨이 뉴욕증권거래위원회에서 거래되었으며, 이후 1800년대 나머지 기간 동안 철도 주식이 증권시장의 주도주로 자리 잡음.

1835년 | 거래량 급증

일간 거래량이 8,500주로 증가했는데 이는 7년 만에 50배가 증가한 수준임.

대화재 발생

맨해튼 하류 지역에서 발생한 대화재로 건물 700개 이상이 피해를 입었으며, 뉴욕증권거래위원회 또한 일시적으로 본부를 이전했음.

1836년 | 장외거래의 금지

뉴욕증권거래위원회는 회원이 길거리에서 주식을 거래하는 것을 금지함.

1837년 | 평균거래량의 감소

1837년의 공황 이후 평균 일간 거래량은 1월의 7,393주에서 6월에는 1,534주까지 하락함.

1844년 | 전신기의 개발

전신기가 개발되었음. 이로 인해 뉴욕 이외의 지역에서 활동하던 주식 중개인과 투자자가 통신기기를 이용해 시장에 참여함으로써 시장 참여자의 수가 확대됨.

1853년 | 완전 보고의 요건

뉴욕증권거래위원회는 기업에게 발행 주식 수와 자본 조달 현황에 대해 완전한 공개를 요구하는 등 상장 요건을 강화하였음.

1857년 | 1857년 공황

미국 전역에 급속히 확산된 최초의 금융 위기로 세계 경제 위기를 불러옴. 오하이오 생명보험&신탁회사가 파산했으며, 주가는 반나절 만에 8%에서 10% 하락했음. 시장가치는 연초 이후 누적적으로는 45%가 하락했음.

1861년 | 남북전쟁 발발

전쟁이 발발하자 뉴욕증권거래위원회는 연방에서 이탈한 주州의 증권에 대한 거래를 중지함.

1863년 | 명칭의 개정

뉴욕증권거래위원회에서 뉴욕증권거래소로 명칭을 바꿈.

1865년 | 항구적 위치로 이전

뉴욕증권거래소는 월스트리트의 남부 지역으로 이전했으며, 이후 인접한 토지를 매입하면서 입회장 등을 만듦으로써 이후 미국의 증권거래 중심지로 자리 잡음.

대통령 암살 사건 발생

에이브람 링컨 대통령의 암살 사건 이후 증권거래소는 일주일 이상 폐장되었음.

1866년 | 신규 상장 요건 감독

뉴욕증권거래소는 주식상장위원회를 선임하고 이 위원회로 하여금 신규 상장 종목을 승인토록 함. 이때부터 거래소는 상장 요건을 감독하고 통제했음.

대서양 해저 케이블 완공

최초의 대서양 해저케이블이 완공됨에 따라 런던과 뉴욕 사이의 신속한 의사소통이 가능하게 됨.

1867년 | 최초의 증권시세표시기 등장

에드워드 A. 캘러핸Edward A. Calahan에 의해 고안된 이 최초의 증권시세표시기로 인해 주식시장은 혁신적으로 발전했으며, 위치에 상관없이 투자자에게 주식의 현재가를 알릴 수 있게 됨.

1868년 | 자산권 인정

뉴욕증권거래소의 회원 자격이 '자산권'으로 인정되었으며, 이를 통해 회원권을 금전적 대가를 받고 매각할 수 있게 되었음.

1869년 | 전체 발행 주식 등록
증권거래소는 상장회사의 모든 주권이 은행 혹은 적합한 대행 기관에 등록하도록 강제화시킴.

물타기 금지
뉴욕증권거래소와 공개위원회 그리고 기타 증권거래소는 소위 주식 물타기의 관행을 타파함.

물탄 주식
적법한 절차를 거치지 않고 회사에 의해 자의적으로 발행된 '물탄 주식'을 없애기 위해 뉴욕증권거래소는 상장회사들로 하여금 모든 발행 주식을 은행 혹은 적합한 대행 기관에 등록하도록 했음. 이리 철도회사를 제외한 모든 회사들이 이 규정을 준수했으며, 이리 철도회사의 주식은 이 회사가 규정을 따를 때까지 수개월간 매매가 정지되기도 했음.

통합 계획의 채택
5월 8일 뉴욕증권거래소와 주식 중개인 공개위원회는 통합 계획을 채택함.

금 투기로 인한 시장 급락
금에 대한 투기로 인해 10월 24일 주식시장은 결과적으로 '검은 금요일'을 맞게 됨.

1871년 | 거래 지속성 확보
시장의 유동성을 강화하기 위해서 거래소는 정해진 시간에 주식을 거래하던 체제에서 지속적으로 주식을 거래할 수 있는 체제로 전환함. 이 새로운 체제의 일부분으로써 특정 주식을 거래하는 주식 중개인들이 입회소의 한 장소에 남아 있도록 했으며 이후 스페셜리스트 제도의 기원이 되었음.

1872년 | 스페셜리스트 제도 탄생
새로운 제도 개선의 일환으로 스페셜리스트 제도가 도입되었음.

1873년 | 10일간 폐장
필라델피아 지역의 은행이던 제이 쿡 앤드 컴퍼니가 철도 주식에 대한 지나친 투기로 인해 9월 19일 파산함에 따라 금융계 전체는 공황에 휩싸였으며 뉴욕증권거래소는 10일간 폐장함.

개장 시간 결정
단기자금시장이 변화된 직후 뉴욕증권거래소는 주식을 지속적으로 거래할 수 있는 시간을 결정했음.

1878년 | 전화기 설치
보스턴에서 알렉산더 그래함에 의해 시험통화가 성공한 지 단 2년 만에 뉴욕증권거래소는 입회소에 최초의 전화기를 설치했음.

1881년 | 페이징 개시
최초의 호출 표시기 방식의 호가판이 회원들을 위해 설치됨.

1886년 | 거래량 100만 주 돌파
12월 15일 사상 최초로 일간 거래량이 100만 주를 돌파함.

1887년 | 개장 시간 변화
주중 개장 시간은 오전 10시에서 오후 3시까지로 바뀌었으며, 주말에는 오전 10시부터 정오까지 시장이 열렸음.

1889년 | 뉴욕호가주식회사 설립
뉴욕증권거래소의 자회사로써 서비스를 원하는 사람을 대상으로 증권시세 표시기를 제공하기 위해 뉴욕호가주식회사가 설립됨.

1892년 | 정산소의 설립
증권회사들 간의 증권의 대체를 집중하고 전문화시키기 위해 뉴욕증권거래정산소가 설립됨.

1895년 | 연차보고서 제안
증권거래소는 모든 상장기업으로 하여금 주주에게 대차대조표와 손익계산서를 포함한 연차보고서를 발송할 것을 권함.

1896년 | 다우존스산업지수의 발표
사상 처음으로 월스트리트 저널이 다우존스산업지수를 발표하기 시작함. 이 지수에 구성되어 있던 초기의 12종목에는 아메리칸 코튼 오일과 스탠다드 로프 앤드 트와인 등이 포함되어 있었으며 지수는 40.74로 시작되었음.

1899년 | 재무제표의 주기적 보고 의무화
뉴욕증권거래소의 모든 상장회사는 주기적으로 재무제표 제출이 의무화됨.

1901년 | 높은 거래 회전율
뉴욕증권거래소의 연간 거래량 회전율이 사상 최고치인 310%에 달함.

1903년 | 현재 위치로 이전
4월 22일 뉴욕증권거래소는 이전에 위치하던 곳보다 60% 더 넓은 현재의 위치로 이전했으며 현재까지 브로드스트리트 18번지에 위치하고 있음.

1906년 | 다우지수 100포인트 돌파
10년 만에 다우지수는 최초로 100포인트 돌파함.

1907년 | 1907년 공황
뉴욕의 선도은행이었던 니커보커 신탁회사가 재정적 어려움에 직면했다는 루머로 인해 뉴욕 전역에서 인출 사태가 발생. 이 사건은 오늘날까지도 미국 역사상 가장 심각한 금융위기로 알려진 1907년 공황의 발단이 되었으며, J. P. 모건은 투자은행에 유동성을 공급하여 주식시장을 구제하기 위한 대규모 작전을 지휘함. 이로 인해 공황은 거의 단 하루 만에 진정되었음.

1911년 | 블루스카이법
캔자스주에서는 주식을 발행하고자 하는 회사는 영업 설명서를 제출하고 주식을 발행하여 일반인에게 매각하기 전에 허가를 얻어야 하는 블루스카이법이 제정되었음. 이 법안은 증권을 판매하려는 사람들은 증권회사에 등록하도록 명시하고 있음. 2년 뒤에는 22개 주에서 동일한 법안을 통과시켰으며, 이와 유사한 법안을 제정하려는 움직임이 전국적으로 나타났음.

1913년 | 연방준비제도
연방준비제도가 도입되었는데, 이는 신용을 통제하고 국가 전체적인 은행업의 안정성을 높이려는 시도에서 비롯되었음.

1914년 | 제1차 세계 대전 발발로 거래소 폐쇄
7월 31일부터 약 4개월 반 동안 폐장되었음. 거래소 역사상 가장 긴 기간 동안 거래가 정지된 기간임.

1915년 | 금액 기준 가격제
액면가 대비 %로 표시되던 주가가 시장에서 실제 거래되는 금액 기준으로 표시되기 시작함.

1918년 | 세계 금융시장의 중심지

제1차 세계 대전이 전환점이 되었으며, 이를 기점으로 미국은 채무국에서 채권국으로 전환되었음. 이전까지는 런던이 세계 투자자금이 모여드는 곳이었으나 월스트리트가 그 지위를 차지함. 다음 10년 동안 미국 내에서 1,700종목 이상의 해외 증권이 발행됨.

1920년 | 중앙 집중식 정산소의 도입

거래소는 주식정산소를 설립했으며, 이를 통해 회원들과 은행 및 신탁회사들 사이의 증권의 인도와 정산을 집중화할 수 있는 체제를 개발함.

1922년 | 새로운 사무실로 이전

거래소는 거래할 수 있는 공간이 부가적으로 설치된 23층짜리 사무용 건물로 이전했음. 새로운 입회장은 원래 건물의 구조 바로 옆에 위치하고 있으므로 '차고'라는 별칭으로 불림.

1923년 | 새로운 강세장

주식시장이 역사적인 강세장으로 진입했으므로 주가는 급등했음. 다음 6년 동안 주가는 거의 쉬지 않고 실질적인 상승세를 이어감.

조사 감독국의 신설

뉴욕증권거래소는 업무개선국과 함께 협조하여 주가의 등락을 이용해 돈을 벌려는 도박 행위와 기타 사기성이 있는 행위를 근절시키기 위해 조사 감독국을 신설.

1926년 | 상장 요건 강화

거래소는 회사가 주주에게 공정한 의결권을 부여하는 정책을 진작시키기 위해 상장 요건을 강화함.

1927년 | 위임장 권유제도

뉴욕증권거래소에서 위임장 권유를 규제하는 규정이 최초로 만들어졌으며, 향후 몇 년간에 걸쳐 강화되고 개선되었음.

1928년 | 입회장 확장

채권 거래의 증가를 소화하기 위해 입회장 규모를 확장시킴.

1929년 | 중앙집중식 호가시스템

증가된 거래량을 원활하게 소화하기 위해 거래소는 더 넓은 입회장을 새로이 증축했으며, 전화를 통한 즉각적인 매수-매도 호가를 제공할 수 있는 중앙집중식 호가시스템을 제공.

검은 목요일

10월 24일 거의 1,300만 주에 달하는 역사적 거래량을 수반하며 주가는 급락함. 5일 뒤 1,600만 주에 달하는 거래량을 수반하며 주식시장은 붕괴되었으며, 이날 기록한 거래량은 39년 동안 갱신되지 못함. 종종 대공황의 시작으로 형상화됨.

검은 화요일

10월 29일 주가가 급락했고 거래량은 거의 1,600만 주에 달했으며, 다우존스 산업지수는 11% 이상 하락함.

1930년 | 블랙박스 티커

이전에 사용되던 티커보다 거의 두 배가량 빠른 분당 500자 이상 전송할 수 있는 블랙박스 티커가 도입됨.

1932년 | 다우지수 바닥 확인

7월에 다우지수는 1929년의 고점 대비 89% 하락한 수준에서 마침내 바닥을 확인함.

1933년 | 증권거래법

프랭클린 루스벨트가 '뉴딜' 정책을 약속하며 미국의 제32대 대통령에 취임함. 1933년에 제정된 증권거래법은 신주를 발행할 경우 등록을 의무화하고 있으며 공시 의무를 요구했음.

1934년 | 증권거래위원회

1934년 개정된 증권거래법을 바탕으로 증권거래위원회가 설립됨. SEC의 두 가지 주요한 설립 취지는 투자자에 대한 완전 공시를 제공하는 것과 사기 등의 행위에 의한 증권 판매를 금지하는 것임.

1941년 | 감독 권한의 집중화

뉴욕증권거래소는 1938년부터 조직 구조를 재편하기 시작했으며, 이사장과 보좌관들을 중심으로 감독 기능을 집중하는 형태로 조직이 개편되었음.

1942년 | 회원권 가격이 최저가를 기록
20세기 중 뉴욕증권거래소의 회원 자격이 가장 낮은 가격인 1만 7,000달러에 거래됨.

1943년 | 최초의 여성 트레이더의 입회장 등장
증권거래소 역사상 최초로 여성도 입회장 내에서 거래할 수 있게 되었으며 이때부터 트레이딩은 남자들만의 전유물로 남아 있지 않게 됨.

1945년 | 전승 기념일 휴장
8월 15일과 16일 이틀 동안 태평양전쟁을 승리로 이끈 기념으로 주식 매매가 중지되었으며, 미군은 환영 인파에 싸여 고국으로 귀국함.

1949년 | 역사상 최장 강세장
이 기간 동안 미세한 조정도 받지 않고 이후 8년간 강세장이 이어졌음.

1952년 | 주식 투자자 600만 명 돌파
뉴욕증권거래소는 최초로 주식을 소유하고 있는 투자자의 수를 조사하였는데 이 조사를 통해 649만 명의 미국인이 주식을 보유하고 있다는 것이 알려짐.

거래 시간 변경
9월 28일부터 뉴욕증권거래소의 개장 시간은 오전 10시부터 오후 3시 30분까지로 변경되었으며, 주 5일제가 시행됨.

1953년 | 최후의 일간 거래량 100만 주 미만 시기
10월 10일 일간 거래량 90만 주를 기록한 이후 거래량은 100만 주 아래로 떨어진 적이 없음.

최초로 주식회사에 회원 자격 부여
뉴욕증권거래소는 법인이 주식회사의 형태로 전환하는 것을 인정했으며 이를 통해 자본의 항구성을 확보할 수 있었음. 우드콕, 헤스 앤드 컴퍼니가 최초의 주식회사 형태의 회원이 됨.

1954년 | 적립식 투자펀드의 허용
증권거래소는 뉴욕증권거래소의 회원 자격을 갖춘 법인을 통해 개설한 특별계좌를 통해 개인투자자들이 매월 최소 40달러 이상 주식을 매입할 수 있도록 함으로써 적립식 투자펀드 시대가 개막됨.

다우지수 고점 갱신

다우존스산업지수가 사상 처음으로 1929년 기록했던 지수 고점을 경신하는 데 성공함.

○── 1955년 | **대통령의 심장 발작**

9월 24일 당시 대통령으로 재임 중이던 아이젠하워가 심장 발작을 일으킴으로써 뉴욕증권거래소에는 대량의 매도 물량이 쏟아졌음. 그러나 이후 증시와 대통령은 신속하게 회복됨.

○── 1956년 | **사외이사제도의 도입**

뉴욕증권거래소는 상장된 기업들의 경우 최소 2명 이상의 사외이사를 이사진에 포함시킬 것을 명문화했으며, 이를 통해 기업의 내부 정보에 대한 신속하고 완전한 공시제도를 강화하고자 함.

○── 1957년 | **에바스코 서비스 보고서**

에바스코 서비스에서 입회장에서의 자동거래체결 가능성에 관한 보고서를 발표함. 이 보고서에는 거래체결내역의 자동보고와 주식 결제 서비스와 호가체계의 개선에 대한 내용이 포함되어 있었음.

○── 1959년 | **새로운 정책의 채택**

뉴욕증권거래소는 상장사와 그 임원 및 간부들 사이의 주권 거래를 금지하는 새로운 정책을 채택함.

○── 1961년 | **국제증권거래소연맹설립**

국제증권거래소연맹이 설립됨.

400만 주 돌파

뉴욕증권거래소의 일간 평균거래량이 400만 주를 초과했으며, 이는 전쟁이 끝난 후보다 거의 3배 수준에 달하는 것임.

○── 1963년 | **케네디 암살 사건**

11월 22일 케네디 대통령이 암살당했을 때 주가의 급락을 방지하기 위해 주식시장은 장마감 시간을 앞당김.

○── 1964년 | **신형 증권시세표시기의 도입**

블랙박스 모델을 900 티커 모델로 교체했으며, 전송 속도는 거의 두 배로 개선됨.

1966년 | 투자자보호회사
의회는 증권회사의 고객을 보호하기 위해 주식 투자자보호회사를 설립하도록 함.

라디오 페이징 시스템
최초의 라디오 페이징 시스템을 시험했고, 몇 년 이내에 이 시스템은 호출표시기 시스템을 대체하게 됨.

보통주지수의 탄생
뉴욕증권거래소는 상장된 모든 보통주의 가격을 바탕으로 하는 지수를 만들게 됨. 이 지수는 보통주지수라 불리며 매일 발표됨. 최초의 지수는 50에서 시작했으며, 이후 뉴욕증권거래소 종합지수로 명칭이 바뀜.

입회장 데이터의 완전 자동화
12월 20일부터 입회장의 거래와 호가 데이터의 전송이 완전 자동화됨.

1967년 | 최초의 여성 회원
뮤리엘 시버트가 최초의 여성 거래소 회원이 됨.

1968년 | 자료 정리 위기
거래량이 급증함에 따라 회원사들은 적시에 거래를 정리하는 데 곤란을 경험함. 회원사들의 지원 부서는 시간 내에 업무를 처리하기 위해 밤샘 작업을 했으며, 이 '자료 정리 위기'는 몇 달간이나 지속됨. 이후 사무자동화에 박차를 가하게 되는 계기가 됨.

인증체계의 집중화
인증체계가 집중화됨으로써 증권의 전자식 결제제도가 도입되었으며 이를 통해 물리적인 증권의 정산과정이 사라지게 됨. 이후 이 제도는 증권예탁회사로 대체되게 됨.

1970년 | 일반의 회원사 소유 인정
최초로 일반인에 의한 회원사 소유 제도가 승인됨.

1971년 | 비영리법인화
뉴욕증권거래소가 비영리법인의 형태로 법인화됨.

최초의 회원사 상장

7월 27일 회원사 중 최초로 메릴 린치가 뉴욕증권거래소에 상장됨.

1972년 | 증권업자동화회사설립
증권업자동화회사가 설립되었음. 이 자회사는 뉴욕증권거래소와 아멕스가 공동으로 소유했으며 자동화 및 자료처리 서비스를 제공함.

이사회제도의 강화
뉴욕증권거래소의 정책적 권한이 10명의 일반 이사가 포함된 21명의 이사로 구성된 이사회로 이양됨.

다우지수 1,000 돌파
사상 최초로 다우존스산업지수가 1,000을 돌파하며 마감됨.

이사회
뉴욕증권거래소의 조직은 중요한 변화를 맞이하게 되며, 일반과 투자자 및 상장회사의 입지를 강화하기 위해 33명으로 구성되어 있던 지도부를 10명의 일반 회원을 포함한 21명으로 구성된 이사회로 대체함. 동시에 제임스 제이. 니더햄이 최초의 상임 이사장으로 취임함.

1973년 | 기업공시백서
뉴욕증권거래소의 기업공시백서는 상장회사들에 대해 최소 3명 이상의 사외이사와 일반 이사로 구성된 감사위원회를 도입할 것을 권고함.

증권예탁회사제도의 도입
증권증서의 집중예탁제도와 주식소유의 전산대체제도를 도입하기 위해 증권예탁회사가 설립됨.

1974년 | 거래시간의 연장
주식시장의 개장 시간이 오전 10시부터 오후 4시까지로 연장됨.

1975년 | 수수료 체계의 자유화
5월 1일 증권관리위원회는 최소 수수료율 제도를 금지했으며, 이 제도는 미국은 물론이고 전 세계 주식시장에서 이정표가 됨.

완전통합테이프의 도입
6월 16일 뉴욕증권거래소는 완전통합테이프를 도입함.

1976년 | DOT 시스템 도입
뉴욕증권거래소는 소규모 주문의 자동처리를 위해 DOT 시스템을 도입함.

최초의 외국인 회원

브루노 데스 포게스가 미국 국적이 아닌 최초의 거래소 회원이 됨.

단주 주문 시행

스페셜리스트들이 100주 미만에 해당하는 단주 주문을 받아들이기 시작함.

1977년 │ 신규 상장 요건의 강화

뉴욕증권거래소는 신규로 상장하려는 법인의 경우 사외이사로 구성된 독립적 감사위원회를 설치할 것을 요구함.

해외 증권회사 거래 시작

2월 3일부터 해외 증권회사들이 자신들의 명의로 회원사의 자격을 가지고 거래하는 것을 허용함.

1978년 │ 시장 간 거래 시스템

시장 간 거래 시스템 도입으로 뉴욕증권거래소와 경쟁 관계에 있던 증권거래소들 사이에 전자식 이체제도가 도입되었으며 증권회사들은 자신들이 거래를 체결시키는 데서 전국적으로 가장 유리한 호가로 거래를 할 수 있게 됨.

1979년 │ 뉴욕선물거래소

거래대상을 선물로 확대했고, 뉴욕증권거래소는 뉴욕선물거래소를 설립함.

시설의 현대화

거래소는 입회장 시설을 대폭 현대화시킴으로써 새로운 기술을 적극적으로 사용함.

1982년 │ 거래량 1억 주 시대

뉴욕증권거래소의 일간 거래량이 최초로 1억 주를 돌파함.

1984년 │ Super DOT 250 도입

전자식 주문연계 시스템인 Super DOT 250이 도입됨에 따라 회원사들은 입회장의 스페셜리스트들과 직접 연락을 취할 수 있게 됨.

의결권위원회의 선임

거래소는 의결권주에 대해 조사하기 위해 위원회를 결성함.

1985년 │ 개장 시간의 변경

거래시간이 오전 9시 30분부터 오후 4시까지로 변경되었으며 이 규정은 현재까지 이어지고 있음.

레이건 대통령의 방문

3월 28일 미국의 제 40대 대통령인 로널드 레이건이 역사상 미국대통령으로서는 최초로 뉴욕증권거래소를 방문함.

1986년 | 의결권에 대한 새로운 규정 도입

전체 발행 주식 수의 2/3와 독립적인 이사회의 대다수가 승인한 경우에 한하여 주식의 종류에 따라 차등적인 의결권이 부여된 회사도 상장할 수 있게 됨.

이사회의 확대

6월 5일 24명의 사외이사가 새로 선임되었으며, 이들은 12명의 일반 회원과 12명의 증권업계에 종사하는 회원들로 이루어짐.

1987년 | 일간 최대 하락률

10월 19일 다우존스산업지수는 508포인트인 22.61% 하락함으로써 역사상 최고의 하락률을 기록함. 이러한 주가의 급락으로 인해 거래량은 유래를 찾아볼 수 없는 수준이 6억 400만 주에 달했으며 이튿날 거래량은 6억 800만 주에 달했음.

1988년 | 주주권의 보호

증권관리위원회는 기존 발행 주식의 소유자가 지니고 있는 의결권 제한 조치를 금지함.

서킷 브레이커

증권관리위원회는 뉴욕증권거래소와 시카고선물거래소가 현물시장과 선물시장을 안정시키기 위해 제안한 조치들을 승인함. 이 조치들에는 가격의 극단적인 움직임을 안정시키기 위한 프로그램매매의 일시적 중단 제도, 즉 서킷 브레이커와 감독 자료의 교환이 포함되어 있었음.

1990년 | 전체산업의 시험

전체 증권업계를 시험한 결과 일간 거래량 8억 주를 처리할 수 있다는 점이 밝혀짐.

주주 5,000만 명 시대

뉴욕증권거래소의 최신 조사자료에 따르면 주식을 소유하고 있는 사람들의 수가 5,100만 명을 넘어섬.

1991년 | 시간외거래 제도
뉴욕증권거래소는 최초로 시간외거래 제도를 도입했음. 1단계는 오후 4시 15분에서 5시까지이며, 2단계는 오후 4시부터 5시 15분까지임.

다우지수 3,000 돌파
다우존스산업지수가 역사상 최초로 3,000을 돌파함. 거래소는 오후 4시 시장이 마친 후에도 이 중 장마감 제도를 도입함으로써 향후 실질적인 24시간 개장 제도를 시작하게 됨.

기업지배제도 토론회
뉴욕증권거래소는 기업 지배 제도에 대한 전망과 자료를 수집하기 위해 토론회를 개최했으며 이곳에서는 이사의 독립성 등이 논의되었음.

1992년 | 거래량 2억 주 시대
일간 거래량이 최초로 2억 주를 돌파함.

레이건과 고르바초프의 입회장 방문
3월 13일 전대통령인 로널드 레이건과 소련연방의 전대통령 고르바쵸프가 뉴욕증권거래소의 입회장을 방문하여 개장 200주년 행사를 축하함.

200주년 기념식
3월 17일 뉴욕증권거래소는 전 세계적으로 가장 활동적이면서도 지속적인 금융기구의 개장 200주년 기념일을 맞음.

1993년 | 기술 통합 계획
기술 통합 계획은 입회장의 질, 용량, 효율성 및 생산성 등 핵심적인 모든 분야를 한 단계 더 성숙시키기 위해 입회장 네트워크, 하드웨어 및 소프트웨어를 업그레이드하기 위해 도입되었음. 시스템의 용량은 일간 거래량 10억 주를 처리할 수 있도록 설치되었음.

최초의 독일회사의 상장
다임러 벤츠 AG가 최초의 독일계 상장회사가 됨.

1994년 | Market 2000
증권관리위원회는 미국의 증권시장에 대한 연구자료인 'Market 2000'을 발간함.

증권관리위원회는 뉴욕증권거래소, 아멕스 및 나스닥에서 채택된 주주권의 평등 정책을 승인함.

1995년 | 트레이딩 포스트의 개선

뉴욕증권거래소는 입회장에서 거래할 때 최신 기술을 적용하기 위해 공격적인 계획을 실행에 옮김. 휴대용 단말기, 광섬유, 무선통신기기 및 최초의 대규모 고휘도평면 스크린이 대량으로 설치되었으며 이는 시장 정보를 신속하게 전달하고 입회장에서 거래하는 전문가들의 주문 관리 능력을 향상시키기 위한 목적이었음.

3일 결제제도의 시행

상장주식의 거래에 대한 3일 결제제도가 최초로 도입되었음.

1996년 | 실시간 증권시세표시기의 도입

뉴욕증권거래소는 이전에 서비스하던 20분 지연된 시장 데이터를 실시간으로 CNBC와 CNN−FN에 제공하기 시작함.

최초의 러시아기업 상장

러시아 내의 최대 휴대전화단말기 제조업체인 빔펠콤이 러시아 기업으로는 최초로 뉴욕증권거래소에 상장됨.

290개의 비미국계 법인의 상장

7월 16일 일간 거래량은 6억 8,600만 주를 기록하며 신고치를 경신하였음. 1996년 59개의 해외법인이 새롭게 뉴욕증권거래소에 상장됨에 따라 전체 기업의 수는 290개가 됨.

1997년 | 무선 데이터 시스템

무선 데이터 시스템이 도입됨에 따라 주식 중개인들은 입회장 어느 곳에서나 자유롭게 주문을 받고 시장 정보에 접근하여 거래하게 됨.

1/16 호가 제도의 도입

뉴욕증권거래소는 주가를 10진법으로 표기하기 위한 중간 단계로 '1/16'로 주가를 표기하기 시작함.

다우지수 급락

10월 27일 다우존스산업지수는 554포인트 하락함으로써 역사상 처음으로 서킷 브레이커가 발동되었으며 거래는 오후 3시 30분부터 중단됨.

거래량 10억 주 돌파

10월 28일 사상 최초로 거래량 10억 주 돌파. 전일 하락에 따른 반등으로 다우지수는 337.17포인트 상승했으며 거래량은 12억 주를 상회함.

○── **1998년 | 새로운 서킷 브레이커 제도**
4월 15일 다우존스산업지수가 10, 20 및 30% 하락할 경우 발동되는 새로운
서킷 브레이커가 도입되었음.
사전계약 체결
12월 22일 뉴욕증권거래소는 현재의 장소에 한 블록 떨어진 장소에 거래소
와 관련된 시설을 설립하기 위한 사전 계약을 체결함.

○── **1999년 | 독립적 이사제도의 명문화**
뉴욕증권거래소는 국내 기업이 상장할 경우에는 감사위원회에 최소 3명 이
상의 독립적 이사가 참여할 것과 그들의 독립성 및 재정적 전문성을 규정
하는 규칙을 제정함.
3차 입회소
뉴욕증권거래소는 발전된 모습의 3차 입회소를 공개했으며, 이 시설은 지
휘소의 역할을 담담함.
다우존스 10,000 돌파
3월 19일 다우존스산업지수는 처음으로 10,000을 돌파함.
회원가격의 신고치 경신
8월 21일 회원권 가격이 265만 달러에 거래됨.

○── **2000년 | 다우존스지수 신고치 경신**
1월 14일 다우존스산업지수는 신고치인 11,722.98에 마감됨.
최초의 글로벌지수 산정
2월 7일 전 세계적인 주가지수를 포괄하는 최초의 지수인 S&P 글로벌 100
지수가 산정되기 시작. 이 지수는 뉴욕증권거래소, 스탠다드 앤드 푸어
스, 동경증권거래소 및 독일증권거래소의 합작품임.
다우지수 사상 최대의 하락폭 기록
3월 16일 다우존스산업지수는 일간 하락폭으로는 최대 규모인 499.19포인
트 하락하여 10,630.60로 마감됨.
다우존스지수 하락폭 갱신
4월 14일 다우존스산업지수는 617.78포인트 하락한 10,305.77포인트로 마감
했으며 이는 하루 하락폭 중에서는 가장 큰 수준임.
10진법 가격 표시
8월 28일부터 뉴욕증권거래소에서 거래되는 주식의 가격은 10진법 체계에
따라 표시되기 시작했으며, 최초의 거래는 오전 9시 30분 9초에 FedEx 주

식이 체결됨으로써 이루어짐.

새로운 입회소

10월 20일부터 브로드 스트리트 30번가에 새로운 입회소에서 거래가 이루어지기 시작했으며, 이 시설의 가장 큰 특징은 재설계된 포스트와 최신 시장 데이터를 표시하는 디스플레이 기술임.

디렉트 시스템

뉴욕증권거래소는 시범서비스로 자동 주문 체결 시스템인 디렉트를 선보임. 이 시스템은 뉴욕증권거래소의 호가 시스템에 표시되는 주식들에 대한 최대 1,099주의 지정가 주문을 신속하고 자동적으로 체결시킴.

최초의 상장 펀드

뉴욕증권거래소는 S&P 글로벌 100 인덱스를 추적하는 최초의 상품을 상장시킴.

2001년 | 거래량 20억 주 시대

1월 4일 뉴욕증권거래소의 일간 거래량은 사상 최초로 20억 주를 돌파했으며, 이날 총 거래량은 21억 2,900만 주에 달했음. 이 기록적인 거래량은 전날 연방준비제도가 금리를 0.5% 인하하여 6%로 결정함에 따라 이루어진 것임.

호가 제도 완전 정비

1월 29일부터 뉴욕증권거래소의 모든 호가는 10진법 단위로 표시되었으며 이로써 200년 이상 이어지던 달러의 1/8 혹은 1/16로 표시되던 호가 관행이 사라짐.

비상장 주식 거래 특별 조항

비상장 주식 거래 특별 조항을 바탕으로 7월 1일부터 뉴욕증권거래소에 상장되지 않은 세 개의 상장지수펀드ETF를 거래하기 시작함. 'UTP'로 알려진 이 조항은 증권거래소는 다른 전국적 규모의 증권거래소에 상장된 주식을 거래하도록 규정한 1934년 증권거래법을 바탕으로 부여된 권한임.

세계무역센터 테러

9월 11일 테러리스트들이 세계무역센터를 공격하여 파괴함. 뉴욕증권거래소는 나흘 동안 폐장된 후 9월 17일 거래가 재개됨. 이는 1933년 이후 가장 오랜 기간 동안 거래가 중지된 것으로써 거래 재개 첫날 거래량은 23억 7,000만 주로 최고치를 경신함.

2002년 | '오픈 북' 제도의 도입

새로운 시장 정보를 제공하는 서비스로 거래소 외의 시장 참여자의 모든 뉴욕증권거래소 상장주식들에 대한 견해를 제공.

사벤스 옥슬레이 법

기업 공시의 정확성과 신뢰성을 향상시킴으로써 투자자를 보호하기 위한 목적으로 만들어진 이 법이 시행됨.

거래량 최대치 경신

7월 24일 단일 거래량으로는 최대치인 28억 1,000만 주를 기록함.

2003년 | 종합지수 개선

뉴욕증권거래소 종합지수는 새로운 산정 방식에 따라 산출되기 시작했으며, 기준 지수는 5,000으로 시작됨. 새로운 지수는 뉴욕증권거래소의 성과를 투자자들에게 더욱 잘 제공할 수 있는 도구가 됨.

호가 범위 확대

유동성 호가라는 새로운 호가 방식을 제공함에 따라 투자자들과 시장 전문가는 시장 상황에 대한 더욱 자세한 자료를 얻을 수 있게 됨.

자진 상장폐지 가능

10월 30일부터 상장사의 이사회 결의를 통한 자진 상장폐지를 금지시켰던 500조 규정이 삭제됨에 따라 주권의 자진 상장폐지가 가능해짐.

상장주식 지배구조 감독규정

11월 4일 증권관리위원회는 뉴욕증권거래소가 새로이 마련한 상장회사의 지배구조에 관한 규정을 승인함. 이 규정에 따르면 상장회사는 독립적인 이사로 구성된 감사위원회를 설치해야 하며 이사들의 독립성과 후보의 자격 및 보상 등에 관한 내용도 포함되어 있음.

지배구조 개선

뉴욕증권거래소는 이사회 회원의 투명성과 독립성을 강화하는 광범위한 지배구조에 대한 자체 개선안을 마련함. 새로운 거래소 지배구조 안의 특징은 완전히 독립적인 이사회, 문제화 되고 있는 사안에 대해 뉴욕증권거래소에 권고할 결정권을 가진 사람들로 구성된 협의체의 구성 및 자율권을 갖춘 감독관 그리고 이사장과 최고경영자의 역할분담 등의 내용임.

2005년 | 인터컨티넨털 익스체인지 상장

인터컨티넨털 익스체인지Intercontinental Exchange가 상장함으로써 뉴욕증권거래소는 세계에서 가장 크고 신뢰할 수 있는 주식 거래소, 선두 ETF 거래소, 그리고 세계에서 가장 결정적인 거래 기술의 중심이 됨.

2008년 | 아메리카증권거래소 인수
2008년 뉴욕증권거래소는 아메리카증권거래소를 인수하여 미국 3대 증권 거래소가 됨.

2011년 | 독일증권거래소 합병
뉴욕증권거래소의 최대주주 뉴욕증권거래소 유로넥스트Euronext와 독일증권 거래소 도이체뵈르제Deutsche Börse가 합병을 발표함.

2014년 | 450만 달러의 벌금 부과
각종 거래법 위반으로 증권거래위원회로부터 450만 달러의 벌금을 부과 받음.

2018년 | 뉴욕증권거래소 여성 회장 취임
스테이시 커닝햄Stacey Cunningham은 뉴욕증권거래소의 67대 회장으로 임명 되면서 여성 최초로 뉴욕증권거래소를 이끌게 됨.

2020년 | 코로나 19로 인한 휴장
2020년 3월 23일, 코로나19로 인해 장내 거래 일시적 폐쇄 및 전자 거래로 계속하기로 함.

* 자료: 뉴욕증권거래소 홈페이지

주식 매매하는 법

초판 1쇄 발행 2005년 5월 15일
개정판 1쇄 발행 2023년 12월 26일
개정판 2쇄 발행 2024년 8월 26일

지은이 제시 리버모어
번역 해설 박성환

펴낸곳 ㈜이레미디어
전화 031-908-8516(편집부), 031-919-8511(주문 및 관리)
팩스 0303-0515-8907
주소 경기도 파주시 문예로 21, 2층
홈페이지 www.iremedia.co.kr **이메일** mango@mangou.co.kr
등록 제396-2004-35호

편집 김지숙, 주혜란, 이병철 **디자인** 이선영
마케팅 김하경 **재무총괄** 이종미 **경영지원** 김지선

ISBN 979-11-93394-11-3 (03320)

* 가격은 뒤표지에 있습니다.
* 잘못된 책은 구입하신 서점에서 교환해드립니다.
* 이 책은 투자 참고용이며, 투자 손실에 대해서는 법적 책임을 지지 않습니다.

당신의 소중한 원고를 기다립니다.
mango@mangou.co.kr